MEMORIA de la HISTORIA

Personajes

Memoria de la Historia pretende ofrecer a los lectores la Historia contada por quienes la hicieron, por los mismos *personajes* que en vez de figurar en las páginas de los libros como objeto pasivo, adquieren voz y nos cuentan su vida y su peripecia en primera persona. La Historia como una novela personal, autobiográfica, en la que todo lo que aparece en estas páginas es verdad, con hechos ciertos y comprobados, pero que se presentan con la inmediatez y el dramatismo que da al relato la voz del protagonista, supuesto historiador de sí mismo gracias a la pluma de unos escritores que consiguen el difícil y apasionante equilibrio entre los materiales de la crónica, tratados con el máximo respeto, y el enfoque que corresponde a la más amena de las narraciones novelescas. Otra vertiente de estas semblanzas es la evocación de *episodios* del pasado en tercera persona con todo el rigor que exige el trabajo del historiador y la amenidad de la novela.

Éste es el objetivo de una colección que aspira a fundir lo más atractivo que pueden ofrecer la historia y la literatura.

Bolívar

Ricardo Herren
Bolívar

Planeta

Córcega, 273-279, 08008 Barcelona (España)
Diseño colección de Hans Romberg
Ilustraciones cubierta: retrato de Simón Bolívar, por J. Pinto, Museo de Sucre, Quito (foto Aisa) y Bolívar y Santander tras la victoria de Boyacá, según una pintura de F. de Paula Álvarez (foto Charmet-Index)

Procedencia de las ilustraciones: archivo del autor, Archivo Editorial Planeta, Archivo Mas, Biblioteca Nacional de París y Foto Balmes

Primera edición: noviembre de 1994
Depósito Legal: B. 35.348-1994
ISBN 84-08-01233-9
Composición: Víctor Igual, S. L.
Papel: Offset Munken Book, de Munkedals AB
Impresión: Duplex, S. A.
Encuadernación: Auxiliar Gráfica Jiro, S. A.
Printed in Spain - Impreso en España

Índice

I

INTRODUCCIÓN

El hombre volvió a estremecerse y se ovilló sobre sí mismo como si tratara de contener todos los demonios que puñaban por escapársele del cuerpo con esa tos carrasposa y convulsiva que lo hacía temblar de pies a cabeza. Cada acceso era como una tunda de adentro afuera, una marimba de palos, un terremoto del cuerpo.

Al cabo de un largo minuto pudo con tantos ángeles del mal y la tos se calmó. Dio un hondo suspiro, trató de relajarse. Estaba extenuado, sudoroso, morado, con el alma tiritándole por el esfuerzo. Atinó a colocarse otra vez sobre la calva la caperuza color marrón que las convulsiones habían tirado al suelo y dejó los brazos sin más fuerzas para nada.

—Quiero echarme en la hamaca —musitó el hombre desde la cama.

—Si me lo permite su excelencia, yo lo pondré allí —contestó el de la bata blanca arrastrando las erres gangosas como los franceses.

—Y usted, ¿podrá conmigo?

—Me parece que sí —dijo mientras se acercaba al lecho, removía las sábanas y trataba de alzar en sus brazos al enfermo.

Creyó que iba a levantar un peso considerable, pero lo que quedaba de su excelencia apenas si pesaba dos arrobas. El de la bata casi se cayó de espaldas por el im-

pulso desorbitado y sólo en el último momento pudo sujetarse de la hamaca.

—Ça va. *Ahora puede descansar.*

La piltrafita arrugada se parecía a una enorme pasa longilínea, con la piel cetrina pegada a los huesos como una mojama olvidada en el fondo de la caja de mojamas. Nadie hubiera dicho que sólo tenía cuarenta y siete años.

Se removió en el chinchorro blanco y lanzó un débil suspiro. Fuera, en el patio, se escuchaba la musiquilla de la orquestina de pífanos que habían mandado llamar para entretener a su excelencia. Pero su excelencia no los oía ya: se durmió en seguida.

—¡Vámonos! ¡Vámonos! Esta gente no nos quiere en esta tierra... ¡Vámonos, muchachos! ¡Lleven mi equipaje a bordo de la fragata!

A los gritos de su excelencia acudieron los hombres, que, en la habitación de al lado, jugaban a los naipes y vieron cómo se estremecía convulsivamente en el chinchorro.

—Nada, nada, es un cauchemar, *está delirando otra vez —dijo el de la bata—.* C'est la fièvre.

El hombre de la hamaca estaba exangüe, empapado en sudor.

—A mi parecer, no pasará el día —dijo el de las erres arrastradas cuando el general Montilla le preguntó por el enfermo.

Eran las nueve de la mañana del 17 de diciembre de 1830. Su excelencia hablaba de un modo confuso, aunque su rostro había recuperado la serenidad.

Poco a poco, a eso del mediodía, la respiración comenzó a hacerse estertórea y se le puso «el pulso trémulo, casi insensible».

El de la bata blanca se levantó de su asiento junto a su excelencia, le soltó la mano exánime y fue a llamar a los generales, los edecanes y demás personas —todos varones, ni una sola mujer— que componían el séquito.

—Señores, si queréis presenciar los últimos momentos y postrer aliento del Libertador, ya es tiempo —dijo.

Todos fueron a rodear el lecho del enfermo.

A la una en punto de la tarde, el Libertador dio un último suspiro y se liberó de su alma atormentada. Después fue el silencio.

2

A las cuatro, el médico Alexandre Prospére Réverénd volvió a vestir la bata blanca y el delantal de gutapercha para hacerle la autopsia. La vieja mojama quedó despedazada sobre la mesa de mármol de la cocina. Los pulmones le confirmaron que había muerto de tuberculosis, una añeja dolencia que sus buenas defensas orgánicas habían conseguido atajar durante muchos años, pero a la que los embates morales de los últimos meses, finalmente, le abrieron las puertas.

Luego juntó los trozos del Libertador para meterlos en el ataúd. Doce años más tarde, cuando los restos fueron exhumados para llevarlos a Caracas, se comprobó que «el cráneo estaba aserrado horizontalmente y las costillas por ambos lados cortadas oblicuamente como para examinar el pecho; los huesos de las piernas y pies estaban cubiertos de botas de campaña; la derecha todavía entera, la izquierda despedazada; a los lados de los huesos de los muslos (había) pedazos de galón de oro deteriorados y listas de color verde como de metal oxidado; fueron los únicos fragmentos de sus vestidos que se encontraron; todo lo demás se había pulverizado».

El 20 de diciembre de 1830, los restos mortales fueron enterrados en la catedral de Santa Marta.

3

Al día siguiente, la noticia de la muerte del Libertador se supo en su tierra natal, Venezuela. El gobernador de Maracaibo, Juan Antonio Gómez, se enteró por el capitán Phil Ritton, que había llegado en la corbeta de guerra La Rosa.

Gómez se apresuró a comunicárselo por carta al ministro del Interior venezolano. «Se trata —le dijo— de un acontecimiento de tanta magnitud y que debe producir bienes innumerables a la causa de la libertad y al bien de los pueblos... Bolívar, el genio del mal, la tea de la discordia, o mejor diré el opresor de su patria, ya dejó de existir y de promover males que refluían siempre sobre sus conciudadanos. Su muerte... será hoy, sin duda, el más poderoso motivo de regocijo, porque de ella dimana la paz y el avenimiento de todos... Me congratulo con V. S. por tan plausible noticia.»

Esto era lo que quedaba, a fines de 1830, del Libertador de media América, general de decenas de batallas sangrientas, dipsómano de la gloria, dictador omnímodo, señor de horca y cuchillo, amante febril de miles de mujeres, soñador incansable y pragmático impiedoso: Simón José Antonio de la Santísima Trinidad de Bolívar y Palacios.

II

DE CASTA LE VIENE AL GALGO

El primer Bolívar que apareció por América fue un Simón de Bolívar, vizcaíno de Marquina, que en 1559 llegó a Santo Domingo a trabajar como secretario de una de las cámaras de la Audiencia local. Tras catorce años en la isla pasó a Caracas con el séquito del gobernador de la provincia, Diego Ossorio, como ministro de la Tesorería y contador. Era un funcionario del Estado nacido y crecido al amparo del cada vez más complejo aparato burocrático de la Corona.

Pero en Venezuela, el primero de los Bolívar americanos dio un salto jerárquico considerable aunque, de por sí, ya había aterrizado con una de las más altas jerarquías coloniales: el cabildo caraqueño lo nombró procurador y, como tal, se convirtió en representante de los pobladores de la provincia y defensor de sus intereses ante la Corona. En 1589 fue enviado a Madrid, de donde regresó con un buen número de éxitos en la faltriquera.

Su padre era Martín Ochoa de Andraca y su madre, Magdalena de Bolívar o Bolíbar, de la villa pesquera de Ondárroa, en Vizcaya. Según era costumbre todavía en el siglo XVI, Simón de Bolívar adoptó a capricho el apellido de cualquiera de sus parientes, en este caso el de su madre, y envió al olvido el paterno. Bolívar es apellido compuesto por las partículas *bolu,* que en vasco significa antiguo molino, e *ivar* o *ibar,* valle. El apellido es también topónimo de una aldea vizcaína que forma parte de la anteiglesia de Cenarruza.

Después de ocupar los cargos del regidor de la ciudad y oficial real y juez de cuentas de la isla Margarita, Simón de Bolívar acabó mal sus días, pobre y víctima de una locura senil, falleció en 1612.

Había casado en primeras nupcias con Ana Hernández de Castro y más tarde, viudo, volvió a contraer matrimonio cuando tenía sesenta y ocho años. De su primera unión nació Simón de Bolívar y Hernández de Castro, *el Mozo*.

2

En 1593, el primer Bolívar criollo recibió la encomienda de los indios quiriquiris, que iba unida a grandes extensiones de tierra en los valles de Aragua. La heredad se convertiría, con el tiempo, en la hacienda de San Mateo, dedicada principalmente al cultivo de caña de azúcar y de añil, casa solariega de los Bolívar, donde pasaría su infancia el Libertador.

De inclinaciones místicas, Bolívar y Hernández de Castro alcanzó a tener dos hijos con su mujer Beatriz de Rojas —Luis y Antonio Bolívar y Rojas—. Pero tras enviudar se hizo clérigo y renunció a sus propiedades en favor de su hijo Antonio. Murió cuando era comisario de la Inquisición en Valencia (Venezuela) y visitador del obispado en el valle de Aragua.

3

Antonio de Bolívar y Rojas fue el primero de su linaje con vocación militar. El místico que era su padre había desposado a una mujer cuyo progenitor, Alonso Díaz Moreno (así se llamaba el padre aunque la hija se apellidara Rojas, merced al caos onomástico de la época), era un reputado conquistador.

Corregidor y justicia mayor de Tubero y de los valles de Aragua, donde se hallaba la casa solariega de los Bolívar, Antonio casó dos veces, la segunda con Leonor Rebolledo y Almendáriz, nieta del capitán Francisco Maldonado, de recordada actuación en el combate final contra el alucinado Lope de Aguirre, «capitán de los marañones». A través de las generaciones en América, los Bolívar iban añadiendo a su linaje sangre de guerreros.

Antonio y Leonor tuvieron a Luis de Bolívar y Rebolledo, que se dedicó con ahínco a explotar y mejorar la finca familiar de San Mateo. Escogió por mujer a una nieta de Juan Martínez de Villegas, capitán y funcionario de gran prestigio a comienzos del siglo XVII en Venezuela. La suegra de Luis descendía, además, de uno de los escasos conquistadores mestizos de nombradía, el genial Francisco Fajardo, hijo de una india emparentada con el cacique Choraima, que aportará su cuota de sangre americana al Libertador, y de un español.

4

Merced a la unión de Luis con María Martínez de Villegas y Ladrón de Guevara, el primer Bolívar con reconocida sangre indígena fue el hijo de ambos, Juan, abuelo paterno del Libertador.

Este Bolívar que vivió a caballo entre los siglos XVII y XVIII es el antepasado de mayor lustre del futuro prócer venezolano. El teniente general de los ejércitos del rey, Juan de Bolívar, fue un hombre de acción e iniciativa, creativo e inquieto.

Comenzó desempeñando el cargo de alcalde ordinario de Caracas, luego fue teniente de gobernador y finalmente gobernador y capitán general de Venezuela (hecho excepcional, tratándose de un criollo) durante cuatro meses en 1721. Cuando abandonó su alto cargo fundó la Villa de San Luis, rebautizada luego como Villa de Cura por estar situada en el valle de este último nombre.

La población estaba destinada a ser feudo, más emblemático que real, del título de marqués de San Luis que ambicionaba Juan de Bolívar.

Dueño de una de las mayores fortunas de su tiempo

y su lugar, el teniente general desembolsó la suma de 22 000 ducados de vellón para adquirir uno de los títulos de nobleza que el primer Borbón de España, Felipe V, había donado al monasterio de Montserrat para que los monjes «pudiesen atender y subvenir a los gastos de los reparos y reedificación» del cenobio.

Pero los Bolívar jamás pasarían a formar parte de la nueva y escasamente prestigiosa nobleza española del siglo XVIII. Juan murió antes de que el monarca aprobase la adquisición del título. Sus descendientes parecen haber tropezado con dificultades para probar la limpieza de sangre exigida para acceder al marquesado, habida cuenta de los mestizajes de los Bolívar.

De todos modos, nunca nadie reclamó la devolución de los 22 000 ducados, tal vez por el deseo de continuar siendo derechohabientes de un título nobiliario. Todavía la nuera de Juan de Bolívar y madre del Libertador hizo esfuerzos, sin éxito, por conseguir la concesión del título.

5

Juan de Bolívar y Villegas añadió a su descendencia lo que probablemente sea otra dosis de genes de piel oscura: casó en segundas nupcias con Petronila Ponte y Marín de Narváez, hija de Pedro Ponte Andrade Jaspe y Montenegro y Josefa Marín de Narváez.

Esta última —caso raro, por cierto— era hija de madre desconocida, pero reconocida por su progenitor. Su padre, Francisco Marín de Narváez, hombre riquísimo, la había concebido en el vientre de «una doncella principal cuyo nombre callo por su decoro, con la cual pudiera contraer matrimonio sin dispensación cuando la hube», según escribió don Francisco en su testamento, y era, por tanto, hija natural. Hay algunas razones para sospechar que doña Petronila, abuela del Libertador, tenía por su madre sangre americana. De todos modos, el detalle carece de importancia: a esa altura del linaje los Bolívar, como buenos criollos americanos, ya eran mestizos.

Lo que debe de haber convencido a Juan Bolívar para casarse con la hija de una mujer con nacimiento ilegítimo tiene que haber sido la cuantiosa fortuna de la que era heredera por vía materna y el retintín de los sonoros y afamados apellidos de su padre.

La Marín de Narváez incorporó a la familia la casa solariega en Caracas ubicada en la plazuela del convento de San Jacinto, donde nació el Libertador, y por Pedro Ponte Andrade Jaspe y Montenegro los Bolívar recibieron una iglesia caraqueña mandada construir por él que, pasado el tiempo, se convertiría en la capilla mausoleo del clan.

6

En 1726 Petronila Ponte y Marín Narváez de Bolívar tuvo un hijo varón al que bautizó con el nombre de Juan Vicente. La criatura nacía en cama de oro, como miembro de una de las familias de mayor lustre y fortuna de la colonial Caracas.

Juan Vicente fue un hombre de negocios que se dedicó con éxito a la explotación de las propiedades de la familia, donde obtenía añil, caña de azúcar y cacao que vendía con buenos márgenes en España, y desde allí importaba otros bienes manufacturados para comercializar en Venezuela.

Además, por su posición social de nacimiento, ocupó varios cargos públicos. Tenía sólo veintiún años cuando fue designado procurador general de su ciudad natal, una posición que ya había ostentado el primero de sus ancestros que llegó a Venezuela. A los veintiocho marchó a España a atender sus negocios y se quedó en la villa y corte un lustro. Al regreso volvió a ocupar altos cargos en la región donde se hallaban sus heredades de San Mateo, fue coronel de milicias y administrador de la Real Hacienda de Caracas, entre otras ocupaciones públicas. Un criollo no podía esperar más porque las más altas jerarquías de gobernador, capitán general o virrey estaban, de hecho, reservadas a los peninsulares.

7

Solterón empedernido, Juan Vicente Bolívar, como cualquier señorito americano, se sentía con derecho de pernada sobre cualesquiera de sus subordinadas o vecinas, a las que procuraba llevarse a la cama sin miramientos.

Su fama y sus acciones saltaron fuera de las alcobas en 1765, cuando don Vicente era un señor casi cuarentón, denunciado por varias de sus acosadas o forzadas compañeras de lecho.

El obispo de Caracas, Diego Antonio Díez Madroñero, en una de sus visitas, recibió denuncias de que don Juan Vicente «vive desarregladamente con mujeres» a las que consigue valiéndose de «su autoridad y poder, llamándolas a su casa, valiéndose también para ello de otras mujeres sus terceras», es decir, de alcahuetas. Una de las denunciantes parece ser una mujer despechada que hace una descripción de los hábitos del caballero, que se parecen mucho a los de un pachá en su harén.

Confiesa que ha vivido con don Juan Vicente, su amo, durante tres años como barragana suya, al mismo tiempo que el señorito compartía la cama también con María Bernarda y con Josefa Rosalía, *la Chicota*, «de quienes usaba a su arbitrio, teniéndolas a su disposición todas al mismo tiempo y llamando a la que mejor le parecía, con quien se encerraba en el cuarto de su dormitorio o en el cuartillo junto a la galería».

No era un seductor comedido o atento: una de las testigos dice que «Margarita le había contado una noche (que) había estado por llamarla aquella tarde (y que ella) para librarse del apuro en que la puso, queriéndola violentar dicho don Juan, pues habiéndose encontrado sola resistiendo ella la pretensión deshonesta, la cogió de una mano y por la fuerza intentó meterla en el dormitorio y forcejeando le dijo que gritaría si no la dejaba. Con lo cual, y por haber sentido que una hija de la referida Juana Bautista llegaba a la casa, la dejó y salió muy bravo».

La hermana de Margarita, María Jacinta, también fue víctima de los acosos sexuales del señorito: al parecer eran parte de una familia de mujeres muy atractivas. «Me veo perseguida por un lobo infernal —le cuenta al obispo en una carta—, que quiere a fuerza que me lleve el diablo junto con él. Este lobo es don Juan Vicente Bolívar, que ha muchos días me anda persiguiendo para que peque con él, siendo yo una mujer casada, y se ha valido de cuantas astucias le ha enseñado Lucifer.»

Como hacía Hernán Cortés con sus capitanes cuando quería revolcarse con sus esposas, Bolívar había enviado al marido de María Jacinta de viaje, a buscar ganado, «por tener más libertad para ejecutar su maldad y como yo me le resistí fuertemente a varias instancias y promesas que me hizo y no pudiendo conseguir nada con halagos me pretende ahora con amenazas».

Don Juan Vicente, despechado, dice su víctima, ha jurado acabar con ella y con todos sus parientes y le ha asegurado que la perseguirá hasta el fin del mundo. El tío de la denunciante ha ido a parar al cepo por orden de su amo por un quítame allá estas pajas, sólo porque su mujer, Juan Requena, denunció a don Juan Vicente al obispo. Y metió en la cárcel de La Victoria a su cuñado, marido de Margarita, además de mandar apresar a un primo hermano de su esposo, el encepado.

María Jacinta no hesita en confesar en su carta un horrible pecado: es tal su desesperación que «a veces pienso en decirle que sí y tener un cuchillo prevenido para quitarle la vida por tener la gloria de libertar a este pueblo de este cruel tirano, pero me acobardo...».

El obispo le prohibió a Juan Vicente Bolívar «volver a tratar ni comunicar de forma alguna, especialmente a las mujeres casadas que había nombrado ni a otra alguna moza, excusando llamar a su casa a las muchachas de la doctrina y el entrar en la (casa) de alguna», niñas que, al parecer, también eran la especialidad del libertino.

8

No es previsible que don Juan Vicente haya respetado al pie de la letra las indicaciones del obispo. Sólo varios años más tarde, cuando ya había cumplido los cuarenta y siete, decidió casarse, y para ello eligió a una niña mantuana de sólo catorce años de edad: María de la Concepción Palacios Sojo y Blanco.

El matrimonio demoró cuatro años en tener la primera hija: María Antonia. Dos años más tarde, María de la Concepción alumbró a Juana. En 1781 nació Vicente, el primogénito, que moriría soltero, sin descendencia. Por fin, en la noche del 24 de julio de 1783, bajo el signo astrológico Leo, vio luz el benjamín de la familia: Simón.

Una semana después, el pequeño fue bautizado en la catedral por su tío, el presbítero Juan Félix Jerez Aristeguieta y Bolívar. Es este pariente quien año y medio más tarde convertirá tempranamente a Simón Bolívar y Palacios Sojo en un hombre rico: testó dejándole toda su cuantiosa fortuna, que incluía una casa amueblada en Caracas, tres haciendas de 25 000, 40 000 y 30 000 plantas de cacao con sus esclavos, más otras extensiones de tierra que le pertenecían. Por qué el cura decidió beneficiar a Simón y no al primogénito, su hermano Juan Vicente, es un misterio que el presbítero nunca dio a conocer.

Pero sí puso varias condiciones para que el beneficiado pudiera acceder a las riquezas denominadas «el vínculo de la Concepción»: que Simón se casara con mujer noble y aceptada por sus parientes, que su primogénito fuese bautizado con el nombre de Juan Félix Bolívar y Aristeguieta (su apellido en remplazo del de la madre), que en lo sucesivo no se le diera el vínculo a mujer ni clérigo algunos, y por último, que Simón permaneciera fiel a Dios y al rey de España.

El padre Aristeguieta moriría pocos años más tarde sin enterarse de que ninguna de sus condiciones iba a cumplirse.

III

UNA CRIATURA DIFÍCIL

La infancia de Simón Bolívar está envuelta en una espesa capa de mitos y leyendas pergeñando muchos la infancia de Jesucristo narrada en los Evangelios, otros son ingenuas invenciones populares de exaltación del héroe o bien maledicencias que circularon durante su vida para desprestigiarlo.

Con certeza se sabe que su madre, una mujer enérgica y práctica pero enferma ya de una tuberculosis que la llevaría a la tumba, no pudo amamantar a su hijo y la remplazó una dama cubana, Inés Mancebo de Miyares, esposa de quien más tarde sería gobernador y capitán general de Venezuela. La lactancia la continuó una esclava negra de la hacienda de San Mateo, Hipólita.

A ninguna de las dos olvidará jamás Bolívar. Cuando estaba en la cumbre de su gloria, en una carta llama a su ama de leche negra «mi madre Hipólita» cuya «leche ha alimentado mi vida», y reconoce que «no he conocido otros padres que ella». En buena parte la afirmación era cierta.

Simón fue un niño desangelado, criado con figuras paternas cambiantes y esquivas. Su progenitor, Juan Vicente, murió cuando el pequeño tenía tres años de edad. A los nueve, Simón perderá a su madre y quedará a cargo de su abuelo y padrino, Feliciano Palacios Sojo, durante el año y medio que éste sobrevivió a su hija: en su primer decenio de vida, Simón Bolívar perdió a sus dos padres y a su abuelo y tutor. Quedó en manos de su tío Carlos y más tarde de Esteban, que a la sazón se hallaba en Madrid. Tras la muerte de la madre, el hogar de Simón se quedó sin mujeres. Su abuelo se apresuró a casar a sus hermanas mayores (de quince y catorce años) y sus tres tías contrajeron matrimonio poco tiempo más tarde.

Estas circunstancias, sumadas a su carga genética, hicieron de Simón una criatura particularmente difícil, indisciplinado y regido por sus antojos más que por un principio del deber que su padre no alcanzó nunca a inculcarle. De fuerte carácter, no tenía quien pusiera límites a sus caprichos.

Este malcriado y consentido recordaría a sus cuarenta años, en una carta escrita desde Guayaquil al presidente Santander, que «desde niño he estado mal enseñado a no sufrir a nadie y no sé quién pueda tener derecho en Colombia para tratarme con un tono de superioridad».

2

La correspondencia de sus tutores hablando de sus tutelados pone de manifiesto un tono frío, distante, utilitarista, en el que no es difícil entrever que consideraron a Simón y a su hermano mayor, Juan Vicente, como dueños de fortunas de las cuales podían eventualmente aprovecharse, más que como parientes desamparados a quienes brindarles cariño y proporcionarles una buena educación personal. Ambas criaturas, pues, se criaron en un ambiente de frialdad y falta de afecto que tiene que haber agudizado el carácter rebelde del más pequeño de los huérfanos.

A los doce años de edad, Simón es trasladado a casa de su cuñado, Pablo de Clemente y Francia, casado con su hermana María Antonia. Su tutor y tío, Carlos Palacios, se ha marchado de viaje y Simón no tiene quien cuide de él. La Audiencia autoriza este cambio de domicilio del menor.

Cuando Carlos regresa trata en vano de recuperar a

su sobrino. Los Clemente hacen caso omiso a sus requerimientos, convencidos como están de la despreocupación del tutor que permitía que «su pupilo que andaba solo por las calles y paseos a pie y a caballo y lo que es peor, en junta de otros muchachos no de su clase, con nota y censura de toda la ciudad». Carlos recurre a la Audiencia para obligar a los Clemente a restituirle el sobrino, un niño, dice, «absolutamente desaplicado a todo género de instrucción». La criatura necesita «para conducirlo en su peligrosa edad de un custodio a quien él ame y respete, sin perderlo nunca de vista». En casi todo coincide con Clemente, quien asegura en su respuesta judicial que el niño «es de una comprensión y talento no ordinarios, vivo y perspicaz para advertir las cosas», pese a que es muy desaplicado.

3

Simón, a los doce años, es un golfo de siete suelas y no tiene quien lo contenga o limite. El Tribunal ordena que vuelva a casa de su tutor. Pero el niño, acostumbrado a hacer su voluntad, se niega argumentando que «nadie puede obligarlo a vivir donde él ha de vivir en la casa que fuese de su agrado», dijo el jovencito.

Carlos Palacios decide entonces poner a su tutelado bajo la guía de un hombre que va a tener en la vida de Bolívar una importancia fundamental: el maestro de primeras letras Simón Rodríguez, a cuya casa manda a vivir al niño.

Pero éste vuelve a resistirse a abandonar la casa de su hermana. Interviene su tío Feliciano Palacios para imponer su autoridad y acaba dándole un golpe en el pecho para convencerlo. Pero en vano.

Fue preciso que un esclavo negro lo arrastrase por la fuerza fuera de la casa y lo llevase donde Simón Rodríguez entre los gritos, llantos y pataleos del rebelde para acabar con la resistencia.

La casa de Simón Rodríguez y sus condiciones no eran el lecho de rosas al que estaba acostumbrado el niño. Una inspección judicial realizada el 11 de agosto de 1795 ordenada por la Audiencia (que seguía interviniendo en las querellas de Simón Bolívar con sus parientes) delata que la casa constaba sólo de una sala, un dormitorio y cuatro cuartos, además de la galería. Allí vivían hacinados Simón Rodríguez, su mujer María de los Santos Ronco, el hermano del maestro, Cayetano Carreño, con su esposa María Jesús Muñoz, que tenía un niño de pecho, Pedro Piñero y su sobrino, cinco niños internos entregados por sus padres para su educación y crianza, tres criados de la dueña de la casa, una esclava negra de Simón Rodríguez, otra de su hermano y dos cuñadas de ocho y trece años. En total, diecinueve personas apiñadas en tan reducido espacio.

El maestro se dio cuenta de que no estaba en condiciones de conformar a su alumno y pidió que la comida se la trajeran de la casa de su hermana. Pero el niño siguió protestando y quejándose amargamente, en lo que contaba con el apoyo de su hermana y su cuñado Pablo de Clemente, quienes se ocupaban de reclamar a la Audiencia que sacara a Simoncito de la casa de su maestro. El pupilo no esperó la resolución: a poco de estar en casa de Rodríguez se fugó, aunque fue capturado y devuelto a casa del maestro.

4

Durante varios meses, la indómita criatura no abandonó su actitud de resistencia, hasta que obligó a la Audiencia a «explorar su voluntad». Los empleados judiciales se toparon con la sorpresa de un Simoncito arrepentido de haberse rebelado contra su tío y tutor, que solicitaba ser devuelto a su casa para continuar siendo instruido por Simón Rodríguez. Éste, a su vez, informaba que su alumno don Simón «se ha aplicado a tomar la mejor enseñanza y manifestado su talento y luces muy regulares, obedeciendo a cuanto le preceptuaba, sin haberle dado motivo alguno de disgusto en el tiempo que lo tiene a pupilaje en dicha su casa de orden de la superioridad». La Audiencia resolvió según lo solicitaba la criatura. ¿Qué había pasado?

Aparentemente, los Clemente y Carlos Palacios habían llegado a un acuerdo para encarrilar al mocoso, devolviéndolo a su tutor. Al mismo tiempo, Simón Rodríguez había conseguido seducir a su educando haciéndole deponer su actitud de oposición y resistencia.

De manera que después de vivir en casa de Rodríguez dos meses y medio (del 1 de agosto al 18 de octubre de 1795), Simoncito fue llevado a casa de su tío. Los datos sobre la educación que recibió a lo largo de los años siguientes sólo se conocen por una carta del Libertador respondiendo a la acusación que le habían hecho de que su educación había sido muy descuidada. «Mi madre y mis tutores —dice— hicieron cuanto era posible por que yo aprendiese: me buscaron maestros de primer orden en mi país. Robinson (Simón Rodríguez)... fue mi maestro de primeras letras y gramática; de bellas letras y geografía, nuestro famoso (Andrés) Bello; se puso una academia de matemáticas sólo para mí por el padre Andújar, que estimó mucho el barón de Humbolt (*sic*).»

5

Pese a todo, no fue una buena educación lo que recibió Bolívar. El general Daniel O'Leary, que tuvo acceso a fuentes contemporáneas directas de la vida del Libertador, afirma que pese a que siempre dio «pruebas de mucha penetración, memoria y fácil comprensión», Simoncito «mostrábase más adicto a los juegos de su edad que al estudio. Con dificultad se conseguía hacerlo asistir a las lecciones. Era de carácter cariñoso y franco, pero irritable e impaciente si se le contrariaba...

»Bajo la dirección de Simón Rodríguez aprendió Bolívar los rudimentos de las lenguas española y latina, pero los adelantos que hizo en estos estudios elementales no correspondieron a las esperanzas de su familia, ni a la habilidad del maestro, ni a la extraordinaria facilidad para aprender que tenía el discípulo».

IV

LA FORJA DE UN REBELDE

Simón Carreño Rodríguez, más conocido como Simón Rodríguez o bajo el alias de *Samuel Robinson,* ha pasado a la historia como el gran maestro del Libertador, algo así como lo que Aristóteles fue para Alejandro de Macedonia, el hombre que marcó indeleblemente la personalidad de Bolívar. No todos los historiadores están contestes en que esto fue así.

No caben dudas de que se trata de un personaje complejo, insólito, original, en cuya vida se confunden sus fantasías desbordantes, los mitos que sobre sí inventó él y le inventaron los demás, con los hechos fielmente registrados.

Antes de ser maestro, Simón Narciso Rodríguez se había desempeñado como amanuense o escribiente del abuelo de Bolívar, Feliciano Palacios, a satisfacción de éste. Casado con María Ronco tuvo con ésta dos hijos, llamados Maíz y Tulipán, lo que era apenas la menor de sus excentricidades. Se rebautizó —de Carreño a Rodríguez, que era el apellido materno—, pero éste no era más que otro de los cambios permanentes con los que gozaba este personaje, tan propio de las postrimerías del siglo XVIII y comienzos del siguiente, en plena era del romanticismo europeo. Carlos Pereyra, en *La juventud legendaria de Bolívar,* dice acertadamente que Carreño/Rodríguez/Robinson «abre en la historia de América una serie de hombres copias que, sintiéndose fascinados por algún personaje de fama universal, no se limitan a seguirlo e imitarlo, sino que tratan de reproducirlo íntegramente. Hay el Napoleón I, el Napoleón III, el Víctor Hugo, el Taine, el Renan y el Nietzsche de cada aldea. Simón Rodríguez vagó por los dos mundos viviendo el oficio de Rousseau sin Contrato».

Cuando recibió a Simoncito en su abarrotada casa, Rodríguez no era aún el hombre de ideas revolucionarias y utópicas que sería más tarde, pero tenía mucho de Rousseau en su cabeza. Admirador confeso del *Emilio*, fue fiel a su creencia en que cuerpo y espíritu se desarrollan de acuerdo con las leyes que rigen toda la naturaleza, y dejó que Simoncito siguiese sus inclinaciones sin intentar reprimirlo. Esto sólo debe de haber servido para establecer una corriente inicial de simpatía entre educador y educando.

Rodríguez prestó atención al niño Bolívar, se interesó en sus juegos, aplaudió sus pequeñas locuras, accedió a sus caprichos y acabó conquistando al rebelde, que se resistía a toda disciplina.

2

El primer contacto entre Rodríguez y Bolívar durará escasamente dos años. En julio de 1797 se descubrió en Caracas la conspiración de Gual y España, en la que estaba involucrado Simón Rodríguez. El maestro tuvo que abandonar a sus alumnos y marchar al exilio para no caer preso en manos de la justicia.

La intentona tenía remotos orígenes: era el eco insospechado de los golpes de Estado que se prepararon en España en los comienzos del decenio de 1790 para remplazar la monarquía por un sistema republicano, a imitación de lo que había ocurrido en la vecina Francia.

El mallorquín Juan Bautista Picornell fue uno de los principales conspiradores de este puñado de proyectos revolucionarios. Era un fervoroso enciclopedista, conspicuo miembro de una de las logias masónicas fundadas por el célebre Cagliostro en España.

Su revuelta estaba proyectada para el 3 de febrero de 1796, pero fueron delatados y cayeron presos. Picornell y tres de sus cofrades fueron condenados a muerte. La pena fue remplazada por la de prisión perpetua, que debían cumplir en cárceles americanas. Los cómplices de Picornell fueron destinados a Panamá y Portobelo, mientras el mallorquín iba a parar a La Guaira, el puerto de Caracas, primer destino del grupo.

Dotado de una gran simpatía y no poco carisma, Picornell hizo rápidamente amigos en La Guaira, donde, de todos modos, había un ambiente favorable hacia la conspiración republicana. Esto le permitió moverse con libertad al punto que comenzó allí a organizar otra trama revolucionaria, ayudado por sus cofrades españoles Manuel Cortés Campomanes y Sebastián Andrés, que aún no habían sido enviados a su último destino. Para poder obrar con más libertad, Campomanes y Picornell huyeron en un bote a Curaçao, después de permanecer seis meses en La Guaira, mientras Andrés se escondía en la capital venezolana.

Durante su estancia en La Guaira, Picornell había reclutado a José María España, teniente de justicia mayor de Macuto, y a Manuel Gual, capitán del batallón veterano de Caracas, entre otros, como jefes de una conspiración revolucionaria que debía perpetrar un *putsch* el 16 de julio de 1797.

El jacobino Picornell había aprendido de la experiencia y el proyecto revolucionario era asaz moderado y pragmático como para adecuarse a la sociedad colonial venezolana. Su principal objetivo era la independencia de Venezuela.

Los revolucionarios prometían solemnemente el respeto a la propiedad, a la religión, al clero y a la mujer, la liquidación o sustancial rebaja de los impuestos y la abolición del tributo a los indios, la libertad de comercio y de industrias, la igualdad entre todos los habitantes. Los esclavos eran manumitidos. En Caracas debía reunirse un Congreso con representantes o diputados de todas las regiones a fin de declarar la independencia y organizar una república federal.

El resentimiento contra Madrid era tan grande y el influjo de las ideas de la Revolución francesa tan fuerte que, prácticamente, todos los personajes de La Guaira, criollos y españoles, a quienes se habló para que participaran de la conspiración independentista, entraron en ella. «Se han puesto presos —informaba a Madrid el capitán general, brigadier Pedro Carbonell— considerable número de sujetos de todas clases, a saber: un eclesiástico, oficiales, sargentos, cabos y soldados veteranos y de las milicias de blancos y pardos; comerciantes, abogados, hacendados y particulares, y últimamente se conoce que ya la sublevación había tomado un cuerpo considerable y se acercaba el término de su pérfida ejecución que, según parece, era para el día de Nuestra Señora, en cuyas vísperas me favoreció Dios con su descubrimiento.»

De las 72 personas que se descubrió que estaban comprometidas en la revuelta, 21 eran españolas peninsulares y 35 del total, militares.

Antes de que estallara el *putsch* fueron delatados y desbaratados por las autoridades por un mulato, el barbero Juan Chirinos. Gual y España huyeron a Curaçao y Guadalupe. Este último volvería a Venezuela, donde fue tomado preso y ajusticiado tres años más tarde. Gual murió en el exilio en 1800. Aunque Simón Rodríguez no estaba en la lista de los cabecillas de la conspiración, le pareció más prudente cambiar su nombre por el de Samuel Robinson y marcharse a trotar mundo escapando de Venezuela en un barco norteamericano. La educación de su discípulo, Simón Bolívar, quedó a cargo de Andrés Bello, que sólo tenía dos años más que su alumno.

3

La tendencia del adolescente Bolívar a los ejercicios físicos y su poca inclinación hacia los intelectuales encontraron un marco adecuado en la carrera militar que inició, como tanto niño bien de la sociedad colonial venezolana, cuando todavía no había cumplido trece años. A mediados de 1797 ingresó como cadete en el batallón de voluntarios blancos del valle de Aragua, que su padre había comandado, y un año más tarde su tío Esteban, en la corte madrileña, le consiguió los despachos de subteniente.

V

UNA TRÁGICA HISTORIA DE AMOR

El escaso aprovechamiento en los estudios tiene que haber influido en los tutores de Simoncito para acceder a la insistente petición del jovencito, que deseaba fervientemente que lo enviaran a Madrid. En la colonial Venezuela, la capital del reino y, sobre todo, su corte eran un destino casi natural en alguna etapa de la vida de los jóvenes de la aristocracia local, y Simón Bolívar no escapaba a la regla.

A comienzos de 1799, el quinceañero Simón Bolívar zarpó de La Guaira en el barco *San Ildefonso*, comandado por José Uriarte y Borja, en el que llegó al puerto novohispano de Veracruz. Gran Bretaña se encontraba bloqueando el puerto de La Habana como parte de la guerra que mantenía con España. El capitán decidió esperar en Veracruz la mejor oportunidad para esquivar las naves de guerra inglesas en su singladura a Bilbao. Ante lo cual, Bolívar decidió aprovechar el tiempo en conocer la ciudad de México, que por entonces era una de las principales del mundo, superior incluso a la mayoría de las capitales europeas. Munido de cartas de recomendación oportunas, el jovencito tomó el carruaje hasta la antigua Tenochtitlan, donde se hospedó en casa del oidor Aguirre, que habitaba la casa de la marquesa de Uluapa, una de las más ostentosas de la ciudad. Nadie había en México más importante que un oidor, excepto el mismo virrey.

En México, Simón Bolívar se movió entre la aristocracia. A su regreso de Veracruz escribió a su tío Pedro Palacios y Sojo una carta en la que narra sus movimientos, pero no sus impresiones del paseo de una semana realizado a la capital novohispana. La misiva está plagada de faltas garrafales de ortografía que dan una idea del escaso aprovechamiento de su educación que había hecho Simoncito. Escribe, por ejemplo, «la Abana», «nabios», «onse», «aber», «bibí» (por viví), «biaje», «hacabo», «ermanos» e «yjo».

Hacia fines de marzo, el *San Ildefonso* pudo dirigirse a La Habana, desbloqueada ya por los ingleses, y unirse a una flota dirigida por el famoso almirante Dionisio Alcalá Galiano. Los navíos tuvieron una singladura sin peripecias hasta que el *San Ildefonso* depositó a Simón Bolívar y al resto del equipaje en el puerto vizcaíno de Bilbao.

Desde allí tomó una diligencia para visitar ansiosamente el pueblo de donde se originaba su estirpe. Tiene que haber recibido historias agigantadas por la distancia de un castillo ya en ruinas, el antiguo solar de los Bolívar, rodeado de torres y casas solariegas blasonadas. Lo que encontró en la anteiglesia de Cenarruza fue una mísera aldea de campesinos con un antiguo molino. De añejos esplendores, expresiones de la imaginaria gloria de los Bolívar que le habían contado, no había ni rastro.

2

Simoncito siguió viaje hasta Madrid, donde lo estaba esperando su tío Esteban, que, a la sazón, vivía en casa de Manuel Mallo. Era Mallo un cortesano nacido en Popayán (actual Colombia) de quien, se suponía, se había enamorado la reina María Luisa de Parma, esposa libertina y adúltera de Carlos IV. Ella había encumbrado al incapaz de Manuel Godoy, un oficial de la guardia elevado posteriormente a príncipe de la Paz y primer ministro (uno de los más siniestros de la historia de España, que gobernó durante 16 años) que, según rumores que circulaban por la villa y corte, rabiaba de celos por haber perdido la fidelidad de la reina a manos del americano. Más que de celos, Godoy debe de haber suspirado de alivio.

No eran los encantos de María Luisa los que, precisamente, movían a estos caballeros. El entonces embajador ruso en Madrid, Zinoviev, le explicaba a su gobierno en un informe diplomático que la reina, a causa de sus «partos repetidos, indisposiciones y, tal vez, un germen de enfermedad hereditaria, está completamente marchita: el color amarillo de su rostro y la pérdida de los dientes han sido golpes mortales para su belleza» que, de por sí, era bastante escasa.

A poco de llegar a Madrid, hizo su aparición también su tío Pedro Palacios y Sojo, dispuesto a medrar a la sombra de Mallo. Pero la ilusión duró poco: en agosto, los Palacios y Bolívar se mudaron a un piso independiente porque, al parecer, Mallo había perdido ya el favor real.

3

Para esa época, la capital de España había hecho un milagro de conversión en Simoncito: el indisciplinado jovencito, poco amante del conocimiento, comenzó a dedicarse seriamente a los estudios. «Este niño lo tiene muy aplicado Esteban, y él sigue con gusto y exactitud el estudio de la lengua castellana, el escribir en que está muy ventajoso, el baile, la historia en buenos libros y se le tiene preparado el idioma francés y las matemáticas», le escribe Pedro a su hermano Carlos, que se ha quedado en Caracas.

Bolívar empieza a asistir a las clases de la Academia de San Fernando por indicación del marqués de Ustáriz, un ricachón venezolano radicado en Madrid, enciclopedista entusiasta. El maestro de esgrima le daba clases en cuanto despertaba, «al cual seguía el de lengua francesa y por último el de la danza; una parte de la tarde la ocupaba en la clase de matemáticas; a todo se presta con docilidad», informaba Esteban Palacios.

Ustáriz lo acogió en su casa de la calle de Atocha, 8, y fue para él un guía y maestro en aventuras intelectuales que debieron de impresionar profundamente al jovencito. El marqués, empero, fue una figura capital para Bolívar, porque fue en su casa donde el jovencito conoció al amor de su vida, María Teresa Rodríguez de Toro y Alayza.

4

La joven madrileña tenía diecinueve años cuando se encontró con el muchachito imberbe, dos años menor que ella, y se enamoró de él. Era hija de un criollo radicado en Madrid, hermano del marqués del Toro y de la vallisoletana Benita Alayza, hermana del marqués de Inicio, conde de Rebolledo.

Bolívar cayó rendido a sus pies al punto de que quiso contraer matrimonio en seguida, idea de la que fue finalmente disuadido por el padre de la novia. Por entonces, Simón Bolívar era un adolescente enclenque que parecía no haber madurado sexualmente, lo que tiene que haber contribuido a convencerlo de que postergara sus deseos de matrimonio.

En aquellos días, Bolívar vivió una experiencia que debía ser decisiva para sus planes inmediatos. Iba paseando una tarde por la puerta de Toledo cuando un guardia lo detuvo pretextando que el muchachito violaba una orden del ministro de Hacienda que prohibía andar exhibiendo muchos diamantes en los ropajes sin un permiso especial. El policía quiso registrarlo pero Bolívar, indignado, se opuso y desenvainando su espada «amenazó castigar al primero que se le acercase —escribió O'Leary—. Algunos de sus amigos que por aquel sitio atinaron a pasar intervinieron y el asunto quedó arreglado; después de esto nada pudo inducirlo a permanecer por más tiempo en Madrid».

En efecto: obtuvo pasaporte para dirigirse a Bilbao, donde vivía la familia de su novia María Teresa, pero fracasados sus intentos de casarse rápidamente, decidió darse una vuelta por París. A mediados de enero de

1802 estaba en Bayona y pocos días más tarde en Amiens. De allí viajó a París. Bolívar entraba en el territorio del ídolo indiscutido de esos años: Napoleón Bonaparte, que se hallaba en lo más encumbrado de su gloria.

5

Casi no hay testimonios de esta primera estancia de Bolívar en Francia. De todos modos, el 29 de abril, Bolívar consigue el pasaporte para regresar a Madrid sin inconvenientes. Poco menos que un mes más tarde, el 26 de mayo, se realizaron en Madrid los esponsales de Bolívar con María Teresa. Inmediatamente después, los novios embarcaron en La Coruña, otra vez en el *San Ildefonso*, con destino a La Guaira.

Estuvieron en Caracas el tiempo justo para recibir los plácemes de parientes y amigos y se marcharon a encerrarse en la hacienda de San Mateo, donde la pareja iba a vivir un intenso idilio. El jovencito criado casi exclusivamente entre varones, carente de la presencia de una figura materna durante buena parte de su desarrollo, tenía ahora una mujer a la que adoraba para él solo. «Según su propia relación —aclara O'Leary al referirse a esta etapa de la vida de Bolívar—, se levantaba temprano, vigilaba los trabajos de la hacienda, indicaba las mejoras que debían introducirse, hacía mucho ejercicio a pie y a caballo y dedicaba al estudio las horas calurosas del día y algunas de la noche.»

En sus años de madurez, Bolívar recordaba con amarga nostalgia este período «como el único verdaderamente feliz y tranquilo que había tenido en su vida». Le duró diez meses escasos: el 27 de enero de 1803 moría María Teresa en San Mateo víctima de una fiebre fulminante —tifus o fiebre amarilla, probablemente— que, en menos de una semana la llevó a la tumba.

Para Bolívar su viudedad fue un cruel e inesperado hachazo de dolor. Tenía apenas diecinueve años. Según O'Leary, su pena fue tan intensa «que rayó en la desesperación y sin la afanosa solicitud de su hermano hubiera sucumbido también».

«Quise mucho a mi mujer y su muerte me hizo jurar no volver a casarme; he cumplido con mi palabra», le diría a Peru Lacroix veinticinco años después del desgarrador suceso.

Acaso éste haya sido el fatal punto de inflexión que cambió la vida del joven Bolívar que, hasta ese momento, parecía destinado a ser un feliz y apacible hacendado de Venezuela. Él mismo lo reconocía ante Lacroix muchos años después: «Miren ustedes lo que son las cosas. Si no hubiera enviudado quizás mi vida hubiera sido otra cosa; no sería el general Bolívar, ni el Libertador, aunque convengo que mi genio no era para ser alcalde de San Mateo... La muerte de mi mujer me puso muy temprano sobre el camino de la política; me hizo seguir después el carro de Marte en lugar del arado de Ceres.»

VI

DE CALAVERA POR LA VIDA

Apenas habían transcurrido diez meses desde la muerte de su esposa cuando Simón Bolívar se embarcó rumbo a Europa. Quería apartarse de todo lo que le recordara a su mujer, recuperar las buenas experiencias europeas de las que guardaba un agradable recuerdo, dando por sabido y conocido que era ése el modo de enjugar la pena y ganar el olvido. «Si no me acordara de que hay un París —diría en sus años maduros al general Mosquera— y que espero verlo otra vez, sería capaz de renunciar a vivir.»

En enero de 1804 estaba ya en Cádiz, de donde viajó a Madrid para visitar a su suegro y pasar con él algunas semanas. Marchó a París, su destino final, en abril, acompañado por su amigo Fernando Toro.

Probablemente mientras estuvo en Bilbao en el viaje anterior, Bolívar conoció a una prima lejana suya, francesa, que vivía en París, seis años mayor que él. Fanny Louise Denis Tobriand de Kereden Aristeguieta se había casado con el conde Dervieu du Villars, coronel de los ejércitos napoleónicos, general de los de Luis XVIII y mariscal de Carlos X, veintiocho años mayor que ella.

Cuando Bolívar llegó a París fue inmediatamente a ver a su prima lejana, que lo recibió con los brazos abiertos. Fanny tenía entonces veintiséis o veintisiete años y era una mujercita pequeña, de rostro agradable, aunque no bonita. En su casa parisina tenía un salón, muy a la moda de la época, donde reunía personalidades destacadas del mundo de la ciencia, las artes, las letras, la política, entre los que no faltaba Alejandro de Humboldt, madame de Staël, Eugenio Beauharnais o madame Recamier, dueña de la mansión donde se celebraba una de las tertulias de mayor renombre por aquel entonces.

De la correspondencia puede deducirse que Fanny se sintió profundamente impresionada por las desventuras del joven Bolívar. Su melancolía despertó en su alma femenina sentimientos maternales de protección que eclosionaron en un romance de breve duración: apenas mes y medio. Ella era una mujer con el corazón vacante, romántica en plena efervescencia del romanticismo, y pocas cosas podían apasionarla tanto como una relación con un niño desvalido y doliente, que la envolvió en un juego de pasión y muerte, de sustituciones y fantasmas. Gracias a que el sicoanálisis todavía no había sido inventado, él se permitió llamarla con el nombre de su mujer muerta.

«¡Ah, Teresa!, mujer imprudente a la que, no obstante, no puedo negar nada porque ella ha llorado conmigo en los días de duelo», le escribió en una carta.

Más de veinte años más tarde, cuando Bolívar estaba en la cumbre de la gloria, Fanny, que frisaba en los cincuenta, le escribió tres cartas, que se conservan, donde aporta detalles sobre el idilio mantenido a comienzos del siglo.

«Creo haber merecido todos los sentimientos que a usted inspiré, por la pureza y sinceridad de los míos. Yo valía algo en aquel tiempo, puesto que usted me encontró digna de guardar sus secretos... He tenido y tengo aún la confianza de creer que usted me amó sinceramente... Su resolución de alejarse de mí me hirió profundamente; pero hoy aquel valor tan firme lo eleva a usted en su pensamiento y lo coloca con superioridad sobre todos los hombres... ¿Recuerda usted mis lágrimas vertidas, mis súplicas para impedirle marcharse? Su voluntad resistió todos mis ruegos.»

Si se ha de creer a Fanny du Villars, los sueños de grandezas ya habían aparecido en Bolívar, porque ella le dice que en la época en la que vivieron el romance, «el amor a la gloria se había apoderado de todo su ser y sólo pertenecía usted a sus semejantes por el prestigio que les ocultaba el genio que las circunstancias han aumentado... Con orgullo recuerdo sus confidencias sobre sus proyectos para el porvenir, la sublimidad de sus pensamientos y su exaltación por la libertad». Y en otra: «Yo, a quien confiasteis vuestros planes y proyectos hace veinte años, os coloco por encima de Washington a causa de las inmensas dificultades que habéis tenido que vencer para dar libertad a un mundo entero.»

2

En realidad, el Simón Bolívar que apareció en París en 1804 tenía poco que ver con el que dos años antes había estado de paseo en la capital parisina. Uno de los hijos de Fanny recuerda que cuando lo vieron llegar ya «era otro hombre. Bolívar había crecido cuatro pulgadas (diez centímetros), había adquirido fuerza y gracia; un hermoso bigote negro hacía más visible la blancura de sus dientes dándole un aire marcial; la metamorfosis moral no era menos completa, ya no era el joven silencioso, modesto, melancólico que mi madre había conocido, entregado enteramente a las ciencias y a los trabajos manuales. Su espíritu, su corazón, sus gustos, su carácter, todo había cambiado».

No era un idilio sustituto del amor perdido lo que podía entusiasmar definitivamente a Bolívar. Su alma no estaba en condiciones de enamorarse de nadie y lo que el cuerpo le pedía era otra cosa bien distinta: quería dedicarse al más desenfrenado libertinaje como un modo de tapar su pena más profunda. Pese a que, simultáneamente, se había contagiado de las ideas republicanas y habían surgido en él sueños de transformar la realidad de su país, lo que hizo predominantemente en París, al principio, fue dedicarse a la juerga.

«Tenía en la Posada de los Extranjeros —memora el hijo de la Villars— un piso de seis mil francos, una soberbia librea, un coche, sus caballos magníficos, un palco en la ópera; sostenía públicamente a una bailarina; en fin, su traje, de un lujo extravagante, contrastaba más que los otros con el mezquino equipaje de otra época; su gusto era excesivo.»

Muchos años más tarde, registra uno de sus ayudantes de campo, P. de Serviez, en los momentos más difíciles de su vida «era para él como un recreo de colegial dar un imaginario paseo por el Palais Royal. Dominado hacia esa fecha por su ardiente sed de placeres y especialmente por los placeres fáciles, recordaba una por una cuantas bellezas femeninas había conocido en Francia con una exactitud y una precisión admirables: citaba los retruécanos de Brunet, cantaba los cuplés en boga y se reía de sus calaveradas juveniles con ingenua alegría».

3

Pero pronto iba a hartarse de llevar esa vida frívola y mundana. Le confiesa a Fanny du Villars que está «fastidiado de las grandes ciudades que he visitado. Vuelvo a salir con la esperanza de hallar lo que no he encontrado en ninguna parte: un género de vida que me convenga. Pero, Teresa, yo no soy un hombre como todos los demás, y París no es el lugar que pueda poner término a la vaga incertidumbre que me atormenta. Sólo hace tres semanas que he llegado aquí y ya estoy aburrido».

El estado de desazón lo corroe, no lo deja en paz. «Todo lo que me obliga a pensar en mí, aunque sean diez minutos, me fatiga la cabeza, obligándome a dejar la pluma o la conversación para tomar el aire de la ventana —le escribe a Fanny du Villars—. ¿Me obligaréis a deciros lo suficiente para satisfaceros respecto al pobre chico Bolívar de Bilbao, tan modesto, tan estudioso, tan económico, manifestándoos la diferencia que existe con el Bolívar de la rue Viviani, murmurador, perezoso y pródigo? Ved aquí, amiga mía, todo lo que tenía que deciros del tiempo pasado; el presente no existe para mí, es un vacío completo donde no puede nacer un solo deseo que deje alguna huella grabada en mi memoria... Apenas tengo un ligero capricho lo satisfago al instante y lo que yo creo un deseo cuando lo poseo sólo es un objeto de disgusto. Los continuos cambios que son el fruto de la casualidad, ¿reanimarán, acaso, mi vida? Lo ignoro.»

Esta descripción de sí mismo coincide con una anécdota narrada por el hijo de Fanny. Bolívar iba a casa del marido de Fanny, que tenía un bello jardín cuidado por el dueño de la mansión y se dedicaba a destrozar todo lo que encontraba a mano: hojas, flores, frutos, yemas, ramas y troncos. «Entraba donde estaban los árboles frutales y mordía todas las frutas sin concluir ninguna.» Lo mismo hacía dentro de la casa, donde la emprendía contra «las franjas de las cortinas, desgarraba con los dientes los libros que estaban en las mesas, descomponía la chimenea con las tenazas, en una palabra, no podía estar diez minutos sin romper alguna cosa».

El coronel Du Villars montaba en cólera y le recriminaba su afán destructor. «Oh, perdón, coronel —decía Bolívar—, yo creo que la mariposa se fija más pronto que yo: apenas arranco una flor, cesa de agradarme porque deseo otra.»

La loca vida de Bolívar acabaría traduciéndose en quebrantos muy serios para su salud física. Es, probablemente, a fines de 1804 cuando reaparece en su vida un singular personaje que Bolívar había dejado de ver siete años antes: su antiguo maestro Simón Rodríguez.

4

El exiliado había escapado primero a Jamaica, donde trabajó como cajista, luego partió a Estados Unidos y en Baltimore continuó trabajando en su oficio de tipógrafo, hasta que partió a París. En compañía del famoso fraile mexicano Servando Teresa de Mier se dedicó allí a la enseñanza de idiomas y a la traducción. Luego siguió su recorrido por varios países europeos. Cuando Bolívar llegó a París, Rodríguez estaba en Viena. Sólo varios meses más tarde apareció en la capital francesa para unirse a su antiguo discípulo.

VII

EL HECHIZO NAPOLEÓNICO

El año que Simón Bolívar estuvo en París, Napoleón Bonaparte se convirtió en emperador de Francia, coronado por el papa Pío VII. No se hablaba de otra cosa en la capital francesa ni en toda Europa.

Al joven caraqueño las glorias de Napoleón le producían, al principio, irritación. Admiraba el genio militar del corso, pero no le perdonaba que hubiese renunciado al ideario democrático de la revolución para convertirse en un déspota.

El apasionamiento de Bolívar en asuntos políticos comenzaba a desplazar una parte de su afición por las mujeres fáciles y a las calaveradas. En una oportunidad invitó a un banquete en su casa de la calle Viviani al matrimonio Du Villars y a un grupo de clérigos, políticos y militares de alto rango que había conocido en París. El hijo de Fanny du Villars recuerda que a los postres, «Bolívar, olvidando que era anfitrión y extranjero, las emprendió contra el ídolo que se incensaba (Napoleón) y contra el clero con una vehemencia que movió a todos los concurrentes a guardar silencio y a oírle con la prudente tolerancia con que se oye a un furioso».

Al día siguiente se sintió obligado a escribirle una carta dándole explicaciones al coronel Du Villars quien, seguramente, le había presentado a varias de las personalidades atacadas por Bolívar durante el banquete en su casa.

La carta, que se ha conservado, es interesante no sólo por la anécdota, sino porque un Bolívar de veintiún años de edad expresa sus opiniones políticas referidas al primer cónsul que pronto se convertirá en emperador.

Con toda arrogancia y egocentrismo, el jovencito caraqueño le echa la culpa a sus invitados del mal rato y la descortesía que él había exhibido. «No tengo necesidad de deciros cuán afligido estoy de haberos hecho testigo del escándalo que ocasionó ayer en mi casa la exaltación fanática de algunos clérigos, más intolerantes que sus antepasados y que hablan con tanta imprudencia como en España, donde el pueblo les dobla la rodilla y les besa la falda de las sotanas.» Señala que fueron los elogios a Napoleón los que provocaron su «exaltación que sólo fue interrumpida débilmente».

«El deseo de dominar y de ocupar el primer lugar en el Estado es el pensamiento de todos los clérigos. Los empleados piensan en conservar el sueldo elogiando al que les paga. Separando estas dos clases, yo no concibo que nadie sea partidario del primer cónsul aunque vos, querido coronel, cuyo juicio es tan recto, lo pongáis por las nubes», le dice a Du Villars.

Bolívar confiesa que admira los talentos militares de Napoleón, tras lo cual pregunta con cierto candor, «¿pero cómo no veis que el único objeto de sus actos es apoderarse del poder? Este hombre se inclina al despotismo; ha perfeccionado de tal modo las instituciones que, en su vasto imperio, en medio de sus ejércitos, agentes de empleados de toda clase, clérigos y gendarmes, no existe un solo individuo que pueda ocultarse a su activa vigilancia. ¿Y se cuenta todavía con la era de la libertad? ¡Qué virtudes es preciso tener para poseer una inmensa autoridad sin abusar de ella! ¿Puede tener interés ningún pueblo en confiarse a un solo hombre? ¡Ah! Estad convencido: el reinado de Bonaparte será dentro de poco tiempo más duro que el de los tiranos a quienes ha destruido».

El joven idealista y poco ducho en cuestiones políticas no puede dejar de ver con ojos críticos lo que está ocurriendo en Francia. Se confiesa un impulsivo que no toma en cuenta quiénes son sus interlocutores cuando discute con toda vehemencia: «Yo no veo sino los pensamientos personificados, peleo sin respetar la posición social de ninguno de ellos [sus interlocutores]. Estoy lejos de tener la sangre fría de Rodríguez, a quien a diferencia de mí le importa un bledo el aspecto político burgués de la Revolución francesa, o la vuestra, coronel: yo no puedo contenerme siempre.

»Por otra parte —se pregunta—, ¿qué necesidad tengo de ello? No soy un hombre político obligado a empeñar el debate en una asamblea deliberante; no mando ejército y no estoy obligado a inspirar confianza a los soldados, ni soy sabio que tenga que hacer con calma y paciencia una demostración ardua ante un auditorio numeroso.»

2

El mal rato había sido tan escandaloso que el coronel aconsejó a Bolívar que se marchara de París durante un tiempo hasta que se olvidara el incidente con personajes influyentes del régimen que podían perjudicarlo. El caraqueño le asegura a Du Villars en su carta que no se irá de París hasta que se lo ordenen. «Deseo saber por mi propia experiencia si le es permitido a un extranjero en un país libre dar su opinión sobre los hombres que lo gobiernan y si lo echan de él por haber hablado con franqueza.»

Nadie se ocupó de castigar al jovencito Bolívar por sus exaltadas críticas. Él solo se fue, del brazo con su antiguo maestro, a Italia dispuesto a recuperarse de la vida de juerguista y sibarita que había llevado hasta entonces. Pero antes de partir presenció la coronación de Napoleón en diciembre de 1804.

Veinticuatro años más tarde, frente a sus jefes y oficiales en Bucaramanga, recordaría que «aquel acto o función magnífica me entusiasmó, pero menos su pompa que los sentimientos de amor que un inmenso pueblo manifestaba al héroe francés. Aquella efusión general de todos los corazones, aquel libre y espontáneo movimiento popular excitado por las glorias, las heroicas hazañas de Napoleón, vitoreado en aquel momento por más de un millón de individuos, me pareció ser para el que tenía aquellos sentimientos el último grado de aspiración, el último deseo, la última ambición del hombre.

»La corona que se puso Napoleón en la cabeza —prosiguió Bolívar— la miré como una cosa miserable y de estilo gótico, lo que me pareció grande fue la aclamación universal y el interés que inspiraba su persona. Esto, lo confieso, me hizo pensar en la esclavitud de mi país y en la gloria que cabría al que lo libertase: ¡pero cuán lejos me hallaba de imaginar que tal fortuna me aguardaba! Más tarde, sí, empecé a lisonjearme con que algún día podría yo cooperar a su libertad, pero no con que haría el primer papel en tan grandes acontecimientos».

El virus de la ambición de gloria y la envidia admirativa de Napoleón ya habían prendido en el mozalbete caraqueño. Por fin el ex maestro y su alumno se pusieron en marcha rumbo a Italia con la esperanza de volver a encontrar a Napoleón.

«Descansaron algunos días en Lyon —narra O'Leary—. Siguieron luego a pie haciendo jornadas cortas. Llegaron a Chambery y después de visitar sus alrededores continuaron el camino gozando del agreste y pintoresco paisaje que les recordaba la naturaleza grandiosa y selvática del país en que habían pasado sus primeros años», aventura el biógrafo.

3

Cuando pasaron a Italia, cerca de Alessandria, visitaron el campo de Marengo donde Napoleón, cinco años antes, había librado uno de sus mayores triunfos, la batalla de Marengo, sobre los austriacos. Allí, un Napoleón aureolado por la gloria camino a su coronación como rey de los italianos pasó revista a sus tropas.

Bolívar y Rodríguez asisten a la ceremonia y salen de ella vivamente impresionados, sobre todo el joven venezolano, que comenzó a echar rápidamente por la borda los últimos reparos que, hasta entonces, le había ofrecido la figura de Bonaparte.

Muchos años más tarde recordará ante Peru Lacroix, oficial napoleónico al servicio de Colombia, que el trono del emperador estaba en un pequeño otero que sobresalía en medio de la llanura de Marengo. Él y Simón Rodríguez se situaron al pie de la elevación del terreno para poder observar de cerca a Napoleón mientras las tropas desfilaban ante él. El Gran Corso los miró varias veces con unos binóculos que llevaba consigo, frente a lo cual, Rodríguez le dijo con temor: «Si Napoleón nos observa tal vez sospeche que somos unos espías.» Pero Bolívar dice: «ponía toda mi atención en Napoleón y sólo a él veía entre toda aquella multitud de hombres que había allí reunidos; mi curiosidad no podía saciarse y aseguro que entonces estaba muy lejos de pensar que un día sería yo también el objeto de la atención o, si se quiere, de la curiosidad de todo un continente y puede decirse, también, del mundo entero. ¡Qué estado mayor tan numeroso y tan brillante tenía Napoleón y qué sencillez en su vestido!: todos los suyos estaban cubiertos de oro y de ricos bordados y él sólo llevaba sus charreteras, un sombrero sin galón y una casaca sin ornamento alguno: esto me gustó y le aseguro que en estos países habría adoptado para mí aquel uso si no hubiera temido que dijeran que lo hacía por imitar a Napoleón y después hubieran dicho que mi intención era imitarlo en todo».

Esta última iba a ser una de las obsesiones de toda su vida: que los demás no descubrieran que Napoleón era su ídolo y su modelo, el hombre con el que, en fantasías, se sentía identificado. Es con Peru Lacroix, otra vez, con quien desnuda su alma dos años antes de su muerte, cuando se encontraba en Bucaramanga y el Gran Corso ya había desaparecido en Santa Elena siete años antes.

«Usted habrá notado —le dijo— que en mis conversaciones delante del dueño de casa y otras personas nunca hago el elogio de Napoleón, sino que por el contrario cuando llego a hablar de él o de sus hechos es más bien para criticarlo que para aprobarlo y que más de una vez me ha sucedido llamarlo tirano, déspota, como también el haber censurado varias de sus grandes medidas políticas y alguna de sus operaciones militares. Todo esto ha sido y es aún necesario para mí, aunque mi opinión sea diferente. Pero tengo que ocultarla y disfrazarla para evitar que se establezca la opinión de que mi política es imitada de la de Napoleón, de que mis miras y proyectos son iguales a los suyos, de que como él quiero hacerme emperador o rey, dominar la América del Sur como él dominó Europa. Todo esto no habrían dejado de decirlo si hubiera dejado conocer mi admiración y mi entusiasmo por ese gran hombre. Más aún habrían hecho mis enemigos: me habrían acusado de querer crear una nobleza y un estado militar igual al de Napoleón en poder, prerrogativas y honores. No dude usted de que esto hubiere sucedido si yo me hubiera mostrado, como lo soy, gran apreciador del héroe francés. Si me hubiesen oído elogiar su política, hablar con entusiasmo de sus victorias, preconizarlo como el primer capitán del mundo, como hombre de estado, como filósofo, como sabio. Todas éstas son mis opiniones sobre Napoleón, pero gran cuidado he tenido y tengo de ocultarlas. *El Diario de Santa Elena*, las campañas de Napoleón y todo lo que es suyo, es para mí la más agradable y provechosa lectura, es donde debe estudiarse el arte de la guerra, el de la política, el del gobierno.»

Rodríguez y Bolívar se apresuran a llegar a Milán para presenciar la coronación del corso, que despierta en Bolívar nuevos ataques de entusiasmo y veneración, lejos ya de las objeciones que sentía en París.

No puede sustraerse a la fascinación que le produce el personaje. «Yo lo adoraba como al héroe de la República —dirá años más tarde Bolívar, según registra O'Leary—, como la brillante estrella de la gloria, el genio de la libertad. En el pasado yo no conocía nada que lo igualase, ni prometía el porvenir nada semejante.»

Junto con Rodríguez llegan a Venecia recorriendo, por el camino, los campos donde Napoleón y sus tropas se habían cubierto de glorias militares y las ciudades del noreste italiano cargadas de historia: Verona, Padua, la costa adriática y, por fin, Florencia.

4

Su siguiente destino fue Roma. «El gozo que experimentó en el curso de esta carrera se convirtió en entusiasmo al acercarse a la Ciudad Eterna —escribe O'Leary—. Pisar la tierra que los Cincinato y los Régulo habían cultivado, respirar los aires que los Escipión habían respirado, recordar los sabios y los héroes que habían nacido y crecido allí, merced a cuyo genio y valor llegó a ser Roma la señora y el asombro del mundo, estas reflexiones inspiraron a su ardiente fantasía ideas elevadas que se apoderaron de su imaginación, llena de clásicos recuerdos y de la moderna filosofía.»

A través del embajador de España, Bolívar consiguió una entrevista con el papa Pío VII, el mismo que había coronado a Napoleón. Al encontrar al pontífice, el embajador que lo acompañaba advirtió a Bolívar en susurros que tenía que hincarse de rodillas para besar la cruz que, en la sandalia, llevaba el obispo de Roma. El venezolano se negó categóricamente a semejante ceremonia de humillación, pese a las insistencias del diplomático. Cuando el papa advirtió la situación le dijo al español: «Dejad que el joven indiano haga lo que le gusta.» Bolívar accedió, entonces, a besar el anillo que Pío VII le ofreció.

Pasado el encuentro —cuenta O'Leary, que debe de haber escuchado el relato de boca del protagonista—, el embajador le afeó su conducta, a lo que un Bolívar no sólo orgulloso sino también notablemente anticlerical le respondió que «muy poco debe de estimar el pontífice el signo de la religión de Cristo cuando lo lleva en su sandalia, mientras que los más orgullosos soberanos de la cristiandad lo colocan sobre sus coronas».

Pero el acontecimiento más importante de la estancia en Roma es un suceso casi operístico, teatral, muy en consonancia con el ambiente romántico que rodeaba a Bolívar con sus escasos veintidós años: el juramento del Monte Sacro.

Simón Rodríguez ha dejado una narración de este hecho que, al menos parcialmente y en lo sustancial, no ofrece dudas de veracidad. Una tarde, narra Rodríguez, Bolívar, su amigo Fernando Toro y él salieron a pasear al Monte Sacro. Hacía mucho calor y el ascenso a la colina les resultó tan fatigoso que, cuando llegaron a la cima, se sentaron sobre los restos de una antigua columna de mármol. «Yo tenía fijos mis ojos sobre la fisonomía del adolescente porque percibía en ella cierto aire de notable preocupación y concentrado pensamiento», escribe Rodríguez.

Con gran solemnidad, Bolívar se puso de pie «y como si estuviese solo miró a todos los puntos del horizonte y a través de los amarillos rayos del sol poniente paseó su mirada escrutadora, fija y brillante, sobre los puntos principales que alcanzábamos a dominar».

Simón Rodríguez cita una primera parte del discurso de Bolívar, que es de la indudable cosecha del escritor, en el que el futuro Libertador execra la historia de Roma haciendo gala de una erudición que, seguramente, no tenía por aquel entonces el joven caraqueño. Al final resume el orador improvisado, según la versión de Rodríguez, que «este pueblo (el romano) ha dado para todo menos para la causa de la humanidad: Mesalinas corrompidas, Agripinas sin entrañas, grandes historiadores, naturalistas insignes, guerreros ilustres, procónsules rapaces, sibaritas desenfrenados, aquilatadas virtudes y crímenes groseros. Pero para la emancipación del espíritu, para la extirpación de las preocupaciones, para el enaltecimiento del hombre y para la perfectibilidad definitiva de su razón, bien poco, por no decir nada. La civilización que ha soplado del oriente ha demostrado aquí todas sus fases, ha hecho ver todos sus elementos; mas en cuanto a resolver el gran problema del hombre en libertad, parece que el asunto ha sido desconocido y que el despejo de esa misteriosa incógnita no ha de verificarse sino en el Nuevo Mundo».

Tras la peroración, Bolívar se volvió hacia su antiguo maestro con los ojos húmedos, la respiración agitada y el rostro enrojecido y «con una animación febril» pronunció su juramento: «Juro delante de usted, juro por el Dios de mis padres, juro por ellos, juro por mi honor y juro por la patria que no daré descanso a mi brazo ni reposo a mi alma hasta que no haya roto las cadenas que nos oprimen por voluntad del poder español.»

El Libertador había sido dado a luz.

VIII

EL HÉROE VUELVE A CASA

El Libertador se había ido forjando dentro de Bolívar en los años iniciales de su adultez. Primero había apostado a ser el héroe romántico de la intimidad, que vivía con descomunal intensidad y profundidad el idilio con Teresa. Pero la suerte le había preparado un final trágico para el breve romance.

La continuación de ese personaje fue el del calavera que, detrás de la risa, la borrachera, los amoríos frívolos, esconde una profunda amargura: un arquetipo largamente explotado por la literatura romántica y el arte de los poetas y pintores malditos.

Pero pronto se había cansado de dilapidar el dinero y de vivir la vida alegre del París galante. Era una perspectiva vital demasiado hueca para el personaje febril que bullía dentro de él.

De pronto «descubrió» a Napoleón, como otro modelo de héroe de mayores vuelos. Se resistió a él, lo criticó y lo vilipendió mientras la admiración hacia el Gran Corso iba creciendo vertiginosamente hasta que, finalmente, sucumbió a las seducciones de su héroe, que era como ceder al magnetismo de los sueños de gloria que se agigantaban en el jovencito venezolano.

A sus oficiales les contó en 1828 que «huérfano a los dieciséis» *(sic)* se fue a Europa. Llegó a Madrid donde «bien enamorado me casé con la sobrina del viejo marqués del Toro, Teresa Toro y Alayza. Volví de Europa para Caracas el año 1802 con mi esposa y les aseguro que entonces mi cabeza sólo estaba llena de los vapores del más violento amor y no de ideas políticas, porque éstas no habían tocado todavía mi imaginación.

»Muerta mi mujer y desolado yo con aquella pérdida precoz e inesperada, pasé a Francia y después a Italia. Ya entonces iba tomando algún interés en los negocios públicos, la política me interesaba, me ocupaba y seguía sus movimientos».

El espectáculo del fervor popular por Napoleón, confiesa después, fue su camino de Damasco, su despertar al hambre insaciable de gloria al que de ahí en más se entrega sin ambages. Nunca más volverá a encarnar al héroe romántico del amor.

Es a partir de su viudedad cuando comienza a gestarse en Bolívar el hombre que será hasta su muerte. El juramento del Monte Sacro hubiera sido sólo un apasionado y teatral gesto, incluso ridículo, propio de un mozalbete romántico y engreído si no hubiese sido porque Bolívar cumplió con su promesa y, además, porque tenía el genio suficiente como para poder llevar a cabo una empresa gigantesca que, en ese momento, parecía imposible.

2

De Roma hizo Bolívar una escapada a Nápoles y luego se dirigió, acompañado por Rodríguez, a París, donde permaneció algunos meses de finales de 1805 y comienzos del año siguiente.

La curiosidad lo llevó a ingresar en la logia masónica del rito escocés de Saint-Alexandre, en la que en pocos meses ascendió desde el grado inicial de compañero al grado tres de maestro. Todo parece indicar que el venezolano quiso explorar si la organización secreta podía servir a sus propósitos políticos.

Pero la experiencia no debe de haber sido muy buena para Bolívar. Más de veinte años después le comentó a su edecán Peru Lacroix, un masón practicante, que su paso por la logia parisina «le había bastado para juzgar lo ridículo de tan antigua asociación», escribe su ayudante y biógrafo.

«En las logias (dijo que) había hallado algunos hombres de méritos, bastantes fanáticos, muchos embaucadores y muchos más tontos burlados; que todos los masones parecen niños grandes, jugando con señas, morisquetas, palabras hebraicas, cintas y cordones; que, sin embargo, la política y los intrigantes pueden sacar algún partido de esa sociedad secreta, pero que en el estado de civilización de Colombia, de fanatismo y de preocupaciones religiosas en que están sus pueblos, no era político valerse de la masonería, porque para hacerse de algunos partidarios en las logias, se hubiera atraído el odio y la censura de toda la nación, movida entonces contra él por el clero y los frailes, que se habrían valido de aquel pretexto; que por lo mismo, poco podía hacerle ganar la masonería y mucho hacerle perder en la opinión.»

De entrada, entre el carácter egocéntrico y arrogante de Bolívar y las sociedades secretas sometidas a disciplinas colectivas estrictas no había ninguna posibilidad de conciliación.

3

En París, Bolívar se reencontró con Fanny du Villars, que lo aguardaba con ansiedad. Pero la francesita pronto descubrirá en el retornado a un Simón transformado que muestra escasísimo interés en las relaciones sentimentales.

Madame Du Villars recurre a todas las argucias femeninas para recapturarlo, pero en vano. Por fin, Bolívar, a modo de despedida, le regala un anillo con la fecha de su partida grabada en el interior. Veintiún años más tarde, Fanny rememora esos hechos, cuando ya es una viuda cincuentona.

«Este anillo siempre me ha acompañado, trayéndome a la memoria el recuerdo gratísimo de una amistad que usted me aseguró que sólo se extinguiría con su postrer suspiro; entonces, ese sentimiento me pareció demasiado débil. ¿Recuerda usted mis lágrimas vertidas, mis súplicas para impedirle marcharse? Su voluntad resistió todos mis ruegos. Ya el amor a la gloria se había apoderado de todo su ser y sólo pertenecía usted a sus semejantes por el prestigio que les ocultaba el genio que las circunstancias han aumentado.

»Su resolución de alejarse de mí me hirió profundamente; pero hoy aquel valor tan firme lo eleva a usted en mi pensamiento y lo coloca con superioridad sobre todos los hombres.»

4

A mediados de 1805, Bolívar se dirigió a Hamburgo, dispuesto a conseguir un barco norteamericano que le permitiera cruzar el Atlántico.

Un navío estadounidense lo dejó en Charleston, Carolina del Sur, y tuvo que tomar otro para llegar a Filadelfia, donde pudo recibir algún dinero de Venezuela, porque sus arcas estaban ya exhaustas. Visitó Nueva York y Boston y pudo palpar de cerca la primera república democrática americana que, varios años más tarde, iba a admirar y analizar magistralmente Alexis Clerel de Tocqueville.

El 13 de julio, Bolívar llegaba finalmente a La Guaira después de casi cuatro años de ausencia. Había zarpado del mismo puerto como un desdichado amante dispuesto a darse la gran vida en París. Volvía convencido de su profunda vocación política para transformar la tierra en la que había nacido y de su destino de grandeza.

5

Durante los tres años siguientes poco y nada se sabe de la vida de Bolívar. Hay que suponer que vivió este tiempo entre Caracas y su finca de Yares, heredada de su tío Aristeguieta.

En este entretiempo fue nombrado teniente de justicia mayor de Yares y tuvo un pleito con los cabildantes porque pretendió asumir el cargo por medio de un procurador, sin presentarse personalmente. Los capitulares se sintieron ofendidos y le negaron esa posibilidad, ante lo cual, Bolívar dirigió un oficio al capitán general Juan de Casas, de cuyo hijo era íntimo amigo, pidiendo que se le diera posesión del empleo por medio del procurador que él había nombrado «declarando haber cumplido suficientemente con la ceremonia de urbanidad por esquela, y que para lo sucesivo no sea necesaria la visita personal que se exige». Un gesto más de autosuficiencia, de los muchos que gastará a lo largo de su vida Simón Bolívar.

IX

UN AVENTURERO DE MUCHA MONTA

Durante la ausencia de Bolívar por Europa y Estados Unidos, alguien se le había adelantado en sus propósitos emancipadores. El 2 de agosto de 1806, una fuerza militar de cuatrocientos hombres al mando del venezolano Francisco de Miranda había desembarcado en La Vela de Coro para apoderarse, al día siguiente, de la ciudad de Coro.

En una proclama dirigida a los «habitantes del continente colombiano», la *Carta a los españoles americanos* de Vizcardo, los exhortaba a independizarse de España y les prometía libertades varias y libre comercio con todo el mundo.

Pero nadie respondió a las convocatorias de Miranda, por lo que el jefe creyó más conveniente instalarse en las afueras de la ciudad.

A la semana siguiente, las fuerzas mirandistas se vieron rodeadas por más de mil quinientos hombres en tres columnas de tropas regulares y milicianos del gobernador de Venezuela, que les cortaron las vías de aprovisionamiento terrestre.

A Miranda no le quedó más remedio que reembarcarse el 13, con lo cual dio por concluida la aventura de diez días de duración en tierra venezolana con algunas penas (varios de sus hombres fueron capturados y algunos fusilados) y sin ninguna gloria.

El protagonista principal de este ridículo desembarco no era un tonto cualquiera sino un singularísimo personaje que volverá a intentar más adelante, junto a Bolívar, la aventura independentista y que, como tal, pasó a los manuales de historia americanos con el apodo de «el Precursor».

Había nacido el 28 de marzo de 1750 en Caracas, hijo de un rico tendero tinerfeño y de una criolla venezolana. Su padre, de humilde origen, una vez enriquecido, intentó sin éxito pasar a formar parte de la aristocracia mantuana, que lo rechazó sin dudarlo.

Francisco recibió una buena educación y en 1764, cuando tenía catorce años, entró en la Real y Pontificia Universidad de Caracas, donde estudió derecho, filosofía, historia y matemáticas.

Seis años más tarde, el joven Miranda se embarcó en una fragata sueca con destino a Cádiz, adonde llegó el 1 de marzo de 1771. Antes de fin de mes estaba en Madrid. Allí, lo primero que hizo fue requerir los servicios de un cronista y rey de armas, Ramón Sazo y Ortega, quien a cambio de unos buenos doblones certificó las armas de la linajuda familia Miranda, de Asturias, le dio copia certificada del escudo de los antiguos condes de Miranda y le entregó un árbol genealógico graciosamente inventado, en el cual Francisco aparecía emparentado con los más aristocráticos de los Miranda de España. Con estos elementos, el joven venezolano se autotituló «conde de Miranda», astracanada que empleará *ad libitum,* a lo largo de su vida, según conveniencia.

Durante el siguiente año, Francisco de Miranda se dedicó a estudiar inglés y francés, filosofía y a empaparse con los autores de moda, liberales o protoliberales del pensamiento europeo, como Robertson, lord Bolingbroke, Locke. A fines de 1772 solicitó su ingreso en el ejército español para lo cual, además de la solicitud correspondiente, compró por 85 000 reales de vellón el grado de capitán de infantería. Fue enviado a los presidios del norte de África.

Dos años más tarde, cuando estaba de servicio en Melilla, como ayudante del general Juan Shalock, se desencadenó la guerra contra el emperador de Marruecos, que dejó a Miranda y a los suyos sitiados en el enclave africano. Miranda presentó un audaz plan para romper el cerco que su superior no se atrevió a ejecutar. De todos modos, su actuación le sirvió de respaldo para solicitar al monarca español su ingreso en una orden militar, preferentemente la de Santiago, a lo que nunca obtuvo respuesta.

Se llevaba mal con la vida militar, de todos modos. Era demasiado altanero, elitista y despreciativo para con los demás, que no satisfacían sus elevadas exigencias, tenía arranques de ira incontrolables, aunque también, cuando se lo proponía, hacía gala de un gran encanto y de una notable capacidad de seducción. Las buenas migas que hizo con el general Juan Manuel de Cagigal y Monserrat le sirvieron para evitar que su carrera militar se viera truncada antes de tiempo.

Después de pasar por Gibraltar, donde hizo amistad con el famoso comerciante inglés John Turnbull, Miranda fue destinado a un cuerpo del ejército español, el regimiento de Aragón, que marchó a ayudar a los colonos norteamericanos en su lucha por la independencia de Gran Bretaña. Cagigal lo llevó como su edecán. En la toma de Pensacola, Miranda tuvo una actuación brillante y en el asalto a Providence consiguió los galones de teniente coronel.

Vuelto a Cuba con Cagigal, el general lo envió a Kingston, Jamaica, a fin de arreglar un canje de prisioneros con los británicos. Según lo acusarían más tarde, Cagigal y Miranda se las arreglaron para adquirir mercancías con dinero del Estado, a fin de vendérselas posteriormente a la Armada española. El asunto nunca llegó a aclararse suficientemente. Pero consta que el almirante inglés en Jamaica ordenó el registro del barco en el que Miranda iba a tratar el canje de prisioneros y encontró cerca de 40 000 dólares, que requisó. Luego fueron devueltos ante la argumentación de que era dinero para ayudar a los prisioneros rescatados.

El venezolano, sin embargo, jamás les dio a los prisioneros ni un centavo de ese dinero, lo que parece confirmar las sospechas de que se trataba del capital de Cagigal y de él más otros comerciantes ingleses metidos en el negocio, que se emplearon para comprar dos buques ingleses cargados de mercancías que luego se vendieron en La Habana. Estos negocios ilegales eran frecuentes en la época, de modo que Miranda y Cagigal sólo aprovecharon para hacer lo que tantos otros, aunque la difusión de la corrupción administrativa, en definitiva, no los exculpe.

En marzo de 1782 se ordenó procesar a Miranda y a fines del año siguiente fue condenado en rebeldía a la pérdida de su rango, a diez años de cárcel en Orán y a una cuantiosa multa. En 1799, sin embargo, serán absueltos. Pero mucho antes de esto, protegido por Cagigal, Miranda había conseguido escaparse a Estados Unidos: el 16 de junio de 1783 desembarcó en New Bern, Carolina del Norte, convertido en un ciudadano sin uniforme.

Miranda daba entonces «principio a mis viajes en países extranjeros, que sabe usted que fue siempre mi intención concluida la guerra —según le explicaba en carta a Cagigal—. Con este propio designio he cultivado de antemano con esmero los principales idiomas de la Europa, que fueron la profesión en que desde mis tiernos años me colocó la suerte y mi nacimiento». Miranda dice querer conocer personalmente el mundo, «las sociedades más sabias y virtuosas que lo componen; sus leyes; gobiernos; agricultura; policía; comercio; arte militar; navegación; ciencia; artes; etc..., es lo que únicamente puede sazonar y completar de algún modo la obra magna de formar un hombre sólido y de provecho». Sus planes consisten en «pasar por cuatro años a Inglaterra, Holanda, Francia, Alemania, Italia, etc. a viajar y perfeccionar mi incompleta educación». El prófugo realizará a pie juntillas su proyecto.

En un diario que escribió cumplidamente, Miranda narró detalladamente sus aventuras. En Estados Unidos conoció a Washington, que no le causó buena impresión, pues era un hombre «circunspecto, taciturno y poco expresivo, si bien un modo suave y gran moderación lo hacen soportable». En cambio admiró a Hamilton y a Jefferson. Hace un buen y fidelísimo amigo en el coronel William Steffen Smith, edecán de Washington y yerno de John Adams, segundo presidente de

Estados Unidos, al que volverá a encontrar en la embajada norteamericana en Londres.

Sus prejuicios aristocratizantes le impiden simpatizar ardientemente con la nación que se está gestando en la América septentrional: le parece demasiado tosca, demasiado campesina y mal educada, aunque tendrá que reconocer que en Estados Unidos «por primera vez he visto la libertad racional», como admitirá sólo más adelante.

Durante su estancia en Nueva Inglaterra, Miranda comienza a pergeñar sus planes de independencia de su tierra natal, aunque considera que todavía no están dadas las condiciones para ello. Diez años más tarde recordará que entonces, en 1783, creyó «que el mejor partido era sufrir por algún tiempo y aguardar con paciencia la independencia de las colonias angloamericanas que será en los venideros el preliminar infalible de la nuestra».

Elabora un proyecto de emancipación para toda Hispanoamérica, con el apoyo de Inglaterra y el asesoramiento del general Knox. Estados Unidos le parece una buena plataforma para lanzar una campaña independentista de los países de la América más meridional. En carta a Barbé Marois, encargado de negocios de Francia en Filadelfia, Miranda afirma que «nuestros reinos de América no tardarán en sufrir una revolución parecida a la que habéis presenciado en este país. Un gobierno cuerdo y previsor podría moderar su violencia o retardar sus efectos. Pero las advertencias ofenden a los ministros, quienes tienen gran aversión hacia toda sabiduría que no sea la suya y hacen sentir su cólera a los consejeros menos instruidos».

Tras casi dos años en el primer país independiente del Nuevo Continente, Miranda se trasladó a Londres a fines de 1784. Hizo publicar la noticia de su llegada en el diario *The Political Herald & Review,* presentándose como un «hispanoamericano que goza de la confianza de sus conciudadanos y que aspira a ser el libertador de su país».

El ditirambo es interesante porque revela cómo quería Miranda que lo vieran los demás y así, se define como un hombre «de ilusiones sublimes y de genio penetrante, instruido en lenguas antiguas y modernas, sabio y conocedor del mundo», que «ha dedicado muchos años al estudio de la política general». Sus propósitos son «el más noble intento que puede ocupar la mente de un mortal... la libertad para millones de sus paisanos».

Desde Londres hizo un intento de conseguir el perdón del gobierno español, su licenciamiento oficial del ejército y la devolución del dinero que había pagado por el rango de capitán, petición que no tuvo respuesta.

Poco después de su instalación en la capital británica llegó a Londres su amigo el coronel Smith como secretario de su suegro, nombrado primer embajador ante el monarca inglés. Juntos frecuentaron la más aristocrática e influyente sociedad londinense, incluidos algunos clubs exclusivos.

También en compañía de Smith partió a Berlín, munido de su falso título de conde de Miranda, sus indebidos diplomas de teniente coronel del ejército español y un pasaporte firmado por el rey francés Luis XVI a nombre de uno de los seudónimos que empleará Miranda: M. de Meiroff. Con este cúmulo de falsificaciones dio inicio a su gira europea, que iba a durar varios años.

Miranda llegó a la capital prusiana cuando Federico el Grande daba comienzo a las maniobras de su prestigiado ejército en Potsdam. Con un permiso especial del monarca, Miranda asistió al espectáculo antes de partir hacia Viena, donde se separó de su compañero norteamericano.

Desde Austria recorrió las principales ciudades del norte de Italia y en enero de 1796 llegó a Roma.

Aquí y en Bolonia entró Miranda en contacto con los jesuitas expulsados de América del Sur por Carlos III, una elite intelectual desterrada entre los que estaban Clavigero, historiador de México, Molina, de Chile, el teólogo Alegre, Tomás Belón, y Juan Pablo Vizcardo, peruano, autor del panfleto titulado *Carta a los españoles americanos,* un brillante alegato en favor de la independencia que Miranda repartirá al llegar, como invasor, a Coro en 1806. Miranda quiere usar a los ex soldados de Loyola para sus fines: conseguir información sobre la América del Sur, discutir planes, intercambiar ideas. Y lo consigue.

De Roma parte a Grecia y luego recorre Estambul y parte de la península de Anatolia para cruzar más tarde la frontera en dirección a Rusia.

Munido de cartas de recomendación llega a ser presentado al príncipe Potemkín, primer ministro de Catalina la Grande que, en Kíev, le hace de introductor a la emperatriz.

Miranda se las arregla para seducir a la soberana, lo que, al parecer, no le costó mucho. Tiene que haber influido el exotismo del personaje proveniente de lugares tan remotos y su buena presencia (tenía entonces treinta y seis años) para que la monarca, pese a estar llena de achaques a sus cincuenta y siete años, mantuviera un más que probable romance con el aventurero proveniente de los trópicos. Catalina conservaba, de todos modos, el apasionamiento por las calistenias de lecho que la hicieron famosa.

La emperatriz recompensó generosamente los favores de Miranda: le ofreció una pensión vitalicia de mil luises de oro si se quedaba en Rusia y, cuando rehusó, lo nombró coronel del ejército ruso con derecho a llevar uniforme, le entregó una carta de crédito por dos mil libras esterlinas y recomendaciones especiales para todos los embajadores del Imperio ruso en Europa, que el venezolano sabría utilizar oportunamente.

Esta prodigalidad de Catalina para con el misterioso personaje produjo no pocas inquietudes en el gobierno español, que creía ver toda una conspiración en ciernes. Desde luego, no había nada de eso aún, pese a lo cual hasta llegó a correr el rumor de que el gobierno de Madrid había mandado construir ocho fragatas en previsión de una guerra con Rusia. Para España, Miranda estaba en connivencia con Catalina para tramar un plan a fin de apoderarse de las colonias americanas.

Las nerviosas gestiones del gobierno español ante distintas cancillerías europeas contribuyeron, en cambio, a aureolar la figura del aventurero y viajero Miranda, que sacó buen provecho de todo ello.

Esta fama que comenzó a acompañarlo le facilitó una entrevista con Gustavo II, rey de Suecia, cuando llegó a Estocolmo, su siguiente destino, a quien le había picado la curiosidad. Pero tuvo que ser un encuentro privado para evitar las protestas del embajador español. Al parecer, Gustavo siguió convencido de que era un exótico espía ruso.

Distinta fue la receptividad que encontró en el príncipe de Hesse, en Schleswig, que lo colmó de atenciones y le vaticinó, horóscopo en mano, que sería el libertador de América. Miranda le respondió humildemente que sólo ansiaba una cabaña en el bosque donde completar sus días dedicado al estudio y a la reflexión.

El trotamundos siguió por Alemania, Bélgica, Holanda, Suiza y el sur de Francia, matizando sus experiencias intelectuales con las más variopintas aventuras amorosas, que dejó cuidadosamente asentadas en su diario de viaje. En Marsella asistió a los chocolates que daba el viejo abate Guillaume Raynal, ya medio tullido por el reumatismo pero siempre presto a hablar de América, y frecuentó los prostíbulos locales. Tras una visita a Génova, retornó a Francia y a fines de mayo de 1789 arribó a París.

El país estaba en vísperas de los inicios de la Revolución y el ambiente de agitación e inquietud era dominante. Miranda vio que algo de grandes proporciones estaba gestándose, pero prefirió no permanecer mucho tiempo en la capital francesa. Veinte días antes de que el pueblo de París tomara por asalto la prisión de la Bastilla, llegó a Londres.

Antes de partir le pide al teólogo y poeta suizo Johann Lavater, famoso fisiognomista de la época, que le realice un diagnóstico según los rasgos físicos de su rostro. El resultado debe de haber engordado considerablemente su ego, ya de por sí bastante inflado: «Oh tú, hombre poderoso, vives en el sentimiento de la fuerza. Ves los secretos del corazón sin necesidad de que te los cuenten. ¿Quién puede penetrar la realidad como tú?, ¿a quién se le escapan tan pocas cosas? ¿Quién como tú comprende las debilidades de los débiles y la potencia de los fuertes? ¡Qué resolución, qué energía, qué habilidad, qué desdeñoso orgullo y qué valor te ha regalado la naturaleza!»

El regreso del venezolano coincidió con una nueva crisis en las relaciones de España e Inglaterra que había puesto a ambos países, una vez más, al borde de la guerra. En esta ocasión era un conflicto de dominio sobre la bahía de Nootka, en la costa del Pacífico, próxima a lo que hoy es Vancouver, límite noroccidental de Estados Unidos con Canadá.

El primer ministro inglés William Pitt ya había tenido en sus manos algunos proyectos para propiciar la independencia de las colonias españolas de América y encontró que sería interesante poner en marcha esta iniciativa en preparación de la guerra con España, que parecía inevitable. Miranda era, aparentemente, el hombre indicado para llevar a cabo un nuevo plan y lo convocó a principios de 1790 para pedirle que le explicara sus ideas. Pitt las halló lo suficientemente interesantes como para solicitarle un plan por escrito, que Miranda entregó al mes siguiente.

El dossier contenía seis carpetas con datos estadísticos y apreciaciones sobre el estado de ánimo de los españoles americanos, que los pintaba como deseando fervientemente la llegada de la flota inglesa para liberarlos. Miranda creía que con unos quince mil soldados regulares británicos la independencia se conseguía en un pif paf. Inglaterra se quedaría con el rico comercio colonial en premio a sus esfuerzos y los países independientes pasarían a formar parte de una Commonwealth para formar «el más respetable y preponderante cuerpo político del mundo».

El gobierno a instaurar en América era un verdadero mamarracho que pone en evidencia la profunda ignorancia que tenía Miranda de su propia patria y su escaso sentido de la realidad: un remedo del Parlamento británico maquillado con nombres indígenas, sobre el que estaba un monarca hereditario llamado inca.

Por suerte para todos, Londres y Madrid llegaron a un acuerdo y firmaron el Tratado de El Escorial, que evitó la guerra, y el plan de Miranda fue a parar a los archivos. Cuando el revolucionario se enteró del arreglo montó en cólera, convencido de que Pitt le había traicionado.

Pitt, de todos modos, lo seguía necesitando como coco para agitar ante España ocasionalmente. Después de ciertos regateos, el primer ministro le concedió un anticipo de quinientas libras, que no satisficieron a Miranda, quien, indignado, reclamó la devolución de las carpetas con su plan revolucionario mientras se aprestaba a buscar otras tierras: a fines de abril de 1792 llegaba a París con la intención de participar en el proceso revolucionario francés.

Sus amigos girondinos —los intelectuales moderados de la Revolución— pronto lo convencieron de que ingresara en el ejército francés y tras no pocas dudas aceptó incorporarse con el grado de mariscal de campo y ayudante del general en jefe, Dumouriez, que, en esos momentos se ocupaba de contener a los austriacos y prusianos en la frontera oriental. Miranda creía, entonces, que podría interesar a los franceses en la liberación de la América del Sur.

A poco de llegar al teatro de guerra dirigió con éxito una pequeña operación para desalojar de Briquenay una fuerza prusiana más poderosa, lo que le valió el ascenso a teniente general. Con este grado, el caraqueño comandó el cañoneo de Valmy, que detuvo el avance de los aliados, dirigió la ocupación de Bruselas, la toma de Amberes y comenzó el sitio a Maastricht.

Está todavía en el frente cuando el ministro de Marina, Monge, le propone que se vaya a Santo Domingo como gobernador para resolver la guerra racial en la que están enfrascados en la isla caribeña. Ése sería un fantástico trampolín desde el cual lanzarse a la guerra revolucionaria por la independencia, una vez que pacificara la isla. «A la cabeza de 12 000 hombres de tropas de línea que están ahora en Santo Domingo, de 10 000 a 15 000 bravos mulatos que le suministrarán nuestras colonias, será posible invadir las colonias españolas, disponiendo de una flota que lo secunde, y cuando los españoles no tengan nada que oponerle —fantasea Precede, uno de los hombres clave del partido girondino—. El nombre de Miranda valdrá lo que un ejército y sus talentos, su valor, su genio, todo responde del éxito.» En noviembre de 1792, un barco partirá para el Caribe para llevar al futuro gobernador.

Pero Miranda rechaza la oferta. No conoce bien la situación conflictiva de la isla, no quiere alarmar a las cortes británica y española y, sobre todo, no quiere exportar a América del Sur la guerra racial a la que tanto teme desde su postura ideológica de aristócrata liberal.

Los girondinos están perdiendo terreno en el campo revolucionario a merced del jacobinismo robespierriano. El general Dumouriez quiere acabar pronto con la campaña de Flandes para ir a París a dar un golpe de Estado. Dispone librar una absurda batalla perdida de antemano en Neerwiden. El ala derecha le es confiada al general Balancey, el centro a Luis Felipe de Orleans, el futuro rey francés, y el ala izquierda a Miranda. Lo que comanda el venezolano es un hato de reclutas que hacen la parte más débil del ejército francés que, con un total de 35 000 hombres, tienen que enfrentar una fuerza de 52 000. Los austroprusianos cargan sobre el ala izquierda que resiste todo lo que puede hasta que, sobrepasada en número, se dispersa y provoca la caída del resto del ejército galo.

Probablemente Dumouriez previó todo para cargarle el mochuelo a Miranda. Pero luego parece haberlo pensado mejor y decidió pasarse al enemigo. Aunque esta defección mejoró la posición de Miranda, no pudo evitar ser procesado por traición. El general sudamericano hizo una brillante defensa de sí mismo y, finalmente, consiguió ser absuelto. El público lo llevó en andas hasta su casa.

A espaldas de las convulsiones de aquellos días, Miranda se dedicó a llevar una vida a todo tren en su casa de Ménilmontant matizando, como siempre, sus actividades intelectuales con las frecuentes aventuras frívolas y no tan frívolas con mujeres de la más variada calaña. Madame de Staël, la viuda de Pethion, ex alcalde girondino de París, entre otras, lo visitan y encuentran en Miranda un amigo y confidente de lujo que se ha convertido en la última moda de la *Ville Lumière*.

Pero el clima jacobino no le era muy propicio. Un

criado lo denunció como conspirador y Miranda volvió a la prisión en julio de 1793. Allí permanecerá en un húmedo calabozo durante un año y medio hasta que la caída de Robespierre lo salvó definitivamente de la guillotina.

Miranda retornó a su buena vida en Ménilmontant, como si nada hubiera pasado. Por esos meses conoció al joven oficial Napoleón Bonaparte, aún un desconocido, al que impresiona vivamente como un «don Quijote, pero sin su locura».

Pero la libertad tenía que ser bien precaria en aquellos años turbulentos: a fines de 1795 era encerrado en la cárcel de Plessis, en un curioso sistema de libertad vigilada que le permitía visitar a sus amigos fuera de la cárcel y seguir conspirando. Consigue eludir una condena a la deportación en Cayena, ocultándose en los alrededores de París.

Desde allí trama una nueva urdimbre para sus propósitos de alzar a las colonias españolas en América. Con la complicidad de dos ex jesuitas y de un mulato cubano, Pedro José Caro, a quienes nombra «comisarios» de una inventada junta de diputados americanos, quienes delegan en Miranda sus poderes para que pidiesen auxilio de Inglaterra y Estados Unidos para sus propósitos independizadores. Todo es un delirio de Miranda, naturalmente.

Con estos documentos llamados «el acta de París», el sudamericano emigra secretamente a Inglaterra a comienzos de 1798.

El muy pragmático Pitt le confiere una importancia nula a los papeles urdidos por Miranda, no obstante lo cual procura mantenerlo a su lado para emplearlo, eventualmente, como coco en sus esfuerzos para apartar a España de su alianza con los franceses.

Para reforzar sus planes, envió a Caro con el acta de París, para que se la entregara al presidente Adams en Filadelfia. Pero el norteamericano no sólo no se dejó impresionar por el documento sino que hasta se burló de él y le quitó toda relevancia.

Con todos estos fracasos, Miranda se vio a comienzos de 1799 sin padrinazgo alguno para sus planes y sin recursos económicos. Para colmo, dos de sus hombres de confianza lo habían traicionado. Un pícaro francés, apellidado Du Peron, le robó gran cantidad de documentos (correspondencia con Pitt, planes de insurrección en América, lista de comandantes de plazas españolas americanas que serían fieles al alzamiento, etc.) y se los vendió por 2 250 florines al embajador español en Viena. Su otro hombre de confianza, Pedro José Caro, entregó secretamente al gobierno de Madrid otra gran cantidad de documentos de Miranda, pidiendo a cambio perdón y una pequeña pensión que le permitiera sobrevivir. Todo hace pensar que, en este caso, la traición no le resultó rentable ya que no recibió respuesta a ninguna de sus solicitudes.

Una visita infructuosa a París a la búsqueda de aliados no sólo le resultó infructuosa, sino que acabó con una orden de expulsión por sus «maniobras e intrigas contra los intereses del gobierno francés y de sus aliados».

En Londres, Pitt había sido sustituido por Addington. En el nuevo gabinete encontró, inicialmente, buena receptividad para sus planes. Miranda se apresuró a simplificar su delirante sistema de gobierno para la nueva República americana, eliminando los elementos británicos y dejando una Constitución con instituciones romanas republicanas, malamente disfrazadas con nombres indígenas.

El Precursor tuvo motivos para la euforia nuevamente, pero por poco tiempo. A mediados de 1801 el gobierno inglés le comunicó que la aprobación de los planes tenía que ser postergada *sine die:* la paz de Amiens impedía toda acción en Sudamérica.

Miranda sufrió uno de sus habituales accesos de furia, que se aplacó cuando supo que le habían asignado una renta de setecientas libras. Entonces se dedicó a estudiar la gramática griega mientras aguardaba la llegada de una oportunidad más propicia para reverdecer sus planes. Ésta iba a llegar, aparentemente, con la ruptura de la paz de Amiens y la reanudación de las hostilidades entre Francia y sus aliados contra Inglaterra y los suyos en mayo de 1803.

Pero un año después, Pitt reasumió el gobierno y puso en marcha una política de conciliación con España, que buscaba apartar a ese país de su alianza con Francia.

No obstante, el 12 de octubre de 1804, el primer ministro británico lo invitó a comer junto con lord Melville, ministro de Marina, y al almirante Popham. Durante el almuerzo le pidió al marino y a Miranda que se abocaran a realizar un plan de ataque definitivo a las colonias españolas en América. Dos días más tarde Popham y el venezolano entregaron a Pitt sus previsiones.

Una vez más, Miranda había hecho el primo: dos años más tarde, el almirante Popham utilizará la información de que disponía el venezolano para apoderarse de Buenos Aires y anexar el Río de la Plata a la Corona británica.

Los esfuerzos de la diplomacia británica con España no daban resultado y, además, los triunfos de las fuerzas napoleónicas en el continente resultaban cada vez más alarmantes para Londres. Fue entonces cuando Pitt decidió sacarse de la manga otra vez a Miranda y sus planes de emancipación. Pero, deseoso de no perder la posibilidad de conseguir, finalmente, la ruptura de la alianza franco-española, optó por evitar que se viera la mano de Londres en la conspiración independentista. Aprovechando que Estados Unidos tenía muy tensas relaciones con Madrid a raíz de las intenciones de Washington de apoderarse de la Florida, Pitt despachó a Miranda con ochocientas libras rumbo a Estados Unidos.

A fines de 1805, Miranda estaba en Nueva York, desde donde viajó a la flamante capital, Washington, y allí se entrevistó con el presidente Thomas Jefferson y con su secretario de Estado, James Madison. Aunque reconocieron que la expedición de Miranda les sería muy útil como maniobra de diversión en caso de guerra con España, no podían auxiliarlo oficialmente. No obstante, si había particulares que deseaban hacerlo, el gobierno haría la vista gorda.

En realidad, el equipo de Jefferson no confiaba en Miranda.

Éste se puso a armar su expedición con la anuencia de hecho de su amigo William Smith, inspector del puerto neoyorkino, y el concurso de Samuel Ogden, propietario del buque de 180 toneladas y 18 cañones *Leander,* y de otros personajes interesados en los resultados económicos de la expedición. Unos doscientos aventureros o soldados de fortuna fueron reclutados y a principios de febrero de 1806 el *Leander* zarpó en dirección a la isla de Santo Domingo, anticipándose a la salida de otros dos barcos, el *Indostán* y el *Emperor,* que debían reunirse en Puerto Príncipe.

Los expedicionarios eran un hato heterogéneo e indisciplinado de individuos. Al llegar a Santo Domingo, el capitán del *Leander,* Thomas Lewis, riñó con un oficial, lo que hizo perder los nervios a Miranda y complicar las relaciones del conjunto. Total que las disputas demoraron un mes a la expedición en la isla, mientras se enteraban de que el capitán del *Emperor,* hermano de Thomas Lewis, se negaba a sumarse a la empresa.

Por fin, guiados por un piloto totalmente ignorante de la zona y de su oficio, se dirigieron al golfo de Venezuela para intentar el desembarco de la fuerza emancipadora, pero terminaron en la isla de Aruba.

Escoltados por una goleta inglesa, llegaron hasta cerca de Puerto Cabello, donde se proponían desembarcar, pero el piloto, otra vez, equivocó el destino y se frustró de nuevo la operación. Dos pequeñas goletas que había contratado Miranda en Puerto Príncipe se separaron del *Leander* y cayeron en manos de los guardacostas españoles con toda su tripulación: 60 oficiales y soldados que llevaban gran cantidad de armamento y parte del material propagandístico y documentos de Miranda. Diez de estos prisioneros fueron rápidamente ejecutados y el resto enviados a distintas prisiones.

Miranda volvió con el *Leander* a la isla Trinidad y de allí a las Bahamas, donde el almirante Cochrane aceptó escoltarlo para permitirle desembarcar, por fin, en la costa venezolana. Gracias a un oportuno cambio de piloto y al apoyo que encontraron también en su segunda escala, Trinidad, Miranda logró reunir cuatrocientos hombres a bordo de cuatro barcos que llegaron a la Vela de Coro escoltados por la escuadra británica. El 3 de agosto de 1806 desembarcaban con un resultado tan patético y ridículo como toda la expedición.

Tras su fracaso en Coro, el Precursor concluyó su aventura en las Bahamas, protegido por sus amigos ingleses no ya de las fuerzas españolas sino de sus acreedores, sobre todo, sus oficiales y soldados, que le reclamaban sus sueldos impagados. Permaneció varios meses en una finca de lord Cochrane hasta que en noviembre de 1807 embarcó rumbo a Londres.

Pitt había muerto el año anterior y en su remplazo estaba lord Castlereagh, que lo recibió en audiencia privada. Las victorias napoleónicas habían puesto a los industriales y comerciantes ingleses al borde de la quiebra por la dificultad que encontraban en dar salida a sus productos. Marinos y mercaderes presionaban para que las fuerzas de Su Majestad británica se apoderaran de algunas colonias españolas en América, una idea que el gobierno acabó haciendo suya, y aquí entraba a funcionar Miranda.

Existía un plan para apoderarse de México y, eventualmente, ocupar Venezuela. Miranda creyó tocar el cielo con las manos. Pero por poco tiempo porque España, invadida por los ejércitos napoleónicos, pidió ayuda a Inglaterra y el ejército inglés que iba a conquistar México fue desviado a Portugal.

La furia de Miranda, esta vez, no tuvo precedentes comparables. Una pensión graciosa de setecientas libras anuales concedida por el gobierno inglés le calmó los nervios una vez más y lo dejó vegetando en Londres hasta que dos años más tarde un joven venezolano lo reclutaría para la última y más trágica aventura emancipadora de su vida.

X

LA REVUELTA DE LOS CRIOLLOS

A principios de julio de 1808, el capitán general de Venezuela, Juan de Casas, recibió un oficio urgente del gobernador de Cumaná acompañado por dos ejemplares del diario *The Times* de Londres. Se le encargó a Andrés Bello, el único de los empleados que sabía inglés, que tradujera las noticias del periódico. No había completado aún su trabajo cuando Bello ya estaba golpeando a la puerta del despacho de Casas, totalmente alterado.

En el diario se narraba que el rey español Carlos IV había abdicado, lo mismo que sus hijos, para permitir la instauración en el trono de España de José Bonaparte, hermano del emperador francés. Carlos IV y su familia habían sido confinados en el interior de Francia en virtual situación de prisioneros de Bonaparte.

Casas convocó a una junta de notables para comunicarles las noticias y decidir qué hacer frente a ellas. Casi todos estuvieron de acuerdo en que las informaciones de *The Times* no eran más que una sarta de mentiras preparadas por los ingleses para favorecer los afanes independentistas de los americanos. Se acordó guardar silencio y evitar soliviantar a la población con noticias inquietantes.

Casas tenía buenos motivos para temer la acción de grupos con ideas emancipadoras. Desde hacía varios años, muchos jóvenes de la aristocracia local y otros intelectuales se reunían periódicamente en tertulias literarias donde se exponían, sobre todo, ideas revolucionarias y proyectos segregacionistas.

Los hermanos Francisco Javier y Luis de Ustáriz, José Félix Ribas y los hermanos Juan Vicente y Simón Bolívar eran los anfitriones más reconocidos de los salones en boga, que pronto se convertirían en verdaderos clubs políticos.

El anciano conde de Tovar, un octogenario en silla de ruedas, el teniente de gobernador Juan Jurado, los oidores Felipe Martínez y José Bernardo de Asteguieta y el alguacil mayor Pedro Palacios asistían a las tertulias sobre las que las autoridades solían hacer la vista gorda, dada la preeminencia de los participantes.

2

Los propósitos de Casas de ocultar las informaciones del periódico inglés iban a servir, empero, de bien poco. Una semana más tarde, el bergantín francés *Serpent* atracó en La Guaira y su capitán, el teniente Lamanon, se dirigió prestamente a Caracas, donde entrevistó a Casas para darle la enhorabuena «por el advenimiento al trono de las Españas y de las Indias del rey José Bonaparte, hermano del emperador de los franceses». Lamanon era portador de pliegos del Consejo de Indias y del gobierno de Madrid en los que se ordenaba a Casas y demás autoridades de Venezuela que reconocieran a José Bonaparte. Casas despidió al oficial francés requiriéndole para tomar una decisión y se derramó en llanto.

Una junta convocada de urgencia decidió no tomar ninguna decisión, a la espera de nuevos acontecimientos. Temían, con razón, que la alternativa de proclamar al primogénito de Carlos IV, Fernando VII, como soberano en contra de las instrucciones de Madrid no haría más que alimentar las pretensiones de los separatistas.

Pero los hechos superaron con creces las previsiones. Criollos y peninsulares se habían trabado en agrias disputas con Lamanon en la posada en la que se hospedaba. Pronto las discusiones caldearon los ánimos. Diego Jalón, capitán de artillería, salió a la calle seguido de una turbamulta dando vivas a Fernando VII y mueras a Napoleón y a los franceses. El capitán Manuel de Matos Monserrat, el alférez de milicias Diego Melo Muñoz y el ex capitán Ignacio Suárez Manrique, con los sables y espadas desenvainadas, se unieron al grupo, al que poco después se agregaron varios jóvenes mantuanos, entre los que se hallaban los hermanos Bolívar, los Ribas, Montilla y otros.

3

El Ayuntamiento exigió a Casas que se jurara a Fernando VII. Éste se resistió cuanto pudo, pero al final tuvo que ceder ante la actitud agresiva de la multitud. Se extendió el acta correspondiente, mientras se colocaba el retrato de don Fernando en la galería del Ayuntamiento.

Mientras tanto, el capitán francés, cubierto de insultos por la población, tuvo que salir subrepticiamente escoltado por algunos militares para salvar la vida que el populacho había solicitado al gobernador. Trescientos hombres que se lanzaron a perseguirlo no consiguieron darle alcance.

En ese momento los sentimientos de la población eran, en su gran mayoría, sinceros. Sólo una pequeña parte veía en la coyuntura una buena excusa para realizar sus sueños de independencia, mientras que la mayoría deseaba proteger los derechos dinásticos del heredero de la legítima casa reinante de España en contra de la imposición napoleónica.

El siguiente paso era la instalación de una Junta Suprema que gobernara en nombre de Fernando VII. Los reinos americanos eran propiedad de la Corona y no de España. Desaparecido el monarca legítimo la soberanía volvía al pueblo, que podría decidir libremente qué forma de gobierno darse. Una solución era, precisamente, la formación de una junta que gobernase en nombre del monarca prisionero y protegiese sus derechos. Pero otra conducía rápidamente a la independencia. De ahí las reticencias de Casas a acceder a las demandas de la población.

La solución inmediata para el capitán general vino de la mano de José Meléndez Bruna, delegado por la Junta de Sevilla para que pidiera en Venezuela el acatamiento a ésta, que llegó a Caracas pocos días más tarde. Casas consideró, entonces, que restablecida la autoridad legítima en España a través de la Junta sevillana, estaba de más cualquier forma de gobierno autóctono.

4

No todos pensaban lo mismo: a fines de julio de 1808, Casas descubrió una conspiración independentista dirigida por Manuel de Matos Monserrat, Melo Muñoz, Suárez Manrique, José Félix Ribas, Juan Aristeguieta y otros, que quería sustituir al capitán general por una junta gubernativa. Todo parece indicar que el joven Simón Bolívar, pariente de Ribas y de Aristeguieta, estaba involucrado en la conspiración. Al menos, el hijo de Casas, que era su íntimo amigo, fue a verlo para recomendarle que no se metiera en follones. «Estoy desesperado por salir de gorrones que me incomodan; yo a nadie llamo y soy inocente de cualquier calumnia», le respondió Bolívar, en lo que parece haber sido, más bien, una excusa para ocultar su participación. No obstante le prometió que se iría a su finca de San Mateo para evitar problemas y así lo hizo, efectivamente.

A esa altura, el alzamiento había fracasado ya por disidencias entre los conspiradores, sobre todo entre los hermanos Ribas, y por la delación sufrida.

Casas ordenó la prisión de Matos, Melo y Manrique, con lo que pareció que la tranquilidad volvía a Caracas. Para sembrar mayor calma y satisfacer a los ansiosos, Casas ordenó la elaboración de un proyecto de junta gubernativa local que luego dejó dormir en su despacho durante meses.

5

A fines de 1808, Antonio Fernández de León, futuro marqués de Casa León, riquísimo terrateniente de Maracaibo, llegó a Caracas con la iniciativa de solicitar al capitán general la formación de una junta. El marqués del Toro, el conde de Tovar, los Montilla, los Tovar, los Ribas y Ustáriz, entre otros, firmaron la solicitud. Los hermanos Bolívar se negaron a suscribir la petición.

La respuesta de Casas fue dar parte al Tribunal, que ordenó la remisión a España de Fernández de León, el arresto domiciliario del marqués del Toro y del conde San Javier y la prisión de José Félix Ribas y de otros siete firmantes.

Meses después, más prudente, la Junta de Sevilla decidió echar un manto de olvido, deshacer lo ordenado y, en febrero de 1809, dispuso la liberación de todos los detenidos. Pero con esto no resolvía la cuestión de fondo.

La actitud de Casas convenció a los juntistas de que las buenas maneras no eran el camino indicado. Una nueva conspiración contra su sucesor, el brigadier Vicente de Emparán, se preparó para que estallara el 24 de diciembre de 1809. Pero, una vez más, fue detectada por el capitán general, quien optó por adoptar una política indulgente frente a los conspiradores, lo que alentó a éstos a seguir adelante.

Francisco y Fernando Toro, dos jóvenes mantuanos amigos de Simón Bolívar, lideraron otro alzamiento de carácter francamente independentista a principios de 1810 que fue prontamente descubierto. Una vez más, Emparán reaccionó con lenidad, y antes de disponer el confinamiento en puntos distantes de algunos militares comprometidos, aconsejó a los jóvenes mantuanos que integraban la conspiración —entre ellos Simón Bolívar—, y que eran sus íntimos amigos, que se marcharan por algún tiempo de Caracas.

Fernández de León, que se había arrepentido de su anterior juntismo para adoptar una postura decididamente realista, narra que intentó convencer a los revolucionarios para que depusieran su actitud, ante lo cual Bolívar le respondió «que él y sus asociados habían declarado la guerra a España y verían cómo salían».

En realidad, los jóvenes mantuanos estaban divididos y esto contribuyó a que el movimiento fuese abortado. Bolívar, Carabaño y los Toro querían declarar la independencia de Venezuela inmediatamente apoyándose en el ejército como garantía de orden, mientras otro grupo, en el que estaban los Montilla, los Ribas, Ansola, Álamo, Díaz Casado y Tovar Ponte, aspiraba a constituir una junta presidida por Emparán para gobernar en nombre de Fernando VII.

6

El 12 de abril de 1810, el bergantín *Palomo,* procedente de Cádiz, echaba el ancla en Puerto Cabello. Traía la noticia de la toma de Sevilla por los franceses y de la consiguiente disolución de la Junta hispalense que había sido remplazada por un Consejo de Regencia.

Daba la impresión de que en España había desaparecido todo gobierno legítimo, lo que alentó los propósitos de los conspiradores partidarios de don Fernando. Reunidos en casa de Manuel Díaz Casado, resolvieron dar el golpe al día siguiente, Jueves Santo 19 de abril. El objetivo era la creación de un nuevo gobierno a nombre de Fernando VII presidido por Emparán.

En la mañana del 19, dos regidores invitaron a Emparán a que presidiese la reunión del cabildo. Una vez allí, el alcalde de primer voto, José de las Llamozas, le señaló que en España no había gobierno alguno, por lo que era urgente constituir un gobierno en Venezuela que rigiese el país mientras se prolongase la prisión del monarca. El capitán general contestó con evasivas y levantándose invitó a los presentes a asistir a las ceremonias en la iglesia.

Varios conspiradores salieron a gritar por las calles «¡A cabildo!, ¡a cabildo!» para excitar al público, mientras otro, Francisco Salias, tomaba por el brazo a Emparán y le decía: «El pueblo os llama a cabildo, señor.» El capitán general se vio de pronto abandonado por todos y no le quedó otra opción que obedecer.

En la sala de sesiones se encontró con cuatro personas ajenas al cuerpo que se habían instalado allí: José Félix Ribas, representante de los pardos, el sacerdote Francisco José de Ribas, diputado del clero, Juan Germán Roscio y José Félix Sosa, que decían ser representantes del pueblo. Estos últimos le propusieron la formación de una junta gubernativa que Emparán mismo debía presidir. La iniciativa encontró rápido apoyo popular y la gente comenzó a vivar al capitán general.

A los radicales de la conspiración parecía que se les escapaba el asunto de las manos cuando hizo su aparición el canónigo chileno José Cortés Madariaga, un poderoso agitador que comenzó a atacar al capitán general. Éste, esperando encontrar apoyo en el pueblo que lo había vivado momentos antes, salió al balcón y le espetó a la multitud: «Señores, ¿están vuestras mercedes contentos conmigo? ¿Quieren vuestras mercedes que los gobierne?» La gente empezó a responder que sí, pero a espaldas de Emparán, el cura chileno hizo señas negativas mientras los jóvenes insurgentes repartidos por la plaza empezaron a gritar «¡Fuera!, ¡no lo queremos!» La masa repitió el grito y Emparán, visiblemente fastidiado, en un gesto típicamente español dijo: «¡Pues yo tampoco quiero el mando!», y se fue.

Así surgió el primer gobierno local en Venezuela. El 23 de abril se constituyó formalmente lo que se llamó Junta Suprema Conservadora de los Derechos de Fernando VII, formada por veintitrés miembros. Ninguno de los hermanos Bolívar participó en estos acontecimientos: estaban en su finca de San Mateo siguiendo los consejos que les diera el depuesto capitán general.

7

Los fundamentos del nuevo gobierno los expuso el flamante ministro de Relaciones Exteriores de la Junta,

Juan Germán Roscio: el papa Alejandro VI había concedido las tierras descubiertas por Colón a los Reyes Católicos, a sus descendientes y sucesores legítimos y no a los españoles, ni a España, ni a los de la isla de León (donde se había formado el Consejo de Regencia), ni a los franceses. Faltando los monarcas y sus legítimos herederos, la América vuelve a su primitiva independencia y la soberanía reside en el pueblo, el común. Los documentos de la Junta, no obstante, prometían a los españoles residentes en América que serían tratados como criollos «pues son nuestros hermanos que cordial y sinceramente están unidos a nuestra causa».

La primera medida de la Junta fue enviar comisionados a las otras ciudades de Venezuela invitándolas a adherirse al nuevo régimen. Todas las ciudades lo hicieron a excepción de Coro y Maracaibo (más tarde, Guayana), donde los elementos realistas peninsulares coparon el poder y se negaron a unirse a «los impíos rebeldes», reconociendo en cambio al Consejo de Regencia.

Las relaciones de la Junta Suprema de Caracas con el Consejo de Regencia se deterioraron rápidamente después de la nota escrita por Andrés Bello y dictada por los miembros más jacobinos del flamante gobierno, rechazando su autoridad con argumentaciones jurídicas y añadiendo un largo memorial de agravios.

La respuesta de la regencia fue decretar el bloqueo de la provincia de Caracas y amenazar con severísimas sanciones a los rebeldes. En cambio, ofrecía una amnistía general si se sometían.

Antonio Ignacio Cortabarría, ministro del Consejo Supremo de España e Indias, fue nombrado comisionado regio y se lo invistió con la suma del poder real para que pacificara la provincia de Caracas. Estas decisiones tendrían una influencia fundamental para que muchos peninsulares y otras personas de orden comenzaran a ver en el gobierno independentista una fuente de problemas demasiado graves y retacearan su adhesión a las juntas locales.

8

Las relaciones exteriores de la Junta no fueron descuidadas. Se despacharon enviados a las colonias británicas vecinas de Curaçao, Jamaica y Trinidad. Juan Vicente Bolívar y Telesforo Orea fueron comisionados a Estados Unidos con el encargo de estrechar relaciones con el gobierno de Washington y comprar armamento. Lo primero fue realizado exitosamente, y de las armas encargadas sólo se adquirieron mil quinientos fusiles por dificultades con la producción de las fábricas norteamericanas.

El mayor de los Bolívar actuó por su cuenta y adquirió con dinero de su gobierno maquinaria textil, papelera y ferretera. Fue remplazado por Orea y falleció en un naufragio cuando regresaba de Estados Unidos.

Pocos tomaban en serio a los Bolívar en Caracas y esta conducta tiene que haber aumentado la fama de irresponsables, fiesteros y frívolos que tenían. Sobre todo Simón, de quien todos conocían su pasado como calavera y pródigo en el París galante. Sólo porque ofreció pagar de su peculio los gastos del viaje fue comisionado para actuar ante la corte de Saint James.

El 9 de junio de 1810, «el caballero coronel don Simón de Bolívar», junto con Luis López Méndez y Andrés Bello como secretario e intérprete zarpaban de La Guaira en la corbeta de SMB *Wellington* con destino a Portsmouth.

XI

EL BALDÓN DE PUERTO CABELLO

La misión de Bolívar no era sencilla. Tendría que vérselas con la política ambivalente de Gran Bretaña, en esos momentos aliada de España contra Napoleón y, como tal, obligada a defender sus intereses en América. Aunque por otra parte, como se ha visto, Londres haya sido un viejo impulsor de los movimientos independentistas americanos de los que esperaba sacar tajada en cuanto al comercio y otros negocios. La primera era la postura oficial, mientras que desde el punto de vista oficioso podía esperarse una mayor benevolencia de Gran Bretaña con respecto a los flamantes movimientos independentistas que, temían, podían caer en manos bonapartistas.

El primer ministro, marqués de Wellesley, recibió a los delegados caraqueños a mediados de julio de 1810, una semana después de su llegada a Portsmouth. Wellesley obró como un fiel aliado de España e insistió a los delegados que era fundamental que la Junta de Caracas reconociese a la regencia. Ante la negativa de Bolívar y de López Méndez, el premier les hizo saber que no reconocerían a la Junta caraqueña, pero que se limitaban a «no desaprobarla» y dio por terminada la misión, solicitando a los delegados una nota con el resumen de sus peticiones.

Al día siguiente le entregaron el documento solicitado, que era tan ambivalente como la política británica: Venezuela no aspiraba a separarse de la metrópoli;

lejos de ello, estaba dispuesta a auxiliar a España en su lucha contra el francés, pero se negaba de plano a reconocer la autoridad de la regencia.

2

La Junta había querido que sus delegados no hicieran ostentación alguna de riqueza para respaldar sus afirmaciones a la regencia y a la Junta de Cádiz con respecto a la escasez de sus recursos. Y así lo había ordenado a sus delegados.

Pero a poco de llegar el espléndido y caprichoso señorito que era Bolívar se había pasado por el arco de triunfo las instrucciones. En el Morin's Hotel donde se hospedaban, recibían los agasajos de personalidades de retintín como el conde de Mornington, hermano del almirante Cochrane, el duque de Gloucester, sobrino del rey inglés. Bolívar se mostraba en suntuosos carruajes paseando por Hyde Park, asistiendo a los estrenos de la ópera, frecuentando los salones más elegantes y haciendo dispendio de su fortuna.

El responsable de las relaciones exteriores de la Junta caraqueña se había ocupado expresamente de ordenar a los delegados a Londres que no trataran con Miranda que, a la sazón, seguía en la capital inglesa conspirando. «Miranda, el general que fue de Francia, maquina contra los derechos de la monarquía que tratamos de conservar y el gobierno de Caracas, por las tentativas que practicó contra esta provincia el año 1806 por la costa de Ocumare y por Coro ofreció 30 000 pesos por su cabeza», decían las instrucciones.

«Nosotros, consecuentes con nuestra conducta, debemos mirarlo como rebelado contra Fernando VII y bajo esta inteligencia, si estuviese en Londres o en otra parte de las escaladas o recaladas de los comisionados de este nuevo gobierno y si se acercase a ellos, sabrán tratarle como corresponde a estos principios.»

Nada de esto tuvieron en cuenta los delegados, que intimaron con Miranda sin pudor alguno. Las instrucciones de la Junta caraqueña eran expresión del partido fernandista, que sólo quería preservar los derechos del monarca prisionero, y Bolívar estaba claramente embanderado con los independentistas, para quienes la preocupación por el Borbón preso era sólo una pasajera artimaña.

3

En flagrante desobediencia, Bolívar invitó a Miranda a acompañarlo a Venezuela. El joven mantuano vio en el viejo general un aliado valioso para radicalizar el movimiento de Caracas hacia la declaración de independencia, sin más tapujos. Miranda, marginado y solo, no iba a desperdiciar semejante oportunidad, de manera que empezó a pedir insistentemente a Wellesley que le permitiera regresar a su suelo natal y siguiera pagándole su pensión de setecientas libras.

El 21 de setiembre, Bolívar partió de regreso a Venezuela, llevándose el equipaje de Miranda. Bello y López Méndez se quedaron en casa del Precursor, que siguió reclamando al gobierno inglés la autorización para marcharse, cosa que hizo finalmente el 10 de octubre.

El 5 de diciembre llegaba Simón Bolívar a La Guaira y sólo seis días más tarde desembarcaba Miranda del bergantín inglés *Avon,* teatralmente vestido con su uniforme de general francés de 1793. Una multitud de jóvenes radicalizados que habían sido movilizados por Bolívar lo esperó en el puerto y vitoreó al ya sexagenario conspirador que regresaba a su país después de cuatro decenios, si se exceptúa su breve y ridícula aventura de cuatro años antes en Coro.

Con la venia de la Junta, Miranda pasó a Caracas, donde se hospedó en casa de Simón Bolívar, que se convirtió en su principal agente de relaciones públicas e introductor en una sociedad que, en principio, o lo ignoraba o lo despreciaba. Gracias a él, la Junta le concedió el grado de teniente general y mandó destruir todos los documentos del gobierno que oscurecían «su reputación y fama». A cambio, Miranda cortó sus dependencias, sobre todo económicas, con el gobierno británico, pese a que quedó tan disgustado con las ofrendas de la Junta que se abstuvo de agradecerlas: aspiraba a ser general de ejército, como se diría hoy en día, con el sueldo que le correspondía según la normativa española.

4

Para reunir a sus fieles, partidarios de la independencia absoluta, y acérrimo enemigo de todo cuanto sonara a español, Miranda utilizó hábilmente la Sociedad Patriótica creada en agosto de 1810, de la que fue nombrado presidente a mediados de 1811. Simón Bolívar ocupaba un lugar de honor en la nueva cripta y era el principal valedor de Miranda, junto a José Félix Ribas, los Carabaños, los Arias, el doctor Espejo, Muñoz Tébar.

Miranda, con todo, no había llegado en buen momento para la revolución. Por esos días el comisario de la regencia, Antonio Ignacio de Cortabarría, informaba que la mayoría de los venezolanos estaban deseosos de «entregarse a las primeras tropas españolas que se presentaran».

Y no se equivocaba demasiado. Gran parte de los pobladores tomaron conciencia de que habían sido engañados cuando los convencieron de que en España no había autoridad alguna. Las medidas económicas y comerciales tomadas por la Junta no sólo no habían dado los frutos que se esperaban sino que contribuyeron a sembrar el caos y la recesión. Los juntistas daban escasos ejemplos de austeridad administrativa y, en cambio, se destacaban por su capacidad para el despilfarro.

Desde pocas semanas después del 19 de abril comenzaron a aparecer las conspiraciones para derrocar a la Junta. Aunque ninguna tuvo éxito, los movimientos sediciosos aumentaban la intranquilidad general y minaban la autoridad del cuerpo colegiado. Nadie conseguía destacar entre los gobernantes como líder capaz de manejar una nave que, de momento, parecía sin un firme gobernalle.

Pese a todos estos dramáticos inconvenientes, el 2 de marzo de 1811 consiguió reunirse el Primer Congreso Nacional de Venezuela, con la asistencia de treinta diputados que representaban a las provincias del país. El cuerpo sesionó a nombre de Fernando VII, como su representante, y como tal recibió el pomposo título de Majestad.

Se nombró un poder ejecutivo de tres miembros rotatorios cada semana que designó a sus ministros. El judicial fue nombrado en forma de Suprema Corte de Justicia, compuesta por cuatro miembros y un fiscal. Una comisión quedó encargada de redactar la Constitución.

Mientras los juristas del Congreso ponían el acento en la creación de nuevas instituciones, los revolucionarios de la Sociedad Patriótica presionaban cuanto podían para conseguir una declaración de independencia que pusiera término al hibridismo en que se manejaban al respecto. Dos pasquines, *El Publicista venezolano* y *El Patriota venezolano* redactados por Gual, Coto Paúl y otros jóvenes incendiarios el primero y por Muñoz Tébar y Vicente Salias el segundo, agitaban el ambiente permanentemente.

5

Cuando se cumplía un año de la revolución del 19 de abril, los miembros de la Sociedad Patriótica mirandina prepararon una asonada para ejercer una formidable presión sobre el Congreso.

Miranda encabezó una manifestación de jóvenes adornados con escarapelas tricolores, llevando en sus manos un pendón amarillo, «emblema de los partidarios de la independencia en oposición al rojo, la divisa de los realistas». Detrás de ellos marchaba un abigarrado grupo de indios con cintas de los más variados colores.

La comparsa atrajo rápidamente a buena parte de los aburridos pobladores de Caracas que pudieron ver cómo los manifestantes destrozaban un retrato de Fernando VII en medio de mueras a España.

Hoy, dijo Antonio Muñoz Tébar en un encendido

discurso, «termina un año perdido en sueños de amor por el esclavo de Bonaparte. Que principie ya el año de la independencia y de la libertad». Coto Paúl, otro de los miembros de la Sociedad, exaltó la anarquía que «es la libertad cuando, para huir de los tiranos, desata el cinto y desnuda la cabellera undosa. ¡La anarquía, cuando los dioses de los débiles —la Desconfianza, el Pavor— la maldicen, yo caigo de rodillas ante su presencia! Señores, que la anarquía con la antorcha de las furias en la mano nos guíe al Congreso para que su humo embriague a las facciones del orden y la siga por las calles y plazas gritando libertad. Para reanimar el mar muerto del Congreso estamos aquí, en la alta montaña de la demagogia. Cuando ésta haya destruido lo presente y espectros sangrientos hayan venido por nosotros, sobre el campo que haya labrado la guerra se alzará la libertad».

Pese al apasionado verbo y a los afanes de los miembros de la Sociedad Patriótica, otros asuntos atrajeron la atención del Congreso y sólo en julio se reanudó el debate sobre la independencia.

El 2 de ese mes se leyó en el Congreso una comunicación de Telesforo Orea, agente venezolano en Estados Unidos que aseguraba que Washington asumiría una actitud favorable en caso de que se declarase la independencia de Venezuela. Tres días antes, el capitán Feliciano Montenegro, emisario de Cortabarría que había simulado pasarse a los patriotas en cuanto llegó a Caracas, se había fugado llevándose todos los secretos militares de la Junta de Caracas. Estos dos sucesos influyeron indudablemente para que el 3 de julio el Congreso comenzase a discutir el asunto de la independencia con la asistencia vocinglera en la barra de los miembros de la Sociedad Patriótica.

Por la noche, en esta organización, Bolívar pronunció el primer discurso político del que se tiene memoria, propugnando la declaración de la independencia. Miranda, que había sido hecho miembro del Congreso, planteó el dilema al día siguiente en estos términos: «O la vida para siempre o el sacrificio de todos nosotros por la felicidad de la patria.»

6

Los ánimos estaban maduros para que el 5 de julio se aprobara la declaración de la independencia, votada por todos los congresales a excepción del padre Mayo, diputado por la Grita, en medio de un entusiasmo delirante de la muchedumbre que presenciaba la votación. Miranda, Bussy y Clemente y Sata fueron designados para diseñar la bandera de Venezuela. El viejo conspirador hizo elegir la misma que había empleado en su asalto de 1806: tres fajas horizontales amarilla, azul y roja.

El 15 de julio de 1811 el Congreso en pleno juró la independencia de Venezuela.

La decisión, de algún modo, había sido catalizada por las reacciones realistas que comenzaban a producirse en el país, como consecuencia de la desilusión producida por las juntas locales. El 5 de marzo de 1811 un grupo de catalanes de Cumaná se apoderó del castillo de San Antonio apoyados por muchos criollos y algunos misioneros. Fueron capturados y expulsados del país tras confiscárseles los bienes.

7

Cuatro meses más tarde apareció frente a Cumaná una flota de siete buques realistas al mando de Lorenzo Fernández de Hoz, que llevaban un millar de hombres de guerra. La junta local puso todo bajo las órdenes del coronel Vicente de Sucre, padre del futuro vencedor de Ayacucho. Sus milicias pusieron en fuga a los españoles, que tuvieron que alejarse con rumbo a Maracaibo y Puerto Rico.

La siguiente semana se producía la asonada de la sabana del Teque, en conexión con el alzamiento de Valencia. Varias decenas de canarios intentaron apoderarse del cuartel de San Carlos al grito de «¡Viva el rey y la Virgen del Rosario!». Fueron capturados y condenados a muerte diecisiete de ellos, a quienes se les cortó la cabeza, que fueron exhibidas en los alrededores de Caracas en lo alto de picas.

Esta represión brutal actuó en contra de los patriotas que dentro y fuera del país proyectaron una imagen de inútil violencia y exceso de crueldad.

Pero reacciones más graves se producían simultáneamente. El mismo día que estallaba la rebelión de los canarios, los pobladores de Valencia se alzaban contra Caracas dando mueras a la independencia y vivando al rey Fernando y a la religión católica. Juraron solemnemente acatar la autoridad de la regencia y sostener al legítimo monarca.

En Caracas, alarmados por estos hechos, el Congreso decidió conferir toda la autoridad al poder ejecutivo. El único militar de prestigio y experiencia con que contaban era Miranda que, sin embargo, encontraba fuertes resistencias por su carácter arrogante y despreciativo, terco y áspero, características de su personalidad que se habían agravado con la edad y con la experiencia venezolana.

Se resolvió dar otra oportunidad al marqués del Toro, pese a que hacía sólo unos meses que el aristócrata había demostrado su escaso talento militar en Coro. En noviembre de 1810, la Junta le había encargado que reprimiera a los rebeldes de esa población que, liderados por José Ceballos, habían apresado a los enviados de la Junta caraqueña que iban a pedir su adhesión al movimiento del 19 de abril. Toro fracasó estrepitosamente y tuvo que retirarse con fuertes pérdidas.

8

En esta segunda oportunidad no lo hizo mucho mejor, por lo que al gobierno caraqueño no le quedó más opción que ofrecer el cargo de generalísimo a Francisco de Miranda. Éste puso como condición que le quitasen de sus fuerzas al coronel Simón Bolívar, «porque era un joven peligroso». Las relaciones entre uno y otro se habían deteriorado en los últimos tiempos. Miranda era un anciano pesimista, cínico, incrédulo y no podía sino enfrentarse a un Bolívar juvenil y ardoroso con su carga jacobina, dispuesto a comerse el mundo. El viejo general, lleno de presuntuosidades, no podía menos que sentirse humillado en un país donde tenía que comandar tropas desharrapadas, faltas de disciplina y de entrenamiento militar, todo lo cual contribuía a hundirlo en la depresión. Una cosa eran los sueños de liberación tejidos desde Londres o París y otra cosa era enfrentar la situación real de la tierra que quería liberar, a la cual él apenas conocía.

Para no humillar a Bolívar fue preciso llegar a un acuerdo: el joven coronel mantuano quedó con mando de tropas, por lo que el marqués del Toro, puesto bajo la autoridad de Miranda, lo nombró su ayudante.

Cuando revistó sus tropas, unas montoneras sin disciplina ni marcialidad, mal equipadas, Miranda no pudo dejar de preguntar «dónde estaban los ejércitos que un general de su prestigio podía llevar a la batalla sin comprometer su dignidad».

9

Con todo, inició las operaciones el 19 de julio asaltando Valencia con 2 600 hombres. Encontró escasa resistencia y pudo ocupar el centro de la población. Los realistas, deseosos de ganar tiempo para organizar la defensa, le propusieron aviesamente un armisticio que Miranda aceptó. Tan pronto como estuvieron en condiciones de resistir, los realistas reabrieron las hostilidades. El marqués del Toro fue encargado de desalojarlos de los puntos fuertes en los que se habían atrincherado. Seguido por su ayudante, Simón Bolívar, ambos deseosos de rehabilitarse de las últimas humillaciones, combatieron con bravura contra los setecientos mulatos abroquelados a lo largo de diez horas. Faltos de municiones tuvieron que retroceder hasta Guacaro en un repliegue caótico y desastroso. Doscientos muertos y heridos de sus propias fuerzas quedaron detrás de ellos.

Desde Guacaro, con refuerzos que recibió de Caracas, Miranda volvió a asaltar Valencia y venció la resistencia de los mulatos, a los que rindió. Con la experiencia de la sabana del Teque aprendida, el Congreso amnistió a la mayoría de los prisioneros.

Miranda quiso continuar la campaña contra Coro y Maracaibo, los dos principales focos realistas, pero se encontró con la oposición del Congreso, que boicoteó la iniciativa. Miranda regresó a Caracas y se puso al frente de los tribunales que debían juzgar a los responsables del alzamiento valenciano.

10

Un hecho inesperado que iba a tener una importancia enorme en los sucesos vino a romper la relativa calma el 26 de marzo, Jueves Santo, como lo había sido el 19 de abril: un terremoto sacudió Caracas, La Guaira, San Felipe, Barquisimeto y Mérida. Dos días más tarde, Sábado de Resurrección, volvieron a repetirse los movimientos sísmicos. Cuando iban a cumplirse treinta días de los primeros temblores, se reeditó el seísmo con gran violencia.

Los curas realistas aprovecharon de inmediato el fenómeno telúrico para llevar agua a su molino convenciendo a la gente de que se trataba de una manifestación de la furia divina por los acontecimientos del 19 de abril contra el rey y contra Dios. Estos hechos llenaron «de terror al común del pueblo, aun a muchos de los que se preciaban de espíritus fuertes —dice el historiador Heredia—. Uno de los patriotas más entusiasmados me aseguró que en los momentos de mayor angustia le pedía misericordia y perdón al rey tanto como a Dios».

Los realistas no podían haber esperado mejor ocasión para iniciar sus acciones de reconquista, preparadas por Cortabarría desde Puerto Rico y por Miyares.

En Coro, la resistencia española contaba con apenas cuatrocientos o quinientos hombres famélicos y mal armados que, aparentemente, poco podían hacer contra las fuerzas patriotas, que sumaban varios miles. Con todo, el capitán general Miyares tuvo una intuición luminosa y, en contra de lo que dictaba la razón, ordenó al capitán de fragata Domingo Monteverde que, con poco más de doscientos hombres, se dirigiera a los almacenes de Carora con el propósito de apoderarse de ellos.

Lo de Monteverde fue, al principio, casi un paseo. Encontró por el camino a centenares de hombres dispuestos a sumarse a sus fuerzas, incluso entre los que eran sus enemigos. Tras tomar Carora se atrevió a seguir a Barquisimeto, que se le entregó sin mayor resistencia. Desde allí, violando las instrucciones que tenía, marchó a San Carlos, fuertemente defendido.

En Carora, Monteverde había pasado a cuchillo a sus defensores. Cuando llegó a San Carlos intimó la rendición recordándoles a los defensores lo que había hecho en Carora. Las tropas de caballería patriotas más elegidas se pasaron a sus fuerzas. Prácticamente recibió la plaza en bandeja.

Alentado por tantos éxitos siguió a Valencia, que pronto cayó también en su poder.

11

Miranda debe de haber contemplado con ojos azorados este victorioso avance del enemigo. Poco confiado en la lealtad de sus tropas, muy superiores en número, se dedicó a fortificar el acceso a Caracas, asumiendo una postura claramente defensiva, mientras procuraba recibir ayuda de Inglaterra.

Monteverde, por su parte, inauguró sin retaceos una cruel historia de atrocidades contra la población civil. Envió a su oficial Eusebio Antoñazas, un perverso sádico, a levantar los llanos de Calabozo. «Ni las mujeres ni los niños pudieron encontrar piedad» en manos de Antoñazas, recuerda el historiador Baralt y Díaz. «Complacíase el capitán Antoñazas en perpetrar el crimen con sus propias manos, siendo el primero en poner fuego a las casas y en alancear a los desgraciados que salían huyendo de las llamas. Allí empezó su horrible celebridad y la serie no interrumpida de atrocidades que mancharon después la guerra entre los dos partidos.»

12

Mientras Miranda estaba ocupado en sus afanes defensivos, Simón Bolívar, a sus espaldas, conseguía, en los primeros días de junio de 1812, que le dieran el cargo de comandante de Puerto Cabello, con su fuerte de San Felipe y la cárcel llena, entonces, de prisioneros españoles. La plaza fuerte incluía la goleta *Venezuela* y los bergantines *Argos* y *Celoso,* junto a otras embarcaciones menores.

Los vecinos eran, entonces, francamente partidarios de los realistas, como gran parte de la población venezolana, lo que hacía más llevadera la prisión de los encarcelados en el fuerte San Felipe. Bolívar, desde el principio, indignado por la situación con la que se encontró, aumentó la severidad para con los pobladores y la vigilancia revolucionaria, conducta que no hizo más que aumentar la hostilidad contra los republicanos.

Esta situación no era más que expresión de las características de la revolución venezolana, producto de un grupo de exaltados patriotas con escasísimas vinculaciones con la población y una pobre percepción de la realidad del momento.

No había cumplido un mes en su cargo cuando el comandante Bolívar escuchó un tiroteo en el fuerte San Felipe. Pronto le informaron que los presos realistas, apoyados por algunos de sus propios oficiales, se habían hecho con el castillo donde habían izado la bandera del monarca. San Felipe no sólo guardaba todos los víveres y municiones sino que tenía una posición dominante, en un punto más elevado que el resto.

Pese a todo, Bolívar ordenó a sus tropas prepararse para el asalto al tiempo que pedía auxilios a Caracas. La posición de los realistas era prácticamente inexpugnable. Bolívar atacó en vano y en vano también aguardó la ayuda solicitada a Miranda, porque éste no movió un dedo.

En cambio, desde Valencia, Monteverde envió refuerzos a los sublevados de San Felipe, lo que obligó a Bolívar a embarcarse en la única nave que le quedaba, el bergantín *Celoso*, y poner el rumbo a La Guaira.

El Bolívar que llegó a Caracas derrotado era un hombre que, además, había perdido todos sus humos. «Mi presunción me hacía creer que mi deseo de acertar y mi ardiente celo por la patria supliría en mí los talentos de que carezco para mandar —le confiesa en una carta a Miranda—. Así, ruego a usted que me destine a obedecer al más ínfimo oficial o bien que me dé algunos días para tranquilizarme y recobrar la serenidad que he perdido al perder Puerto Cabello.»

13

Avergonzado, sumido en una honda depresión, Bolívar se encerró y no quiso ver a nadie por varios días. Miranda no se dignó contestar a ninguna de sus misivas, en una de las cuales le decía: «De gracia no me obligue usted a verle la cara. Yo no soy culpable, pero soy desgraciado y basta.»

El silencio de Miranda poco a poco fue trocando la vergüenza y humillación que sentía Bolívar en ira contra el arrogante anciano: no demoraría en empezar a llamarlo «jefe aborrecido y déspota arbitrario hasta el exceso».

Y, además, inepto, como comprobaría Bolívar muy pronto, para alivio de su propio rubor. El 13 de julio, los esclavos negros del valle de Barlovento se revelaron al grito de «¡Viva el rey!» y marcharon hacia Caracas, incendiando todo lo que hallaban a su paso y asesinando a la población blanca. Miranda, lanzado por el terraplén de su propia depresión y desánimo, se reunió con algunos notables del gobierno y les propuso la idea de pedir un armisticio a Monteverde.

El jefe realista le puso unas condiciones humillantes que, no obstante, Miranda aceptó, aunque se cuidó de hacérselas saber a sus oficiales. Cuando éstos se enteraron intentaron una rebelión a gritos de «¡Nos vendieron a Monteverde!», pero el generalísimo logró controlar la situación y ordenó al jefe de la plaza de Caracas, donde se hallaban todos los patriotas, que la entregara al enemigo. Él, por su parte, mandó que su equipaje se llevara al bergantín *Zafiro*, que estaba anclado en La Guaira.

Para los oficiales, Miranda los había traicionado entregándolos a los realistas. En La Guaira, hacia donde se dirigía el generalísimo, Bolívar y un grupo de oficiales se pusieron de acuerdo con el comandante militar, Manuel María Casas, y el gobernador civil, Miguel Peña, para detener a Miranda y exigirle responsabilidades por su conducta. Simón Bolívar fue el encargado de llevar a cabo el arresto.

14

Miranda estaba durmiendo cuando llegaron los oficiales. Ordenaron despertarlo y Bolívar lo encaró señalándole que tenían una orden de arresto contra él. Indiferente, desdeñoso, el generalísimo preguntó bostezando «¿No es demasiado temprano?» Y luego le dijo a su edecán Soublette: «Dígales a estos señores que esperen, que pronto estaré con ellos.» Cuando apareció, Bolívar le comunicó secamente que estaba detenido y que tendría que acompañarlos de inmediato. «Bochinche, bochinche, esta gente no sabe sino hacer bochinche», dijo Miranda, tras lo cual siguió sin rechistar a sus aprehensores, que lo condujeron a la prisión de La Guaira. De allí partiría a las mazmorras de Cádiz, donde Miranda acabaría sus días.

Al día siguiente Bolívar propuso a sus compañeros el fusilamiento de Miranda, a lo que se negó de plano Casas. Otras urgencias tenían los oficiales y eran cómo escapar del enemigo que se aproximaba. Bolívar pensó que lo más prudente era regresar a Caracas para tratar de conseguir un pasaporte que le permitiera emigrar. Utilizando los buenos oficios de Francisco Iturbe, amigo suyo y de Monteverde, le solicitó al jefe español un pasaporte. Lo acompañaba Bolívar en la entrevista, pero Monteverde no reparó en el joven oficial.

Iturbe le destacó que el coronel de milicias de Aragua había arrestado al generalísimo, un mérito que le sirvió para que Monteverde ordenara concederle el pasaporte «en recompensa por el servicio que ha hecho al rey».

El 12 de agosto de 1812, Bolívar se embarcaba en el velero *Jesús, María y José* rumbo a Curaçao, junto a varios de sus compañeros de armas.

XII

LA CAMPAÑA ADMIRABLE

En el *Jesús, María y José*, Bolívar era un hombre sin patria y sin fortuna: las autoridades habían embargado todas sus propiedades, de manera que el rico joven mantuano de otros tiempos había sido convertido en un hombre pobre cuyo peculio estaba sólo en lo que podía transportar. Cuando el barco llegó a Curaçao su situación fue aún peor: las autoridades embargaron su equipaje «por dos causas muy raras», le explicaba a Iturbe: «La primera porque mis efectos y trastos estaban en la misma casa en que estaban los de Miranda; y la segunda porque el *Celoso* (el bergantín en el que huyó de Puerto Cabello) contrajo deudas en Puerto Cabello que ahora he de pagar yo porque yo era el comandante de la plaza cuando las contrajo. Ésta es la exacta verdad. De esto resulta que yo me hallo sin medio alguno para alimentar mi vida, que ya comienzo a ver con demasiado hastío y hasta con horror», añadía.

Sus propósitos iniciales eran llegar a Gran Bretaña e ingresar en el ejército inglés que operaba en España: no le quedaba entonces otro medio de vida. Pero el embargo de sus bienes dio por tierra con estos planes y él, junto con otros derrotados oficiales de las fuerzas patriotas venezolanas, optaron por dirigirse a Nueva Granada, el vecino reino (aproximadamente, lo que hoy es la República de Colombia), donde la revolución independentista no había sido aún totalmente derrotada. «Me han quitado mi poco dinero y equipaje —le escribía en otra carta a Iturbe—, pero yo estoy conforme en mi corazón porque sé que cuando el infortunio prosigue por algún tiempo todo conspira contra el infeliz. Pero como el hombre de bien y de valor debe ser indiferente a los choques de la mala suerte, yo me hallo armado de constancia y veo con desdén los tiros que me vienen de la fortuna. Sobre mi corazón no manda nadie más que mi conciencia: ésta se encuentra tranquila y así no la inquieta cosa alguna.»

2

El coronel español Manuel Cortés Campomanes y el aventurero francés y ex pirata del Caribe, Pierre Labatut, eran los militares provenientes de Venezuela de mayor prestigio. Bolívar no era más que un segundón que arrastraba sobre sus espaldas el baldón de su fracaso de Puerto Cabello.

Los oficiales recalaron en Cartagena y se presentaron al jefe del ejecutivo, Manuel Rodríguez Torices, que les dio una eufórica bienvenida. Nada necesitaba más la revolución que jefes militares experimentados que le permitieran superar la crisis por la que estaba atravesando. La lucha contra los realistas había paralizado el comercio exterior, del que vivía la provincia neogranadina: desde Santa Marta, provincia vecina de Cartagena, los realistas hacían lo posible por ahogar a los patriotas.

Cortés Campomanes fue encargado de recuperar la Sabana, Miguel Carabaño tuvo como objetivo el fuerte Zapote y a Labatut se le encargó una operación contra Santa Marta. Sometido a la autoridad de este último, a Simón Bolívar se le responsabilizó de la comandancia del pueblo de Barranca, un pequeño destacamento de setenta hombres.

Los venezolanos venían con la sangre en el ojo por las derrotas sufridas y parecían dispuestos a comerse a los realistas. Y así lo hicieron. Cortés Campomanes recuperó la Sabana, de donde los desalojó, Carabaño tomó por asalto el fuerte de Zispaté. Labatut, por su parte, al mando de doscientos hombres, capturó Sitio Nuevo, Palmar y Sitio Viejo, Guáimaro y se apoderó de gran cantidad de material de guerra. Su prestigio se agigantó rápidamente y fue nombrado comandante en jefe del río Magdalena. El 6 de enero de 1813 Labatut ocupó Santa Marta desde donde, mediante una añagaza, se apoderó de la fragata española *Indagadores,* que venía con armas y uniformes para las fuerzas realistas.

Desde su humilde puesto adelantado, Bolívar comenzó a concebir un audaz plan para volver a Venezuela con las armas. Al sur de su posición, el valle del Magdalena estaba en poder de los realistas, que preparaban su ofensiva sobre Cartagena desde Caña.

Bolívar comenzó por disciplinar su pequeña fuerza de milicianos imponiendo un régimen estricto de entrenamiento militar.

3

Es en estos días de la vida de Bolívar que probablemente se produjo su encuentro romántico con Anita Lenoit, una joven rubia de diecisiete años, habitante de Calamina, junto al Magdalena, de la cual Bolívar había oído hablar por los marineros del río.

Anita era un ser misterioso para todos, no sólo por el color de su piel y cabello, sino porque no hablaba en español: no hacía mucho que había llegado con sus padres, inmigrantes franceses, que se habían instalado como comerciantes. Intrigado, Bolívar se acercó a la casa y la encontró sola porque sus padres habían ido a comprar mercancías ese día.

«Anita quedó *touché* por aquel joven coronel de veintiocho años —detalla una de las versiones de la leyenda que ha llegado hasta hoy—. Una pasión súbita e irrefrenable hizo presa de la joven francesita y al tercer día reclinaba la cabeza sobre el hombro de Bolívar...»

Pocos días más tarde, en Tenerife, Bolívar se encontró con Anita esperándolo en la casa donde iba a hospedarse.

«—¿Puedo saber, señorita —le dijo—, la causa de este viaje tan inesperado?

»—Es sencilla. He resuelto, suceda lo que suceda, no separarme de usted —contestó firmemente la joven.

»—Pero, ¿no advierte usted que siguiendo en pos de un ejército expone su decoro?

»—¿Qué importa mi decoro si, en cambio, recobro la tranquilidad perdida?

»—Pero, ¿qué se propone al seguirme usted en medio de tantos peligros?

»—Morir con usted.

»Bolívar guardó silencio. Hizo traer la comida y sentó a Anita a su lado. Luego, a la caída de la tarde, la llevó al puerto y entre los abrazos, los suspiros y las lágrimas, los besos más ardientes y la promesa de volver a casarse con ella, regresó Anita al hogar de sus padres.»

La tradición cuenta que un día después de la muerte del general Bolívar, dieciocho años más tarde, en Santa Marta volvió a aparecer Anita Lenoit, demasiado tarde, para acompañar el féretro de su antiguo amante. Según Cornelio Hispano, en el cementerio de Tenerife aún existe una lápida que dice «Anita Lenoit, 1868».

4

En diciembre de 1812, desobedeciendo las órdenes de Labatut, Bolívar al frente de doscientos hombres se dirigió en botes y sampanes a Tenerife, la posición realista más próxima. Intimada y no aceptada la rendición, se trabaron en lucha. Pero, temerosos de quedar aislados de Santa Marta, los defensores de Tenerife optaron por huir.

No perdió tiempo Bolívar y se dirigió río arriba a Plato y Zambrano. El 27 de diciembre entró en Mompox, donde fue recibido triunfalmente. Allí su fuerza se incrementó hasta sumar quinientos hombres con las armas y pertrechos capturados a los realistas y las adhesiones que le brindaron.

Guamal y Banco cayeron en manos de Bolívar antes de que finalizara el año. Los realistas optaron por evacuar siguiendo la ruta del río César, ante lo cual Bolívar, a marchas forzadas y dando un rodeo, se adelantó a ellos y los esperó en Chiriguaná, donde los batió completamente. Un centenar de soldados peninsulares del regimiento Albuera cayeron prisioneros junto con artillería, fusiles y municiones.

Alentado por esta serie de triunfos se apoderó de Tamalameque, sobre el río Magdalena y de Puerto Real, atravesó los cerros y ocupó Ocaña, con lo que consiguió liberar toda la vía del Magdalena. El comercio volvió a activarse.

Labatut, celoso de los éxitos de su subordinado que había actuado en desobediencia a sus órdenes, exigió que se le hiciera consejo de guerra. Pero Rodríguez Torices estaba demasiado entusiasmado con la recuperación de Ocaña como para pensar en castigar al audaz oficialito venezolano.

5

Bolívar tenía ante sí el camino a Venezuela a través de la frontera. Pero se interponía un formidable obstáculo: hacía seis meses que el coronel realista Ramón Correa había ocupado Cúcuta, en la frontera, donde estaba concentrando tropas para recuperar Nueva Granada.

Los patriotas resolvieron tomar la delantera y el gobierno autorizó a Bolívar para que, en unión de las tropas del coronel Manuel del Castillo, se dirigiera a batir a los realistas en Pamplona y en Cúcuta. Sus fuerzas sumaban apenas 400 hombres frente a los 750 que los realistas habían reunido en Cúcuta y otros 600 en las cercanías. Castillo, por su parte, disponía de 800 hombres mal armados.

Castillo propuso a Bolívar un plan que éste, con buenas razones, consideró absurdo. Desentendiéndose de su colega, el venezolano avanzó con sus tropas y tras reñidos combates con las fuerzas de Correa, las dispersó y ocupó Cúcuta, donde cobró como botín un importante arsenal. Al día siguiente atravesaba con sus hombres la frontera y se aposentaba en el pueblo venezolano de San Antonio, desde donde lanzó, el 1 de marzo de 1813, una proclama en la que explicitaba sus planes.

«Yo soy, granadinos, un hijo de la infeliz Caracas escapado prodigiosamente de en medio de sus ruinas físicas y políticas, que siempre fiel al sistema liberal y justo que proclamó mi patria, he venido a seguir aquí los estandartes de la independencia que tan gloriosamente tremolan en estos estados. La Nueva Granada ha visto sucumbir a Venezuela; por consiguiente debe evitar los escollos que han destrozado a aquélla. A este efecto presento como una medida indispensable para la seguridad de Nueva Granada la reconquista de Caracas. A primera vista parece un proyecto inconducente, costoso y quizá impracticable. Pero examinándolo atentamente con ojos previsivos y una meditación profunda, es imposible desconocer su necesidad, como dejar de ponerlo en ejecución probada su utilidad. Corramos a romper las cadenas de aquellas víctimas que gimen en la mazmorra, siempre esperando su salvación de vosotros: no burléis su confianza: no seáis insensibles a los lamentos de vuestros hermanos; id veloces a vengar al muerto, a dar vida al moribundo, soltura al oprimido y libertad a todos.»

6

Por primera vez, Bolívar conocía las mieles de la gloria. El Congreso neogranadino lo nombró ciudadano y brigadier general del Ejército de la Unión y, lo que más deseaba, la autorización para invadir Venezuela, pero sólo hasta la provincia de Trujillo. Por delante los esperaban seis mil o siete mil hombres de armas a los que él podía oponer sus setecientos soldados.

Lo arriesgado de la empresa de Bolívar fue una buena excusa para que los enfrentamientos entre Castillo y el jefe venezolano se agudizaran. Castillo fue encargado de desbaratar a los realistas en La Grita, donde estaban concentrados. A regañadientes cumplió con la orden y gracias a la inteligente y audaz actuación de su sargento mayor, Francisco de Paula Santander, de veintiún años, capturó la ciudad. Tras ello, Castillo presentó su renuncia. Varios de sus oficiales lo siguieron de tal manera que las tropas neogranadinas quedaron a las órdenes de Santander.

Éste también pensaba que el plan de Bolívar era un desatino por lo menguado de las propias fuerzas, y así se lo hizo saber. Bolívar optó por dejar a Santander a cargo de La Grita y escogió a cuatro oficiales para depositar en ellos sus expectativas de triunfo: los neogranadinos Atanasio Girardot, de sólo veintidós años, y Luciano D'Elhuyar, y los venezolanos Rafael Urdaneta y José Félix Ribas. A Ribas le encargó la retaguardia, mientras que la vanguardia la puso al mando de Girardot.

Mérida fue tomada sin resistencia, debido a que había sido abandonada por los realistas, y la población pudo tributar a Bolívar la primera de una serie de recepciones triunfales en las que se lo empezó a llamar *el Libertador*. Su plan era atacar con gran rapidez, desplazándose a marchas forzadas si era necesario, evitando que el enemigo se concentrase, conseguir hombres convirtiendo en tránsfugas a los prisioneros y reclutando a los patriotas, y tratar de llegar a Caracas lo antes posible, para evitar que Monteverde reuniera fuerzas.

Girardot, al mando de la vanguardia, salió de Mérida en dirección a Botijoque, donde los realistas concentraban fuerzas. Batieron a los enemigos y el 10 de junio entraban en Trujillo. Ese mismo día, Bolívar partía de Mérida para llegar cuatro días más tarde a Trujillo. Al día siguiente dio a conocer el célebre decreto de guerra a muerte en el que concluía advirtiendo a los «españoles y canarios, contad con la muerte aun siendo indiferentes si no obráis en obsequio de la libertad de América. Americanos, contad con la vida aun cuando seáis culpables».

7

La lucha entre las facciones había llegado ya entonces a un *crescendo* de crueldades escalofriantes. De un lado y otro se había fusilado sin piedad, mutilado, torturado al enemigo o al que simplemente parecía serlo. Urdaneta, uno de los oficiales de Bolívar, cree que éste tuvo dos razones para decretar la guerra a muerte: «La una era hacer creer a los españoles que, si ellos mataban a todos los patriotas como lo estaban haciendo, sin expresa declaratoria, él usaría de una represalia abierta. La otra era hacer conocer a todos los criollos de Venezuela que ninguno era culpable ante el ejército libertador, sino aquel que no abandonase a los españoles y que aun ése obtendría perdón. De aquí se deducen dos consecuencias necesarias: que los españoles sabiendo que encontraban una muerte cierta se acobardarían, como sucedió, y que los criollos engrosarían las filas de Bolívar, como era necesario.»

En Trujillo vencían los términos de la autorización del Congreso neogranadino para invadir Venezuela. Una vez logrado el objetivo, el cuerpo colegiado le hizo saber que no estaba autorizado a continuar con su campaña libertadora. Bolívar protestó en una larga carta haciéndoles ver los perjuicios que se provocarían si se suspendía la campaña. Los realistas podrían reunir a los cinco mil hombres que tenían dispersos para aplastar al pequeño ejército de Bolívar e invadir Nueva Granada. En cambio, el jefe venezolano les planteaba la necesidad de aniquilar esas fuerzas realistas y con el material cobrado ir en auxilio de Nueva Granada, que tenía que luchar por su independencia en otros frentes abiertos recientemente.

No se equivocaba el caraqueño y sus razones resultaron tan sensatas que convencieron al gobierno neogranadino, que acabó autorizando la continuación de la campaña.

8

Por delante Bolívar tenía dos ejércitos: el de Maracaibo a su flanco izquierdo y el de Barinas, comandado por el coronel Antonio de Tizcar, cuyos efectivos rondaban los cinco mil hombres.

El 2 de julio, en las mesetas de Niquitao, 350 soldados patriotas al mando de Urdaneta y de Ribas se enfrentaron a 800 infantes del comandante Martí, uno de los oficiales de Tizcar, y tras ocho horas de recios combates, las fuerzas realistas fueron desbaratadas. Urdaneta y Ribas capturaron a medio centenar de prisioneros, 500 fusiles, 20 000 cartuchos, bagajes y un cañón.

Por su parte, Bolívar entraba en Guanare el 1 de julio y dos días después cruzaba a nado el río Boconó dispuesto a batirse con Tizcar en Barinas. Pero el jefe realista abandonó la plaza en dirección a Nutrias dejando gran cantidad de material de artillería y pertrechos. Girardot los persiguió incansablemente hasta que logró dispersar a algunos y rendir a otros: cuatrocientos prisioneros y medio millar de fusiles pasaron a manos de Girardot. El ejército de Tizcar estaba virtualmente desbaratado.

Desde estos rápidos triunfos, las fuerzas de Bolívar empezaron a tomar cuerpo. «Allí se empezó a crear caballería y a montarla —recuerda el general Urdaneta en sus memorias—. Allí se dio principio a la organización de infantería venezolana, que hasta entonces no había, comenzando por la creación del batallón Valerosos Cazadores, al mando del comandante Santinelli, español. Repárese que esta organización no era la regular conocida de las tropas regias: reducíase a allegar gente, armarla, designarle jefes y marchar, sin disciplina ni ejercicios, porque todo dependía entonces de la celeridad y no había tiempo que perder.»

Cuando Monteverde se enteró de las sucesivas derrotas de sus hombres por fuerzas mucho más reducidas no cupo en su asombro, porque no era eso lo expectable. De modo que ordenó a dos de sus oficiales, Oberto, que tenía un millar de hombres en Barquisimeto, e Izquierdo, fuerte con mil doscientos en San Carlos, que se reunieran en Araure y les cerraran el paso a los invasores.

Bolívar mandó a Ribas a cortar el paso a Oberto y él con Urdaneta y Girardot marcharon en dirección a San Carlos buscando un encuentro con Izquierdo. En todo caso, Bolívar se apresuró para evitar la concentración del enemigo en Araure.

Ribas se enfrentó el 22 de julio en Los Horcones, entre Barquisimeto y Quibor, con las tropas de Oberto, que casi lo doblaba en número de hombres. Tras una sangrienta refriega, la más cruenta de la campaña, Ribas terminó de desbaratar las fuerzas enemigas y pudo entrar al día siguiente, triunfador, en Barquisimeto.

Aterrorizado por la derrota de su compañero, Izquierdo se replegó hacia Valencia. Pero Bolívar lo persiguió para impedirle concentrarse y en la sabana de los Taguanes, antes de Valencia, lo batió completamente. «La intrepidez de nuestras tropas produjo a los españoles el pavor —informó Bolívar al Congreso neogranadino—. Inmediatamente emprendieron su retirada ordenada y la sostuvieron por espacio de seis horas hasta que viendo que nuestra caballería casi los cortaba, se introdujo el desorden, empezó la disolución y a las dos horas de persecución ya teníamos en nuestro poder a muchos prisioneros, porción de fusiles, cartuchos y pertrechos que dejaban en el campo. Toda la tarde duró la acción, en que murieron muchos españoles, entre ellos seis de sus mejores oficiales, uno de éstos, el comandante Izquierdo. Perdieron toda su infantería, que quedó dispersa por los bosques o prisionera o pasada a nosotros, pudiendo asegurar a vuestra señoría que no escapó ni un solo infante.»

9

Cuando la noticia de la destrucción del ejército con el que pensaba defender Caracas llegó a oídos de Monteverde, el jefe realista evacuó la capital, a la que consideraba ya perdida, y se replegó sobre Puerto Cabello.

El viejo brigadier Manuel Fierro, a cargo de la defensa de Caracas, se vio pronto sin fuerzas para defenderse, pues la mayoría de ellas desertaron ante la aproximación de las fuerzas de Bolívar que, suponían, debían de pasar de más de quince mil hombres. Imposibilitado de otra cosa, Fierro mandó a Francisco Iturbe, el amigo de Bolívar que había conseguido que pudiera huir tras la prisión de Miranda, y al marqués de Casa León con el encargo de realizar arreglos de paz. El encuentro se produjo en La Victoria, al sur de Caracas, donde Bolívar le preparó una recepción formal y suntuosa en medio de sus tropas victoriosas.

El vencedor se mostró verdaderamente magnánimo en sus condiciones. Prometió el olvido a todos los pobladores de Caracas, garantizó su seguridad siempre que se rindieran pacíficamente. Permitió la emigración de todos aquellos que no deseasen vivir bajo su gobierno y autorizó la salida de los jefes, oficiales y soldados españoles. Puso como condición que Monteverde ratificara el acuerdo en el término de veinticuatro horas.

Pero Fierro y las autoridades españolas no esperaban clemencia ni cuartel así que, en tropel, se dirigieron a La Guaira esperando poder huir por barco. Seis o siete mil personas ocupaban el camino hacia el puerto, pero Fierro se había olvidado de cerrar la rada, de modo que cuando llegaron la mayoría de los barcos había zarpado. Unas dos mil personas consiguieron embarcar y huir a Curaçao. El resto se escondió por las inmediaciones.

Monteverde se negó a ratificar la capitulación, de modo que ésta nunca entró en vigor. Mientras los realistas huían, el 4 de agosto de 1813 Bolívar entró cubierto de gloria en su ciudad natal. Sólo había pasado un año escaso en que, derrotado y humillado, había tenido que abandonar Venezuela rumbo al exilio.

10

Una multitud lo esperaba para vitorearlo: «Las mujeres venían a coronar a su Libertador y cubrían las calles por donde debía pasar con montes de flores y de ramas de laurel y olivo —describe Ducoudray Holstein—. Las aclamaciones de millares de personas se mezclaban con el estruendo de la artillería, los repiques de campanas y los acordes de las músicas marciales. Se abrieron las prisiones y las infortunadas víctimas de la libertad, con sus rostros pálidos y demacrados, parecían espectros que habían dejado las tumbas. Antes de la llegada de Bolívar se había preparado un carro regio y triunfal semejante a aquellos de que se servían los cónsules romanos al regreso de una campaña gloriosa. Bolívar iba de pie en el carro, la cabeza desnuda, vestido de gran uniforme y llevaba en la mano un bastón como insignia de mando.»

Se apeó delante de su casa que, durante su ausencia, había usurpado una familia realista. Doce bellas jóvenes lo coronaron de laurel. Una de ellas, la morena Josefina Machado, *Pepita*, atrajo poderosamente la atención del general victorioso. Era una de esas mujeres seducidas de antemano por el erotismo del poder, dispuesta a todo para convertirse en la hembra del triunfador.

Pronto conseguiría ser su principal y más influyente amante, aunque no la única. Bolívar, señalaría su enemigo Ducoudray Holstein, «como la mayor parte de sus compatriotas, perdió a menudo tiempos preciosos en las alcobas de sus numerosas queridas. Se le acusaba también de haber permanecido algunas veces días enteros acostado en su hamaca en medio de una multitud de aduladores... Los más importantes negocios estuvieron en manos de los obsecuentes, especialmente en las manos de la señorita Josefina, su conocida querida, mujer intrigante y vengativa. Yo he visto más de cien veces a esta sirena y debo confesar que no me explico la predilección del dictador por ella. Sus amores con Josefina duraron, no obstante, hasta 1819».

Muchos consideraron más tarde que las funestas influencias tropicales, la vida muelle y placentera que le procuró Josefina Machado, contribuirían a que todos los triunfos de Bolívar acabaran en derrota: la pérdida de la segunda república venezolana.

XIII

BAÑOS DE SANGRE

La *Campaña Admirable*, como se llamó la sorprendente acción militar de Bolívar, fue un sangriento y heroico *paseo* militar de tres meses en el que quinientos hombres libraron cuatro combates y una batalla contra fuerzas que ascendían a unos seis mil soldados de línea, dirigidos por un jefe cuyos conocimientos y experiencia militares, más que escasos, lo habían llevado hasta entonces a cosechar algún sonoro fracaso.

Bolívar se manifiesta aquí como un genial intuitivo que consigue suplir con su talento e inteligencia naturales sus ignorancias y bisoñeces. Es cierto que había contado con algunos factores ventajosos: sus quinientos hombres eran lo que quedaba después de sucesivos filtros y deserciones, de un millar de hombres que llegó a tener. Eran soldados dispuestos, convencidos de lo que hacían y prestos a jugarse las vidas. Sabían que, de caer prisioneros, su destino era el pelotón de fusilamiento. Los rápidos y sucesivos triunfos obtenidos aumentaron la confianza en sí mismos e hicieron que se agigantaran.

No menos extraordinarios eran los oficiales que los mandaban, imbuidos todos de gran fervor patriótico, de admiración por su jefe y, lo más difícil, de un coraje a toda prueba y firme talento militar.

Por contra, los ejércitos realistas tenían gran cantidad de indios en sus filas que huían en desbandada en cuanto las cosas se ponían difíciles en los combates.

Los canarios y peninsulares, en pequeño número, no lograban compensar estas deficiencias. También fallaron los planes de defensa, que comenzaron por despreciar al enemigo y confiar excesivamente en las propias fuerzas. Y siguieron manejándose en un desorden y falta de coordinación que resultaron en el rotundo fracaso contra fuerzas muy inferiores en número.

A pesar de todo, el triunfo de Bolívar descansaba sobre una base endeble. La falta de fuerzas lo había obligado a huir hacia adelante a toda prisa sin dejar a sus espaldas suficientemente guarnecidos los puntos conquistados.

Al mismo tiempo se encontraba rodeado de fuerzas enemigas. Monteverde permanecía en la plaza inexpugnable de Puerto Cabello. Mérida y Trujillo, indefensas, podían ser tomadas fácilmente desde Maracaibo por el general Mirayes. Desde Coro, los realistas amenazaban Barquisimeto. En el Apure, el comandante Yáñez podía tomar Barinas. Por todas partes, en los Llanos, en Guayana, en el valle del Tuy, la población era realista fanática y su odio contra los patriotas no había hecho más que crecer desde que comenzara la guerra. Bolívar se encontraba una vez más ante la absurda situación de que venía a liberar a una población que, en gran parte, sólo quería ser liberada de él. Años más tarde, frente a Peru Lacroix, recordaba que después de tomar Caracas, para llevar a cabo sus planes sólo «contaba con un patriotismo y un entusiasmo que no había encontrado en Venezuela, un espíritu nacional que no existía y que no pude formar».

No todo eran malas noticias, sin embargo. Mientras Bolívar realizaba su marcha triunfal desde Nueva Granada, un grupo de menos de medio centenar de patriotas refugiados en Trinidad, tras la derrota de Miranda, se habían organizado bajo el mando de Santiago Mariño para apoderarse de Güiria, pequeña población en la costa sur de la península de Paria. Mariño contaba con hombres de valor como José Francisco Bermúdez, y Piar. En pocos meses, multiplicando sus fuerzas, consiguió tomar Cumaná, donde sentó sus reales como liberador de la Venezuela oriental.

2

Pero, por contra, en el bando realista también apareció un enemigo mucho más feroz que anularía este apoyo de Mariño. José Tomás Boves, un asturiano de la misma edad que Bolívar, iba a saltar de su oscura posición como comerciante en Venezuela a la del más cruel, despiadado y, al mismo tiempo, exitoso caudillo de los Llanos.

De origen muy humilde, el ovetense Boves estudió en Gijón en la Escuela de Pilotines, donde se graduó de piloto de segunda clase y, años más tarde, consiguió el título de piloto de primera y, como tal, capitaneó un bergantín que hacía la carrera entre los puertos peninsulares y las Antillas por cuenta de la casa Pla y Portal. Acusado de dedicarse al contrabando acabó con sus huesos en la cárcel, pero gracias a las influencias de poderosas familias amigas consiguió que le cambiaran la pena por la de confinamiento.

Se estableció en Calabozo, doscientos kilómetros al sur de Caracas, capital de los Llanos, donde montó una tienda de ropa. Poco después comenzó a dedicarse al comercio de cueros y de ganado.

Después del terremoto de 1812 se dedicó a hacer propaganda en contra de los patriotas, por lo que lo condenaron a muerte. Pero el justicia mayor Juan Vicente Delgado no se atrevió a ejecutarlo. Estaba en prisión cuando los jefes realistas Antoñanzas y Zuazolas ocuparon Calabozo en mayo de 1812, pusieron en libertad a los presos y los invitaron a unirse a ellos. Boves fue encargado de la persecución de los que habían huido del pueblo.

Cumplió con dedicación la orden y seis meses más tarde Monteverde lo nombró comandante de Calabozo, puesto en el que se distinguió por su crueldad e impiedad para con el enemigo o con los sospechosos de serlo: solía amarrar en la plaza pública a los patriotas y los hacía azotar hasta matarlos por las heridas o por hambre y sed.

En mayo de 1813, Boves, comandante de Calabozo, recibió la orden de organizar un cuerpo de caballería con los llaneros y marchar sobre Barcelona.

3

Los Llanos son una extensa región sin accidentes notables, sometida al clima tropical que hace que las estaciones no se diferencien por la temperatura sino por las precipitaciones: una estación en la que llueve torrencialmente, todo se inunda y empantana, y otra seca, cuando la naturaleza parece ahogarse en el polvo que aparece por doquier y los animales salvajes llegan a morir de sed.

En ese espacio crecían los llaneros: pastores de ganado, por lo general, mestizos de blanco, indio y negro que, montados en sus caballos, se dedicaban al cuidado de vacas o caballos domesticados o a la caza de los asilvestrados. Excelentes jinetes, vivían virtualmente sobre sus cabalgaduras y podían subsistir alimentados con un trozo de carne asada y bebiendo agua contaminada de charcos y pantanos. Los llaneros «no eran realistas ni patriotas —destaca el historiador Francisco Encina—. Los curas tenían sobre ellos escasa influencia. Y sus instintos de rebeldía social estaban aún latentes bajo la espesa capa de lastre que los siglos de vida colonial habían depositado sobre ellos».

Merced a su ocupación como comerciante de cueros, Boves comenzó a frecuentar a los llaneros y a ser respetado entre ellos por su carácter, su natural carisma, su valor y su fuerza física. El asturiano tuvo la habilidad de explotar en estos pastores su odio de raza y de clase contra los blancos pudientes.

«En vez de predicarles la fidelidad al rey y a la religión, abstracciones que nada decían al cerebro primitivo de los llaneros, los esclavos, los contrabandistas, los salteadores y los ex presidiarios, sopló sobre el odio latente de razas en el elemento de color, empujándolos al exterminio de los blancos enemigos del rey y ofreció a los mismos y a los llaneros y mestizos el reparto de los bienes de los ricos y satisfacción de todas sus concupiscencias. El predominio de la gente de color y del llanero fue tan considerable en las tropas de Boves y de Rosete que un testigo abonado calculaba cincuenta españoles europeos y alrededor de cien mulatos libres en una masa que frisaba los ocho mil. Boves nunca contó en sus filas con más de 160 europeos.»

Pero el caudillo de los Llanos demostró, además, poseer un genio militar poco común. Supo emplear con astucia y habilidad la caballería llanera que formó e instruyó y sacar el mejor partido de sus montoneras. Audaz y temerario, «una vez roto el fuego se entregaba en cuerpo y alma a la voluptuosidad de matar». Se sometía a las mismas privaciones que sus hombres y era el primero en atacar vestido con un poncho colorado como para destacarse entre sus soldados y atraer al enemigo sobre sí.

4

Boves no tuvo éxito en sus acciones iniciales en Barcelona: los oficiales de Montilla lo obligaron a poner los pies en polvorosa y, entonces, decidió regresar a Calabozo. Pero las cosas habían cambiado durante su ausencia en sus pagos. Bolívar, triunfante en Caracas, envió a su secretario de guerra, el teniente coronel Tomás Montilla, a Calabozo con orden de formar allí una división, tras apoderarse de la población.

Pero Boves procedió astutamente: supo esperar el momento oportuno para asaltar Calabozo, tras batir a las tropas de Montilla, que se vieron obligadas a evacuar la ciudad. El 23 de setiembre, tras ocupar la capital llanera, Boves ordenó el fusilamiento de todos los prisioneros. Entre ellos estaba el capitán español Manuel Cabrera, que se había pasado al bando patriota, espantado ante las horribles crueldades que perpetraban las facciones realistas.

Montilla era sólo uno de los oficiales que Bolívar había despachado a distintos puntos del país al mando de fuerzas militares para que trataran de batir o al menos contener a los realistas que lo circundaban.

Urdaneta fue enviado a Valencia con la mayor parte de las fuerzas vencedoras, pues era ése el punto más álgido de la resistencia realista: a pocos kilómetros de allí, en Puerto Cabello, se había abroquelado Monteverde.

Por su parte, el teniente coronel Florencia Guanare marchó a Guanare para prevenir el ataque de Yáñez.

Ramón García de Sena fue nombrado jefe de la división enviada a Coro, desde donde avanzaban con un millar de hombres el jefe mestizo de fuerzas indias Reyes Vargas y el cura franciscano Torrellas.

El grueso del ejército patriota se concentró en Valencia, adonde se dirigió Bolívar el 17 de agosto de 1813, mientras el oficial español del ejército patriota, Campo Elías, era despachado a los valles del Tuy para conjurar el peligro de las rebeliones de negros esclavos, pardos y delincuentes comunes que se habían pronunciado por el rey y asolaban la región.

Tuvo algunos éxitos iniciales pero la rebelión reverdeció cuando Campo Elías regresó a Caracas llamado por Bolívar. Sucesivas expediciones enviadas a la región al mando de Manuel Echandía y el coronel Juan Bautista Arismendi fueron derrotadas por los alzados.

Mientras tanto, Bolívar, Urdaneta y Girardot, desde Valencia, organizaban el asedio a Puerto Cabello. El primer asalto se llevó a cabo el 26 de agosto. En los días sucesivos los patriotas fueron estrechando el cerco y ocupando posiciones. La primera oferta de canje de prisioneros que Bolívar le hizo a Monteverde el día 30 fue rechazada por el jefe realista.

5

El 1 de setiembre, Zuazola, uno de los jefes realistas más sádicos y sanguinarios, abandonó con sus tropas la fortificación del pueblo interior de Puerto Cabello que fue ocupada por los patriotas. Zuazola fue tomado prisionero y ofrecido en canje por el coronel Jalón, un español que combatía junto a los patriotas. Una vez más, Monteverde rechazó el canje e hizo enviar una carta, firmada por su oficial el mayor general Quero, que decía: «El señor Capitán General, cuya humanidad ha sido bien conocida en Venezuela, se halla horrorizado de las crueldades cometidas contra los europeos por don Simón Bolívar, por tanto se ve en la dura necesidad de valerse de la recíproca y ha resuelto que por cada uno que en lo sucesivo sea sacrificado ahí, lo hará con dos de los que se hallan en estas prisiones.» Se asustaba el muerto del degollado. Urdaneta respondió en una escalada de atroz violencia que caracterizó la cruel guerra venezolana: «Si el intruso ex gobernador Monteverde está pronto a sacrificar dos americanos por cada español o canario, el Libertador de Venezuela está pronto a sacrificar seis mil españoles y canarios que tiene en su poder por la primera víctima americana.»

La siguiente víctima no fue americana. A la bestia de Zuazola, célebre por su perversa crueldad, le pusieron la soga al cuello «y penando mucho le hicieron en la horca algunos tiros», recuerda Urdaneta. Monteverde ordenó colocar a los prisioneros patriotas en los lugares más expuestos a los ataques de las armas patriotas para que murieran baleados por los suyos. Los que sobrevivían eran mandados fusilar a la vista de las tropas sitiadoras. Bolívar ordenó que se siguiera la misma política con los prisioneros realistas. Nadie daba cuartel.

Para detener este horror, Bolívar ofreció el canje de tres mil realistas prisioneros por 122 patriotas que aún quedaban vivos. Monteverde no se dignó contestar la propuesta: sabía que toda Venezuela se había alzado en favor del rey y contra el ejército bolivariano y no tenía más que esperar para hacerse con la victoria. Si algo fallaba, las tropas expedicionarias peninsulares que había solicitado estarían próximas a llegar a suelo venezolano: una flota, que había salido de Cádiz y llegaba al puerto de La Guaira el 13 de setiembre de 1813, transportaba a Venezuela mil doscientos soldados regulares al mando del coronel José Miguel Salomón. Los laureles de Bolívar parecían estar a punto de marchitarse.

6

Los realistas se organizaron por doquier en forma de guerrillas que planteaban la lucha en estos términos. Daba igual que las fuerzas regulares de Bolívar los derrotaran aquí, allá y acullá. Al poco tiempo reaparecían y seguían hostigando sin descanso y minando las de por sí escasas fuerzas de Bolívar.

Un intento de capturar la flota llegada de España haciéndoles creer que La Guaira, adonde arribaron, se hallaba en manos de los realistas fracasó. Los hombres del coronel Salomón lograron huir con pocas pérdidas y recalar en Puerto Cabello el 16 de setiembre, donde reforzaron considerablemente las fuerzas de Monteverde.

«Este acontecimiento —recuerda Urdaneta en sus *Memorias*— varió la escena; y si antes habían podido los patriotas encerrar a Monteverde con tan pocos esfuerzos y batirlo cuantas veces intentó salir, de allí en adelante era muy superior a ellos y la suerte de un combate en Puerto Cabello no era muy segura. Podía aquél disponer de doble fuerza y de una inmensa artillería de que sus contrarios carecían. Además, la llegada de la expedición iba a dar un valor inmenso para la reacción de las tropas que habían sido dispersadas, no destruidas, en la primera campaña y que ya asomaban por todas partes. Los pueblos mismos habían salido del engaño de que las fuerzas patriotas eran tan numerosas como se había dicho y empezaban a mostrarse tan adictos a los españoles (y esto con muy pocas excepciones) como lo habían sido a Bolívar cuando llevaba su marcha triunfal. Era preciso variar de plan y muy pronto. Concebimos, pues, que retirándonos de Valencia, el enemigo nos seguiría y allí podríamos presentar una batalla en que no tendrían artillería (de los barcos) los españoles y en que los patriotas tendríamos caballería.»

7

Bolívar levantó el sitio de Puerto Cabello con todas sus tropas el 17 por la noche. Pero el ejército realista no lo persiguió.

Pese a todo, el general patriota se desplazó hasta la llanura de Naguanagua y allí se quedó a esperar a Monteverde. Pero éste sólo desplazó la vanguardia de su ejército, de quinientos hombres, que lo situó, atrincherado, en el cerro de Bárbula, que domina Naguanagua.

La maniobra desconcertó a Bolívar que, una vez que hubo averiguado que no se trataba de una trampa, atacó con la infantería a los realistas, que huyeron en desbandada. La victoria, no obstante, fue cara para Bolívar: una bala perdida mató a uno de sus mejores jefes, el coronel granadino Girardot, mientras le decía a Urdaneta: «Mire usted, compañero, cómo huyen estos cobardes.»

Las tropas granadinas reclamaron el derecho a la venganza por la muerte de su jefe y Bolívar se lo concedió. Él con los heridos se dirigió a Valencia para hacerle las exequias a Girardot mientras el grueso de la fuerza, al mando del comandante granadino D'Elhuyar, marchó al encuentro de los realistas de Monteverde y la tropa recién llegada de España que acampaban en Agua Caliente o Las Trincheras.

Allí, en la madrugada del 3 de octubre, lanzaron un ataque a ultranza con bayoneta calada que terminó con el triunfo patriota y una enorme cantidad de bajas, entre ellas, el propio Monteverde, que tuvo que replegarse con sus tropas a Puerto Cabello, con la mandíbula destrozada por un balazo.

8

Mientras tanto, Bolívar, en Valencia, tributaba a su oficial un homenaje de una desmesura tropical con su hispánico toque necrofílico: decretó un mes de luto, bautizó al cuarto batallón con el nombre del difunto, ordenó que el apellido Girardot se inscribiera en todos los registros públicos de los municipios venezolanos como el primer bienhechor de la patria, dispuso que se pagaran los sueldos del héroe granadino para siempre a sus descendientes. Pero además dispuso enviar sus restos a Antioquia de Nueva Granada, ciudad natal de Girardot, pero antes, arrancarle el corazón para depositarlo en un mausoleo en Caracas. Él mismo se ocupó de llevar la víscera de Girardot a la capital venezolana.

Poco después recomenzó Bolívar el sitio de Puerto Cabello.

A comienzos de octubre, Campo Elías fue enviado a Calabozo a reunirse con las tropas del coronel Tomás Montilla y batir a las tropas de Boves y Yáñez, que se encontraban en los Llanos.

El 14 de octubre se produjo el encuentro de los dos ejércitos en el caño de Mosquitero, afluente del Orituco. Tras cuatro horas de feroz batalla y trescientos muertos en las filas patriotas, Boves y su segundo, Morales, fueron puestos en fuga. Campo Elías, desobedeciendo las órdenes de su jefe, hizo fusilar a todos los prisioneros. «Los perseguiré de muerte hasta terminar esta mala raza» (la española), decía en su parte de guerra, sin ignorar que él era un oficial peninsular.

Menos fortuna tuvo Bolívar. El Libertador había aprovechado su estancia en Caracas a raíz de las exequias de Girardot para aumentar sus fuerzas con efectivos enviados desde Oriente por Mariños. De tal modo que las tropas al mando de Bolívar y Urdaneta llegaron a mil trescientos hombres. Su objetivo era, después de desbaratar a Boves y Morales en los Llanos, aniquilar el ejército realista de Ceballos que se encontraba en Barquisimeto, con lo que la amenaza proveniente de Coro y Maracaibo se desvanecería.

Bolívar se apresuró a atacar sin esperar sus refuerzos. Y aconteció lo increíble: después de horas de combate y cuando las fuerzas patriotas llevaban todas las de ganar, un corneta, por su cuenta, tocó retirada.

Obedientes, los soldados de Bolívar emprendieron el repliegue, pero en el mayor de los desórdenes, ante lo cual los realistas recuperaron la ofensiva y acabaron derrotando a las fuerzas de Bolívar, que huyeron en estampida. La llegada de los Dragones de Caracas permitió salvar a trescientos fugitivos. Todos los oficiales prisioneros patriotas fueron fusilados o rematados allí donde caían.

9

La derrota de Barquisimeto terminó de convencer a Bolívar de que carecía de fuerzas para ocupar grandes espacios y luchar contra una población que, en su mayoría, le era adversa. El realista Yáñez había hecho una marcha triunfal desde el Apure, de donde salió con mil hombres, y llegó a Guanare con más de dos mil, gracias a las adhesiones espontáneas que tuvo. Es cierto que la mayoría eran maleantes y bandidos que asolaban la región, que se unieron atraídos por la posibilidad del botín, los raptos y violaciones, los robos legalizados.

Decidió Bolívar reunir sus fuerzas para atacar uno por uno a sus más temibles enemigos y levantar el sitio de Puerto Cabello, incluso. Probablemente no le quedaba otra alternativa. Y comenzó con Yáñez, su adversario de más cuidado.

Éste había invitado al coronel Salomón —que remplazaba en Puerto Cabello a Monteverde— para que se uniera a él y juntos atacaran a Bolívar. Pero el peninsular creyó que era más prudente atacar Valencia, que había quedado medio indefensa. Esperó a que Bolívar levantara el cerco y salió con sus fuerzas hasta el valle de Vigirima dispuesto a avanzar sobre Guacaro y, desde allí, sobre Valencia. Ribas y Bolívar ocuparon Guacaro y lanzaron la ofensiva contra las fuerzas de Salomón que, sobrepasadas, tuvieron que huir protegidas por las sombras de la noche.

Salomón, de acuerdo con Yáñez, había intentado inmovilizar a Bolívar en Vigirima a fin de retardar su ataque a Yáñez hasta que a éste le conviniera. Mientras esto se producía, Yáñez se reunía con Ceballos en la villa de Araure dispuestos ambos a atacar al caraqueño.

10

Bolívar concentró sus efectivos en San Carlos para marchar sobre Barquisimeto, donde creía que se encontraba Ceballos. Reunió los restos dispersos de unidades derrotadas en un batallón al que bautizó el Sin Nombre para que sus miembros buscaran en una acción heroica su propia denominación. Con dos mil infantes y un millar de jinetes, más una reserva de unos dos mil hombres desarmados más, se puso en camino el 1 de diciembre.

Dos días más tarde, por algunos guerrilleros que capturó Bolívar, se enteró de que Ceballos y Yáñez con 3 700 hombres estaban reunidos en Araure y hacia allí se dirigió el ejército bolivariano.

El 4 acamparon frente al pueblo. Al día siguiente los realistas consiguieron emboscar a la vanguardia y aniquilaron quinientos cazadores, una de las mejores tropas de Bolívar, que se negaron a huir para salvar el pellejo.

«La masa de caballería era colecticia (novicia) en su mayor parte y sólo los Dragones ofrecían esperanzas de buen suceso —rememora Urdaneta—. Se sabía que, desde el campo de batalla hasta San Carlos, todo el territorio estaba plagado de guerrillas (realistas) que ascendían a mil hombres que no permitían comunicaciones y eran suficientes para no dejar escapar a nadie en caso de una derrota, ni se contaba con una reserva. De suerte que una batalla empeñada en aquel día podía mirarse como decisiva para la República y de vida o muerte para los venezolanos combatientes, al paso que tenían al frente una división más numerosa y que hasta allí había marchado victoriosa desde Coro y desde Apure.»

La batalla se prolongó a lo largo de seis horas y terminó con un claro triunfo de Bolívar. Los realistas sufrieron un millar de bajas, diez cañones, dos banderas (una del batallón Numancia), mil fusiles y nueve mil pesos en sacos de plata. Del lado patriota hubo ochocientos muertos incluyendo los quinientos cazadores de la vanguardia, que fueron los primeros en caer.

Los Sin Nombre, que habían combatido con arrojo, se ganaron una denominación para su unidad: el batallón Vencedor de Araure, que se quedó dueño de la enseña del Numancia que había arrebatado en el campo de batalla.

Bolívar ordenó una persecución implacable de los vencidos. Junto a Campo Elías alcanzó al grupo principal de fugitivos y a treinta kilómetros de Araure capturó a seiscientos oficiales y soldados realistas que fueron inmediatamente fusilados en represalia por las atrocidades cometidas en Brinas, Barquisimeto y Puerto Cabello y en venganza por la matanza de los quinientos cazadores.

No obstante, Ceballos consiguió escapar por el Orinoco y refugiarse en Curaçao, de donde regresó a Coro. Yáñez salvó su vida huyendo por el río Apure.

11

Respaldándose en su triunfo, Bolívar lanzó una proclama cuando iba camino de regreso a Valencia con la intención de conseguir el apoyo de la población. «Mis sentimientos de humanidad no han podido contemplar el estado deplorable a que os habéis reducido vosotros, americanos, demasiado fáciles en alistarse bajo las banderas de los asesinos de vuestros conciudadanos. El gobierno legítimo de vuestra patria os abre por última vez la puerta de la felicidad. Elegid, compatriotas, a venir a disfrutar de la libertad bajo el gobierno independiente o desesperar de miseria en los bosques o víctima de una justa persecución.»

Nada consiguió Bolívar con su proclama, fuera de sus filas, a pesar de que sus palabras y promesas de indulto fueron respaldadas con una pastoral del arzobispo Coll y Prat que describía la situación en la que estaban los venezolanos: «El hurto, la rapiña, el saqueo, los homicidios y asesinatos, los incendios y devastaciones, la virgen estuprada y el llanto de la viuda y del huérfano, el padre armado contra el hijo, la nuera en riña con la suegra y cada uno buscando a su hermano para matarlo; los feligreses emigrados, los párrocos fugitivos, los cadáveres tendidos en los caminos públicos; esos montones de huesos que cubren los campos de batalla y tanta sangre derramada en el suelo americano, todo está en mi corazón. ¡Gran Dios, ¿es acaso Venezuela aquella gran nínive sanguinaria, al fin destruida y asolada?!»

Como corolario de la inutilidad de las palabras valga señalar que los eclesiásticos que acompañaron al arzobispo y que luego siguieron viaje a Villa de Cura fueron capturados por las tropas de Boves y enviados a las mazmorras de la Guayana. En Caracas, Cristóbal de Mendoza, gobernador de la ciudad, realizaba, mientras tanto, un gesto humanitario con la intención de que su ejemplo cundiera: para celebrar la victoria de Araure dio la libertad a 177 peninsulares y canarios. No obtuvo ningún eco del lado realista.

XIV

EL AMARGO SABOR DE LA DERROTA

«La victoria de Araure había derrotado y dispersado las masas enemigas y los jefes españoles se habían retirado a sus antiguas líneas de operaciones —evalúa el general Urdaneta en sus *Memorias*—. Pero los pueblos pronunciados por la causa del rey hacían más o menos esfuerzos para sostenerlo y por todas partes se levantaban guerrillas animadas con la esperanza de que los realistas volvieran a triunfar.»

En general, la población había aceptado pasivamente la formación de gobiernos patrios en la creencia de que se trataba de un hecho inevitable ante la falta de autoridades en España: pronto la verdad surgiría dejando en evidencia las mentiras revolucionarias.

El orden colonial había sido remplazado por el vacío. Las juntas locales no habían estado a la altura de las necesidades políticas y administrativas. Los criollos, eliminados de los altos cargos por la administración colonial, carecían de experiencia política. A ello se sumaron los disparates cometidos en nombre de la pasión revolucionaria o de la patología personal, circunstancias que también contribuyeron a que se perdiera el entusiasmo por la causa patriota. Para la percepción de un hombre corriente, las revoluciones sólo habían traído el desorden, la miseria, el caos y cataratas de sangre inútilmente derramada. En medio de la tragedia de la guerra por la independencia, la mayoría recordaba con nostalgia la tranquila y ordenada vida colonial y ansiaba restablecer el orden que España había impuesto a lo largo de trescientos años.

Si algo faltaba para inclinar las simpatías en favor de los realistas, estaba el convencimiento generalizado de que, liberado Fernando VII y expulsados los franceses de la península, Madrid se disponía a enviar un poderoso ejército para reconquistar a sangre y fuego sus posesiones americanas.

2

Bolívar estaba, de todos modos, decidido a proseguir su lucha con la esperanza de batir militarmente a los realistas antes de que la situación fuera irreversible.

Para que el asedio a Puerto Cabello resultara efectivo pidió a Mariño que bloqueara a los fernandinos por mar, vía por la cual recibían provisiones y se mantenían comunicados con Puerto Rico. El 2 de diciembre, una escuadrilla patriota comandada por Manuel Piar y Francisco Azcúe bloqueó Puerto Cabello. A Salomón se le planteó el dilema de encerrarse allí y quedar incomunicado o, de lo contrario, ir a reunirse con Ceballos en Barquisimeto. El 5 de diciembre, al frente de mil trescientos hombres, se dirigió a unir sus fuerzas a las de Ceballos y dejó a sólo seiscientos soldados defendiendo Puerto Cabello. Pocas semanas más tarde, Bolívar ordenaba la continuación del asedio por tierra de la plaza fuerte.

Antes de llegar a destino, Salomón se enteró de que Barquisimeto había sido ocupado por Villapol, de manera que cambió de rumbo y, asediado permanentemente por los patriotas, llegó a Coro con 750 soldados, donde quedó virtualmente neutralizado.

Mientras estos hechos acontecían, Boves, en los Llanos, había conseguido rehacerse rápidamente de la derrota infligida por Campo Elías y, aprovechando que éste había sido convocado a la reunión de fuerzas dispuestas por Bolívar, recomenzó las hostilidades asaltando el pueblo de Rastro, al norte de Calabozo. Allí, tras pasar a cuchillo a la guarnición, saqueó e incendió todo lo que halló a su paso.

Pedro Aldao, un militar gallego que luchaba ardientemente en el bando patriota, jefe del destacamento de Calabozo, salió a buscar a Boves. Advertido de que venía con fuerzas muy superiores a las suyas, intentó replegarse sobre Calabozo, pero pronto se vio envuelto por los llaneros de Boves.

El bravo gallego decidió morir peleando y se encerró con cuatro cañones en un corral, desde donde combatió con los suyos hasta caer exánime. Los llaneros degollaron a todos los supervivientes: ochocientos patriotas murieron ese día, a los que se sumaron los 87 ciudadanos ejecutados sumariamente por orden de Boves en Calabozo. Las mujeres calaboceñas, sospechosas de simpatías por los republicanos, fueron confinadas en una isla del río Apure. Las propiedades de los degollados, y por degollar, las repartió Boves entre sus oficiales y soldados.

Así reinició su fulgurante carrera el Atila de los Llanos. Desde Calabozo, con 3 300 soldados, se dirigió al norte. Campo Elías estaba acantonado en San Juan de los Morros con una fuerza de 1 800 hombres. Cuando vio que se acercaba el enemigo se replegó hacia Villa de Cura y, antes de llegar, se detuvo en la quebrada de La Puerta, donde esperó a los llaneros de Boves en posiciones que juzgó convenientes.

Tras varios éxitos iniciales de Campo Elías, la fortuna se le escapó y sus fuerzas acabaron alanceadas por los soldados de Boves, que carecían del más elemental sentido de la piedad para con el enemigo.

El botín en artillería, armas y municiones cobrado a Campo Elías le permitió a Boves armar a mayor número de llaneros e incrementar sus fuerzas considerablemente. El asturiano fue gravemente herido en la refriega.

3

«A estas alturas —dice Encina—, la guerra había tomado caracteres de ferocidad inenarrables. Los llaneros ultrajaban a las mujeres que lograban coger, sin distinción de edad, hasta que expiraban. Y a las que sobrevivían las degollaban si intentaban huir o se resistían a seguir a su violador. A falta de acémilas se las amontonaba en carros que seguían al ejército. A otras se las destinaba al transporte de los equipajes y se las arreaba a latigazos. Las matanzas de hombres, de ancianos y de niños por el solo sadismo de matar jalonaron de cadáveres mutilados el paso de las hordas llaneras. Los asesinatos y las orgías de lujuria ya no eran el resultado del odio entre bandos en estado delirante: eran la resurrección de los instintos primitivos, de la fiera del prehombre.»

Boves se encontraba ya en condiciones de asaltar Caracas y sus inmediaciones, en donde Bolívar se había visto sorprendido por la noticia de la rapidez de las acciones de los llaneros.

4

A comienzos del año 1814, el Libertador había resuelto rendir cuentas al pueblo caraqueño de su actuación a lo largo de los últimos ciento cincuenta días de 1813 y devolver el poder que se le había conferido.

Con su proverbial modestia y con su refinado sentido de la teatralidad, Bolívar le recordó a la asamblea caraqueña que «para salvaros de la anarquía y destruir los enemigos que intentaron sostener el partido de la opresión admití y conservé el poder soberano. Os he dado leyes; os he organizado una administración de justicia y de rentas; en fin, os he dado un gobierno». Pero, añadió, dando una lección de teoría democrática, «yo no soy el soberano. Vuestros representantes deben hacer vuestras leyes; la hacienda nacional no es de quien os gobierna. Todos los depositarios de vuestros intereses deben demostraros el uso que han hecho de ellos. Juzgad con imparcialidad si he dirigido los elementos del poder a mi propia elevación o no he hecho el sacrificio de mi vida, de mis sentimientos, de todos mis instantes por construiros una nación, por aumentar vuestros recursos; o más bien por crearlos».

Obviamente, esta clase magistral de democracia republicana la daba Bolívar frente a un grupo de asambleístas que le era totalmente favorable, como parte de una escenificación con un guión prestablecido. Tal como era de esperar, la asamblea le pidió a Bolívar que mantuviera los poderes que le había otorgado. Pero el Libertador insistió, rogándoles que eligieran a sus representantes y magistrados y suplicándoles que «me eximáis de una carga superior a mis fuerzas». Como respuesta se aprobó por aclamación la propuesta de que Bolívar fuera nombrado Dictador «para que constituyéndose en primer magistrado salvara la República y al mismo Bolívar de la especie de dependencia con que estaba en calidad de comisionado del Congreso de Nueva Granada».

Tras simular que se resistía una vez más, el flamante Dictador aceptó, «a mi pesar», y prometió, les dijo, «no oprimiros con el cetro despótico» y que el mismo pasará «a vuestros representantes en el momento que pueda convocarlos. No usurparé una autoridad que no me toca. Yo os declaro, pueblos, que ninguno puede poseer vuestra soberanía, sino violenta e ilegítimamente. Huid del país donde uno solo ejerza todos los poderes: es un país de esclavos. Vosotros me tituláis el Libertador de la República: yo no seré su opresor. Mis sentimientos han estado en la más terrible lucha con mi autoridad. ¡Compatriotas!: creedme que este sacrificio me es más doloroso que la pérdida de la vida. Confieso que ansío impacientemente el momento de renunciar a mi autoridad». Ese momento iba a llegar, muy a su pesar, antes de lo que él mismo esperaba.

5

El Dictador ordenó fortificar las veinte manzanas centrales, en torno a la plaza mayor de Caracas, con trincheras y otras defensas para evitar la filtración de guerrilleros y los ataques de fuerzas regulares, una medida de escaso valor militar y que no cambiaba el carácter altamente vulnerable de la capital venezolana.

Bolívar estaba en Valencia cuando recibió la noticia de la derrota de Campo Elías a manos de Boves en La Puerta, Villa de Cura, a ochenta kilómetros de allí, en la orilla opuesta del lago Valencia o laguna de Tacarigua, como se llamaba entonces. También se enteró de que uno de los oficiales de Boves, Rosete, había invadido los valles al sur de Caracas.

El pánico cundió en la capital venezolana. Un grupo de empavorecidos decidió vengar por anticipado su propia muerte, que parecía inminente ante el avance de Boves, asesinando a todos los prisioneros realistas.

Leandro Palacios, comandante militar de La Guaira, se negó a semejante sugestión pero preguntó a Bolívar qué criterio adoptar ante el problema de tener tantos prisioneros y tan pocos guardianes. El Libertador respondió: «Ordeno a V. S. que inmediatamente se pasen por las armas todos los españoles presos en esas bóvedas y en el hospital sin excepción alguna.» Una gestión del arzobispo Coll y Prat se estrelló contra la inmutable decisión de Bolívar.

En la plaza frente a la catedral, en las de San Pablo y la Trinidad, entre el 12 y el 16 de febrero, 860 españoles y canarios fueron asesinados a lanzazos, a machetazos o atravesados por sable, para ahorrar munición, o sentados en un banquillo y fusilados a medida que iban siendo sacados de las mazmorras de Caracas y La Guaira. Entre ellos había numerosos ciudadanos honorables cuyo único delito era haber nacido en la península y/o sostener el orden monárquico como mejor solución para Venezuela.

En la orgía de sangre que se vivió esos días destacaba lo que Juan Vicente González en su *Biografía de José Félix Ribas* llama las «ninfas del suplicio», jóvenes que «sobre aquel anfiteatro corrían locas de placer, vestidas de blanco, engalanadas con cintas azules y amarillas» y «bailaban el inmundo Palito[1] sobre la sangre y los sucios despojos».

Para Bolívar sus víctimas eran todos «monstruos» como los calificó, justificándose en una carta dirigida

1. Danza popular con connotaciones sexuales.

al arzobispo. «El enemigo, viéndonos inexorables, a lo menos sabrá que pagará irremisiblemente sus atrocidades y no tendrá la impunidad que lo alienta», añadía en el documento.

A carniceros como Boves, Morales o Rosete, mal podían impresionarles estas matanzas, como de hecho ocurrió. El inútil y cruel genocidio ordenado por el Libertador sólo fue una contribución más a la guerra a muerte que él mismo había declarado y que encontró devotos y sádicos cultores en uno y otro bando, por igual.

6

En vez de esperar a las fuerzas de Boves en la capital, Bolívar dispuso que Ribas, con un millar de hombres y cinco cañones, se adelantara a La Victoria, población que ocupó el 10 de febrero. Estaba desierta pues sus habitantes, aterrorizados, habían huido ante la llegada de las avanzadas realistas. En ese pueblo se le unió a Ribas un batallón de caballería al mando de Mariano Montilla, que sumó unos cuatrocientos hombres. Esos mil cuatrocientos soldados tenían que enfrentarse a los cuatro mil hombres que mandaba Morales, el segundo de Boves.

El 12 de febrero, al mismo tiempo que comenzaban las ejecuciones en Caracas, las fuerzas realistas irrumpían en La Victoria. Se trabaron en un combate feroz de fusilería que se prolongó durante varias horas. A media tarde, Ribas, que estaba en una situación desesperada, recibió el inesperado auxilio de Campo Elías que, al frente de doscientos infantes e igual número de jinetes, venía en su apoyo por orden de Bolívar. Esta fuerza desconcertó a Morales, que acabó perdiendo los papeles y retirándose de la población con una pérdida de ochocientos combatientes muertos.

7

El día anterior, ochenta kilómetros al oriente de La Victoria, otro oficial de Boves, Rosete, había entrado en Ocumare del Tuy con dos mil hombres y pasado a cuchillo a la guarnición y a trescientos vecinos, la mayoría mujeres y niños que se habían refugiado en la iglesia.

Ocumare se encuentra a menos de setenta kilómetros de Caracas de modo que la noticia produjo una nueva ola de pavor en la capital. Ribas salió de La Victoria en auxilio de los caraqueños mientras Bolívar se dirigía desde Valencia a San Mateo, población equidistante de Valencia y de Caracas, donde había resuelto concentrar sus fuerzas, en su propia finca.

En el camino a la capital, Ribas batió a Rosete y lo puso en fuga hacia Taguay, dispersando sus fuerzas. Pero la derrota hizo poco efecto a las fuerzas de Boves, quien restableciéndose de sus heridas en Villa de Cura había logrado reunir siete mil hombres con los aportes espontáneos de varios caudillos llaneros.

El 27 de febrero, cuando aún no estaba repuesto de sus heridas, Boves, al frente de sus hombres, se presentó en San Mateo, donde Bolívar se había hecho fuerte con tres mil hombres. Atacó al día siguiente y se generalizó un combate que duró más de diez horas y en el cual Villapol perdió la vida y Campo Elías fue herido de gravedad. Al anochecer, Boves, también herido en el muslo, tuvo que retirarse dejando unos ochocientos hombres suyos muertos frente a San Mateo.

Pero Boves no estaba vencido. Se quedó en Villa de Cura esperando la llegada de las fuerzas sobrevivientes de Rosete y los ejércitos de Coro y Apure.

Por su parte, a Bolívar, impedido de moverse de San Mateo, sólo le quedaba esperar a las fuerzas de Mariño, que había prometido unirse a él, que venía por el Guárico.

A mediados de marzo, Rosete, recompuesta su fuerza, volvió a ocupar Ocumare y amenazó a Caracas, por lo que Bolívar despachó a la capital a cuatrocientos hombres al mando de Mariano Montilla. La ocasión fue aprovechada por Morales para atacar San Mateo en varias oportunidades, pero sin éxito.

8

Arismendi, gobernador militar de Caracas, decidió por su cuenta formar un pequeño ejército de ochocientos hombres bisoños, la mayoría jóvenes estudiantes, y salir al encuentro de Rosete. Los llaneros alancearon ferozmente a unos setecientos republicanos y sólo un centenar consiguió regresar con Arismendi a Caracas.

El siguiente fue Ribas, quien enfermo y débil, acostado en una litera, marchó al frente de novecientos hombres contra Rosete, que se atrincheró en Ocumare. Esta vez, el 20 de marzo, las fuerzas patriotas desbarataron por completo a los llaneros de Rosete, que consiguió salvarse huyendo a toda carrera hacia el sur, donde tuvieron que enfrentar a las fuerzas de Mariño que venía desde Oriente a unirse a Bolívar.

Boves, noticiado de la llegada de las fuerzas de Mariño, decidió atacar antes de que éstas llegaran. El 25 de marzo se lanzó a la conquista de las posiciones del ejército de Bolívar y se trabó en feroz combate.

Cuando tras muchas horas de luchas encarnizadas Bolívar quedó reducido a su ala derecha y al centro, creyendo que estaba condenado a fenecer, se bajó del caballo, mandó desensillarlo y situándose en medio de las tropas les dijo que pelearía junto a ellos hasta triunfar o morirían todos juntos. Los testigos están de acuerdo en que la capacidad sobrehumana de Bolívar de resistir las peores situaciones imaginables se puso en evidencia en esta batalla de San Mateo más que en ninguna otra parte.

Empero es el episodio de Ricaurte lo que hizo famosa esta batalla. Al frente de cincuenta hombres, Ricaurte fue encargado de defender la casa principal de la hacienda de Bolívar, donde se había almacenado la pólvora. Rodeado por las fuerzas de Boves, ordenó a su gente que se replegara mientras él se inmoló haciendo estallar el polvorín.

Hay otra versión más fidedigna contada por el propio Bolívar a Peru Lacroix varios años más tarde: «Yo soy el autor del cuento; lo hice para entusiasmar a mis soldados y atemorizar a los enemigos y dar la más alta idea de los militares granadinos (el héroe de San Mateo era de este origen). Ricaurte murió el 25 de marzo del año 14 en la bajada de San Mateo, retirándose con los suyos. Murió de un balazo y un lanzazo y lo encontré en dicha bajada tendido boca abajo, ya muerto y las espaldas quemadas por el sol.»

Tras nueve horas de combates y ante la obstinada resistencia de los patriotas a sus ataques, Boves se vio obligado a replegarse a sus posiciones, seriamente dañado y sin posibilidad de intentar en seguida un nuevo ataque.

9

Ante su fracaso, Boves decidió ir a buscar a las fuerzas de Mariño, más numerosas que las de Bolívar, para batirlo. El 31 de marzo se encontraron ambos ejércitos en Bocachica, entre La Puerta y Villa de Cura, y se trabaron en tenaz lucha que finalizó con la retirada de Boves en dirección a Valencia, hostigado por Bolívar. Allí esperaba el caudillo llanero encontrarse con Ceballos que, desde el 29 de marzo, tenía cercada la ciudad que obstinada y eficazmente defendía Urdaneta.

Boves comunicó a Ceballos que Bolívar y, tal vez, Mariño venían persiguiéndolo y, probablemente, se acercaban para batir a los sitiadores. El jefe español decidió levantar el cerco y dirigirse a San Carlos, mientras el caudillo de Calabozo volvía a los Llanos con sus fuerzas.

Mariño, mientras tanto, había unido, al fin, sus fuerzas a las de Bolívar el 22 de marzo. Éste le encargó que atacara a Ceballos en San Carlos. Pero en su primera acción en Occidente, Mariño no tuvo suerte: el general realista le infligió una sonora derrota en El Arao, cerca de San Carlos.

Todas estas acciones contribuyeron a devastar el país aún más si cabía, pero no hicieron nada en favor de la causa patriota. Por doquier se veían ruinas, cadáveres, destrucción, emigrados famélicos, cultivos abandonados o incendiados, actividades económicas paralizadas. El mismo Bolívar había visto arrasada su hacienda.

El 14 de mayo, en una proclama dirigida a sus hombres, describió con tintes sombríos la realidad que él había contribuido a crear. «La guerra se hace más cruel y están disipadas las esperanzas de pronta victoria con que os había excitado. Nuestros propios hermanos, unidos por siglos de esclavitud a nuestros tiranos, dilatan, Dios sabe por cuánto tiempo, la época de la libertad.» Pero más adelante admite: «Terribles días estamos atravesando: la sangre corre a torrentes: han desaparecido los tres siglos de cultura, de ilustración, de industria.»

10

Ceballos se encontraba en San Carlos sin municiones y Boves se había vuelto a los Llanos a reclutar más gente, pero estaba igualmente falto de pólvora y cartuchos. El general realista Juan Manuel Cagigal y Martínez se puso en marcha desde Coro para auxiliar al ejército de San Carlos.

Enterado Bolívar resolvió ir a su encuentro, que se produjo a escasos kilómetros de Valencia el 16 de mayo de 1814. Los ejércitos maniobraron uno frente al otro y se libraron algunas escaramuzas. Pero una fuerte lluvia y la indecisión de ambos jefes hicieron que la batalla no se librara nunca. En cambio, se produjeron encuentros singulares entre campeones de uno y otro bando ante la mirada de los dos ejércitos, en una curiosa reedición de los desafíos bíblicos o troyanos. Jugo, Sedeño, Arrioza y Carbajal se distinguieron en estas luchas individuales cuerpo a cuerpo.

Cagigal, un hombre cauteloso en extremo, resolvió replegarse a la espera de las fuerzas de Boves a la sabana de Carabobo, mientras Bolívar regresaba a Valencia. Pero no por mucho tiempo. El Libertador se dio cuenta de que tenía que atacar antes de que Cagigal recibiera los refuerzos. El 27 de abril estuvieron ambos ejércitos enfrentados. El general realista contaba con unos seis mil hombres y Bolívar con cinco mil, pero la moral del ejército hispánico era notablemente superior a la de la fuerza patriota, debilitada, además, por constantes deserciones. Tanto que en el ataque inicial, a las nueve de la mañana del 29 de mayo, Urdaneta se colocó en la primera línea y Bolívar, Ribas y Mariño en la segunda, en la que seguramente iba a decidirse la batalla, para alentar a sus decaídos soldados.

La suerte de las armas favoreció a un Bolívar mucho más decidido y arrojado que su oponente. Cagigal y Ceballos huyeron en desbandada dejando a trescientos de sus soldados muertos, mil cien prisioneros y armamento. La batalla de Carabobo había destruido los cuerpos militares regulares de los realistas, aunque no había tocado a la peligrosa guerrilla ni con el apoyo de la población civil a los defensores de Fernando VII.

«Es menester repetir siempre —dice Urdaneta— que todo el país les era adicto, que no había un habitante que no tomase interés en la causa del rey y que todo faccioso se creía autorizado para levantar la partida; gritar "¡Viva el rey!", robar y matar, seguro de que merecía la aprobación de los españoles.»

Esto le impedía a Bolívar aprovechar la desarticulación del enemigo. El regente de la Audiencia de Caracas, José Francisco Heredia, en sus *Memorias...*, cree que Bolívar no supo sacar ventaja de esta situación estrechando el cerco a Puerto Cabello y saliendo a buscar a Boves sin darle tiempo a consolidarse. «Perdieron (los patriotas) un mes en las fiestas triunfales con que celebraban cada una de sus ventajas y a principios de julio se hallaron los dos famosos Libertadores (Bolívar y Mariño) con una nube de caballería compuesta de zambos y negros que amenazaba Caracas por la sabana de Ocumare y a los valles de Aragua y Valencia por la villa de Cura.» Eran las fuerzas de Boves que Bolívar había dejado organizarse mientras él se dedicaba a gozar de la compañía de su amante Josefina Machado en una quinta cercana a Caracas.

Bolívar se vio obligado a ponerse nuevamente en movimiento a mediados de junio cuando las avanzadas de la caballería llanera empezaron a aproximarse a Caracas. Boves había reunido en la población de Ortiz tres mil hombres con los que avanzaba hacia Caracas.

Cerca de la Villa de Cura, en La Puerta, donde ya se habían librado otras batallas, chocaron ambos ejércitos. La caballería de Bolívar fue totalmente destrozada por el empuje feroz de los llaneros y el mismo Libertador fue forzado a huir a toda prisa rumbo a Caracas.

En la acción, Bolívar perdió a hombres de valor: el ministro Antonio Muñoz Tébar, y los oficiales Pedro Sucre, hermano del famoso mariscal, García de Sena, Freites y un millar de hombres muertos en el campo de batalla. El coronel español Jalón, que combatía del lado patriota, cayó prisionero en manos de Boves. Éste lo invitó a comer a su mesa. A los postres, según estaba programado, aparecieron unos sicarios de Boves que degollaron al oficial delante de él. El jefe llanero había dado órdenes de que se asesinara a todo oficial blanco patriota que se presentase prisionero.

Para Bolívar la derrota de La Puerta era el principio del último capítulo de su efímera segunda república.

XV

CONTRA TODA ESPERANZA

El camino a la capital estaba expedito para Boves. Cuatro días después de la derrota de La Puerta, los llaneros ponían sitio a Valencia.

Mientras tanto, en Caracas se amontonaban los pobladores de localidades próximas que iban a buscar refugio en la capital. Cundía el pánico y las discusiones sobre qué hacer frente a la inminente amenaza de las hordas de Boves. Ser blanco, entonces, equivalía a una partida de defunción segura.

Durante aquellos días, en carta a su mujer, un mantuano, Martín Tovar Ponte, le contaba que «el país está perdido y dentro de poco tiempo puede estar en manos de los negros, si Dios no lo remedia. Según me han dicho, la asamblea de San Francisco ha decretado la libertad de todos los esclavos que tomen las armas como también que todos los bienes son comunes, autorizando al ciudadano que se halle con necesidad a tomar lo que quiera donde lo encontrare... Estamos en la anarquía más espantosa y horrorosa que es el mayor mal que puede sobrevenir a un pueblo... En mi marcha que sólo fue hasta las Adjuntas, he visto que tres soldados negros de los nuestros, con fusiles y lanzas, arrancaron dos niñas hermosas e inocentes de las manos de sus padres después de haberles quitado el poco dinero, gallinas y cochinos que tenían, las forzaron y violaron como quisieron llevándoselas al monte».

Bolívar dispuso la evacuación de la población civil

y se aprestó a la defensa. La gente quería huir hacia el mar, de modo que el camino a La Guaira se llenó de gente que, cuando llegó al puerto, descubrió que no había en qué embarcar. Los que tuvieron que quedarse en el muelle fueron asesinados y robados por los esclavos negros que habían decidido empezar la orgía de sangre antes de que llegaran los llaneros.

Pronto se dio cuenta Bolívar de que con los mil doscientos hombres que había logrado reunir no podría defender la capital. Se dispuso, entonces, a evacuar Caracas y poner rumbo al Oriente. Pero era preciso decidir qué hacer con las veinte mil personas, habitantes o refugiados en la capital que, de caer en manos de Boves, serían pasados a cuchillo.

El Libertador resolvió proteger con sus fuerzas a la población civil que quisiera emigrar, dejando a quienes quisieran quedarse librados a su suerte. Entre estos últimos se encontraba la hermana de Bolívar, María Antonia, de treinta y siete años. Realista militante, estaba persuadida de que sus creencias iban a salvarla de la muerte y la depredación de los llaneros. Pero, más sensatamente, su hermano Simón la obligó a huir con él al Oriente y más tarde a Curaçao.

Para tratar de salvar a los que se quedaban y aplacar la furia asesina de Boves, Bolívar nombró una Junta Gubernativa presidida por el arzobispo Coll y Prat, el camaleónico marqués de Casa León y Rafael Escorihuela.

Antes de partir cargó toda la plata labrada de las iglesias caraqueñas en una goleta, *Arrogante Maturinés,* a cargo de Antonio Ascanio y la envió a Cumaná. En la mañana del 7 de julio inició la retirada el ejército bolivariano o lo que quedaba de él, seguidos por la población civil. Junto a Bolívar marchaba su amante Josefina Machado acompañada por la madre y la familia Soublette.

Un testigo narra que «casi toda la emigración iba a pie y como el camino de la montaña de Copaya hacia Barcelona es de lomas fragosas consternaba ver a las señoras y niñas distinguidas, acostumbradas a las suavidades de la vida civilizada, marchar con el lodo a las rodillas sacando fuerzas de las flaquezas para salvar su honra y su vida, amenazadas por la horda de facinerosos que acaudillaba Boves —cuentan las *Memorias de Morán*—. Nuestras tropas les proporcionaban para aliviarlas cuanto estaba en nuestras manos, pero no era posible hacerlo con todas en una emigración tan numerosa, y muchas perecieron de hambre y de cansancio ahogadas en los ríos o devoradas por las fieras que abundan en aquellos bosques».

Bolívar tuvo que poner en juego todo su temple para sobrellevar esos días aciagos. Morales, el segundo de Boves, lo persiguió durante todo el éxodo, matándole gente en la retaguardia o entre los rezagados. Después de veintitrés días de marcha, los restos del malhadado grupo llegaron a Barcelona.

Mientras Bolívar estaba en marcha hacia Barcelona, Mariño, desde esta ciudad, despachó a dos oficiales suyos a Maturín a reunir tropas. Con la gente que llevaron —dos escuadrones de caballería— fueron a unirse con Bermúdez a Aragua de Barcelona, donde finalmente se había logrado concentrar un ejército patriota de unos dos mil doscientos hombres.

Hacia él se dirigió Morales con una fuerza de cuatro mil soldados desde La Victoria. Mientras tanto, el 14 de agosto llegaba a Aragua el general Bolívar con las fuerzas que había logrado salvar de Caracas.

Bermúdez se trabó en discusiones estratégicas con el Libertador, que rechazó la propuesta del primero de encerrarse en la población para resistir el ataque de Morales, muy superior en fuerzas. Esto le habría dado ventajas si Bermúdez hubiese contado con un ejército que acudiese a liberarlo, atacando al enemigo desde el exterior y por la espalda.

Bolívar propuso defender el estrecho camino principal por el que debía pasar el ejército realista con artillería y una pequeña parte de las fuerzas patriotas. Viendo que era imposible un acuerdo, Bolívar dejó a Bermúdez en su encierro y se situó en el camino principal.

A las cinco de la mañana del 17 de agosto, las tropas de Morales, con sus banderas negras con calaveras humanas, comenzaron el ataque. Impedido de avanzar por el batallón Caracas, Morales envió por un atajo una fuerza para atacar a Bolívar por la espalda, obligando a éste a replegarse sobre el pueblo para evitar quedar entre dos fuegos.

Eran las 9 de la mañana cuando Morales inició el asalto a las trincheras patriotas. Se combatió con ferocidad de ambas partes durante tres horas. Cuando la superioridad de Morales estaba a punto de machacar las defensas, Bolívar reunió a cuatrocientos hombres que le quedaban y se abrió paso a sablazos hacia Barcelona. Bermúdez resistió tres horas más, pero al final también tuvo que salir abriéndose camino a viva fuerza con los últimos soldados que le quedaban.

Los vencedores degollaron a todos los heridos y a los civiles que habían huido de Caracas. Los muertos se calcularon en unos 3 700 del bando patriota y más de mil realistas. «Todo pereció en aquel día de sangre y de horror. Reconocido el campo de batalla, las casas y aun las iglesias se hallaron todas ellas empañadas de sangre», dice el historiador español Mariano Torrente en su *Historia de la revolución hispano-americana.*

2

Las tropas patriotas que defendían Valencia, mientras tanto, recibieron el 9 de julio una comunicación en la que se les informaba de que Bolívar había evacuado Caracas y de que D'Elhuyar había levantado el sitio de Puerto Cabello. Escalona resolvió, entonces, enviar parlamentarios ante Boves para arreglar la rendición. Temeroso de que los patriotas volaran el polvorín, se avino a conceder condiciones generosas de rendición que juró cumplir ante el santísimo sacramento.

Pero el compromiso fue pronto papel mojado para Boves. Permitió que sus soldados asesinaran a trescientos soldados, sesenta oficiales y noventa civiles. «A la noche siguiente a la entrada —cuenta el regente Heredia—, (Boves) reunió a todas las mujeres en un sarao y, entretanto, hizo recoger los hombres, que había tomado precauciones para que no se escaparan, y sacándolos fuera de la población los alanceaban como a toros sin auxilio espiritual. Sólo el doctor (Francisco) Espejo, que permaneció allí desde nuestra salida, logró la distinción de ser fusilado y tener tiempo para confesarse. Las damas del baile se bebían las lágrimas y temblaban al oír las pisadas de partidas de caballería temiendo lo que sucedió, mientras que Boves con un látigo en la mano les hacía danzar el piquirico y otros sonecitos de la tierra a que era muy aficionado, sin que la molicie que ellos inspiraban fuese capaz de ablandar aquel corazón de hierro. Duró la matanza algunas otras noches.» Escalona consiguió huir a Caracas disfrazado y allí estuvo oculto como un topo durante los seis años de la ocupación española.

El 16 de julio a la mañana, Boves entró triunfalmente en Caracas, donde se le rindieron los honores de capitán general. Nombró a Casa León gobernador civil y gobernador militar a Juan Nepomuceno Quero. Pero, en contra de lo que se esperaba, supo reprimir a sus hordas y evitó que siguieran cometiendo desmanes. Boves, con sentido político, quiso hacer buena letra con la expectativa de que la Corona lo nombrara gobernador de Venezuela en premio a sus conquistas militares. Esto le trajo consecuencias negativas para su carisma sobre sus tropas, que se sintieron frustradas en sus deseos de entrar a saco en Caracas donde, imaginaban, los esperaban cuantiosas riquezas.

A su vez, los blancos realistas comprendieron pronto que la guerra de los mulatos y negros de Boves no era contra los patriotas sino contra los blancos de cualquier bando. Ésta era la prédica del no menos blanco Boves, que alimentaba el resentimiento ancestral de los grupos étnicos esclavizados o aplastados durante siglos. «El odio de los negros no es sólo contra los blancos patriotas —decía el realista Dionisio Franco—. Los blancos somos el objetivo.»

Por aquellos días se descubrió en el ejército realista, especialmente en el de Barlovento, una conspiración de los pardos para degollar a todos los blancos que pudo ser controlada a tiempo por Morales y la llegada, más tarde, de tropas de la península contribuyó a evitar que se repitiera la conspiración, cuyos fuegos Boves había abanicado tanto.

A mediados de agosto, Boves salió de Caracas rumbo a los Llanos, llevándose a varios prisioneros para que sus tropas se entretuvieran degollándolos. A Quero, que quedó como gobernador militar de la capital, le advirtió antes de partir: «Si a mi regreso a esta ciudad, dentro de veinte días, encuentro un patriota, usted pagará con su cabeza.»

Quero se dedicó a horribles matanzas para salvarse o instigado por realistas resentidos. Sacaban de las casas a los elegidos y los llevaban a la Quebrada de Cotizito, donde eran degollados. Nadie sabe cuántos patriotas o sospechosos de serlo murieron de esa espantosa manera. La leyenda habla de centenares.

3

Bolívar, después del desastre de Aragua, llegó a Barcelona el 19 de agosto con menos de medio millar de hombres, fuerza demasiado exigua para defenderse y defender a los miles de emigrados civiles caraqueños que lo acompañaban.

El mismo 19 ordenó la evacuación rumbo a Cumaná, distante cien kilómetros. Parte de la población barcelonesa fue embarcada para las Antillas británicas y otros puertos cercanos, mientras el grueso se echaba a andar por el fragoso camino por la cordillera de la costa.

Puso por delante a las mujeres, niños y ancianos, y en la retaguardia los setecientos hombres de armas de que disponía. Pero tuvo que alterar la formación porque la mayoría de sus hombres se desbandaron.

A lo largo de los siete días que duró el viaje se repitieron los sufrimientos del trayecto de Caracas a Barcelona. Centenares de personas murieron de hambre, cansancio o enfermedades en el camino.

La llegada a Cumaná, empero, no se tradujo en ningún alivio: Mariño había decidido evacuar la ciudad. De manera que tuvieron que seguir a las islas de las

Antillas o a Maturín buscando refugiarse de las hordas de Morales, que se acercaban a pasos agigantados.

Los que resolvieron quedarse en Barcelona tuvieron aún peor suerte cuando llegaron los llaneros y ocuparon la ciudad. De nada les valió enarbolar la bandera real y recibir a Morales con vítores y aplausos. A razón de treinta o cuarenta degollados por día, las fuerzas de Boves y Morales asesinaron en total a más de mil paisanos.

Mariño dictó la ley marcial en Cumaná el 25 de agosto. Ese mismo día envió a Giussepe Bianchi, un corsario italiano que operaba como almirante de la República de Venezuela, al frente de la escuadrilla patriota, las armas, municiones y los veinticuatro cajones de plata labrada que Bolívar había cargado en la goleta *Arrogante Maturinés* en La Guaira. La intención era salvar los pertrechos y el tesoro para reorganizar la resistencia en la isla Margarita o en la península de Paria.

Ese mismo día llegó Bolívar con los escasos doscientos hombres que le quedaban después de las deserciones sufridas en el trayecto desde Barcelona. Estaba reunido con Mariño y sus oficiales cuando le llegó el aviso de que Bianchi se había hecho a la mar con el tesoro y las municiones.

Mariño y Bolívar decidieron ir a bordo a inquirir qué es lo que ocurría. Una vez que ambos estuvieron en el barco, Bianchi se hizo a la vela en dirección a Margarita.

El corsario argumentó que se le debía mucho dinero y que había decidido cobrárselo de la carga que le habían encomendado. Sólo que necesitaba de sus dos prisioneros virtuales certificados de propiedad de la plata, de los barcos que comandaba y de las armas para poder desembarcar las mercancías en las Antillas británicas.

Mariño y Bolívar aceptaron darle un tercio de la plata labrada y tres goletas de su flotilla: la *Jove*, la *Colombiana* y el *Centauro*. Bolívar y Mariño se quedaron con el *Arrogante Maturinés* y la *Culebra*. Los dos Libertadores se embarcaron uno en cada nave y, sin víveres ni tripulación, con los barcos al mando de los hermanos Estévez, se dirigieron a Carúpano, en la península de Paria, transportando los cajones de plata salvados.

Allí se enteraron de que, durante su ausencia, Ribas y Piar habían decretado la proscripción de Mariño y Bolívar, acusándolos de desertores que habían abandonado a los suyos llevándose el tesoro y los pertrechos militares, con lo que los patriotas quedaban casi indefensos. Al mismo tiempo, Piar y Ribas se habían nombrado Libertadores de Oriente y Occidente, los títulos que tenían Mariño y Bolívar respectivamente.

A partir de aquí los testimonios disímiles y contradictorios de sus protagonistas vuelven la historia difícil de desentrañar. Ribas arrestó a Mariño y Bolívar y se apoderó de la plata y los fusiles que aún estaban a bordo de los dos navíos.

Cuando Ribas se ausentó, Bolívar consiguió liberarse de su prisión y poner en libertad a Mariño. Odiados y rechazados por los patriotas, que veían en ellos a los responsables de la ominosa derrota y la brutal carnicería sufrida, los dos Libertadores, acompañados por cuarenta y dos jefes y oficiales, se embarcaron en las dos naves que habían recuperado de Bianchi y pusieron rumbo a Margarita. Desde allí, sin desembarcar, siguieron hasta Cartagena, adonde llegaron el 19 de setiembre, doce días después de haber zarpado de Carúpano.

4

Bolívar pudo haber huido rumbo a Occidente, desandando el camino de la «Campaña admirable», para unirse a Urdaneta y, con sus fuerzas, buscar refugio en Nueva Granada. Sin embargo, muy probablemente, cifró sus esperanzas de reorganizarse y volver a comenzar en el tesoro y los pertrechos que cargó en el *Arrogante Maturinés*, que luego iba a perder de todos modos, y que pensaba llevar a Nueva Granada por vía marítima, más segura que la terrestre, poblada de guerrillas y fuerzas regulares realistas.

Ribas intentó hacer caer sobre Bolívar las sospechas de que quería apoderarse del tesoro para uso personal. Pero al Libertador puede acusársele de muchos errores y barbaridades, pero no de tener ambiciones de enriquecimiento personal. Su enemigo personal Decoudray Holstein lo dice con todas las letras, respaldando numerosas evidencias al respecto: «He de hacer a Bolívar esta justicia: que jamás fue hombre avaro ni ávido de dinero, sino generoso y persona para quien el dinero importaba poco o nada. Muchas veces le vi vaciar la faltriquera y entregar hasta su último doblón a un oficial que le pedía dinero a cuenta de su sueldo; y ya después de haberse marchado el oficial, volverse a mí y decirme riéndose: "Este pobre diablo lo necesita más que yo y todo ese oro para mí no vale nada. Le he dado todo lo que tenía."»

Sus planes, en este sentido, fracasaron pues llegó a Nueva Granada sin más recursos que los dos navíos.

5

Ribas, Piar y Bermúdez, mientras tanto, habían resuelto continuar la lucha, pese a su escasez de medios y a las disidencias que sostenían entre ellos.

Bermúdez, en Maturín, con una fuerza de 1 500 hombres, consiguió batir a las fuerzas de Morales, que traía más de 6 000 soldados de los que le mató 2 200. Con esta victoria inesperada consiguió 700 caballos ensillados, 2 200 fusiles y 150 000 cartuchos, además de otras provisiones.

Boves, a quien habíamos dejado saliendo de Caracas después de haberse posesionado de la capital, tomó mientras tanto el camino de los Llanos hacia Oriente y, tras pasar por Calabozo, llegó a mediados de setiembre a Aragua de Caracas, desde donde mandó degollar a todos los habitantes de los pueblos de Santa Ana y San Joaquín, sin excepción, que sumaron más de mil víctimas.

En San Mateo se enteró de la derrota de Morales en Maturín, para seguir luego hasta Barcelona. Allí volvió a hacer una limpieza de patriotas y a ensayar una de sus más crueles y preferidas diversiones: mientras el pueblo, para halagarlo, le daba una fiesta con baile incluido, mandó degollar a cuarenta y ocho varones principales de la ciudad cuyas vidas había prometido respetar a sus esposas, que participaban del sarao y que se encontraron con las sorpresas al volver a sus casas.

En la sabana del Salado las fuerzas de Boves chocaron con las de Piar y las aplastaron. Los llaneros entraron en Cumaná para continuar con sus diversiones predilectas: «Dio Boves órdenes a la tropa para que entrase a la ciudad y matase cuantos hombres encontrase, como así lo ejecutó, después de estar la ciudad reducida —cuenta el vicario general del ejército realista, padre Llamosas, en carta a Fernando VII—. Varios caballos entraron en la iglesia parroquial buscando a los que en ella se habían refugiado para matarlos, como lo realizaron con más de quinientos.» Mientras esto ocurría, Boves contemplaba el espectáculo y reía con los gritos de las víctimas y de los victimarios. «Entre estas víctimas se contaba una mujer embarazada que, habiéndose amparado en la capilla del Carmen, vino un oficial que, por resentimientos pasados la arrebató al cura, de quien se había acogido, y sacándola por la puerta de la sacristía le dio muerte en presencia de Boves, quien con serenidad y risa autorizó aquel asesinato.»

Volvió aquí a organizar un gran baile de sangre, amenizado por una orquesta de cuarenta músicos destacados, la mayoría emigrados de Caracas. Boves cometió todos los excesos con los que se divertía y a las tres de la mañana coronó la fiesta haciendo degollar a los cuarenta músicos.

Los soldados se dedicaron a violar a toda mujer que encontraron y les resultó apetecible. Magdalena Sucre, hermana del general que pondría fin al poderío español en América en la batalla de Ayacucho (1824), se arrojó por el balcón de su casa y quedó muerta sobre el pavimento para no caer en manos de los hatos de soldados llaneros que, tras penetrar en su casa, se disponían a violarla. Tenía sólo catorce años de edad.

Satisfecha su cuota de sangre y de horror, Boves fue a reunirse con su lugarteniente para atacar a Ribas y a Bermúdez. Éstos, a su vez, también unieron sus fuerzas, pero no sus voluntades. Pese a todo marcharon a atacar al ejército de Morales y Boves. Tras un combate de Bermúdez con los llaneros de Boves, que le resultó desfavorable en Los Magüelles, se unió malamente a las fuerzas de Ribas y ambos atacaron a los realistas en Urica.

El ejército patriota desapareció tras esta sangrienta derrota, pero en la refriega también cayó el cruel Boves atravesado por una lanza.

Bermúdez consiguió huir rumbo a la península de Paria, donde se deshizo de Piar haciéndolo encarcelar para marchar luego a Nueva Granada.

Ribas, por su parte, se escondió y anduvo deambulando. Por fin se dirigió adonde el ejército de Urdaneta aún resistía tratando de abrirse paso hacia Nueva Granada, para unirse a él y salvar el pellejo.

Pero un esclavo lo delató. El zambo Barrajola, un jefezuelo realista, lo detuvo mientras estaba entregado al sueño y lo llevó a Tucupido. Aquí ordenó que le cortaran la cabeza, que frió en una olla de aceite antes de despacharla a Caracas.

En la capital la colocaron dentro de una jaula tocada con un gorro frigio, símbolo de la libertad, que Ribas solía usar, para exhibirla en público y así permaneció durante años, hasta 1820.

Morales, convertido en jefe máximo de las fuerzas de Boves, después de su victoria de Urica entró en Maturín, donde estaban los sobrevivientes de los éxodos de Caracas y Barcelona.

Sus soldados recibieron orden de matar a todo ser viviente. Allí perecieron familias mantuanas enteras como los Ribas, los Escalona, los Palma, los Blanco, los Urtáriz. En pocos días fueron exterminados un número imposible de precisar de hombres, mujeres y niños, pero que se calculan en muchos miles.

«A consecuencia de este sistema —dice el padre Llamozas— han desaparecido los blancos. En Cumaná sólo han quedado cinco o seis del país.»

XVI

JAMAICA NO ES UN EDÉN

El 19 de setiembre de 1814, el *Arrogante Maturinés* y la *Culebra* entraban al puerto de Cartagena de Indias. La recepción que le dieron las autoridades, en contra de lo que esperaba, fue fría y distante. La Nueva Granada patriota estaba por aquel entonces enzarzada en una virtual guerra civil entre facciones que respondían a diversos caudillos. El presidente de Tunja, Rodríguez Torices, sabía que Bolívar era íntimo amigo de sus enemigos, los Piñeres, que querían defenestrarlo. Por su parte, el coronel Manuel del Castillo tenía la sangre en el ojo desde que Bolívar, al inicio de la *Campaña Admirable* lo había remplazado al mando de las tropas, mayoritariamente granadinas como él.

Por contraste, la población civil los recibió cálidamente y les procuró toda clase de felicidades para que los recién llegados siguieran viaje a Tunja, donde funcionaba el Congreso federal.

Al llegar a Ocaña supo que su general Urdaneta había podido salvar los restos del ejército de Venezuela, llevando sanos y salvos a sus hombres a Cúcuta, a escasos kilómetros de allí. Se apresuró a enviarle una cálida carta de felicitación en la que se mostraba humilde. Pero Bolívar, un general sin ejército, sabía que tendría que disputarle el mando de las fuerzas a Urdaneta en una callada lucha por el poder que resolverían sus hombres. «Estoy resuelto a ceder, por mi parte, en cuanto lo exija la salud pública, hasta el punto de servir como soldado y obedecer a quien se quiera, porque yo cifro mi gloria en servir bien y no en mandar, en vencer a mis enemigos y en ceder en todo la palma a mis conciudadanos.» Bien sabía el general caraqueño que todo esto era un discurso de mera seducción histérica y que él jamás sería un simple soldado o, tan siquiera, un subordinado.

Y no tardó en demostrarse que era así. Cuando los soldados y oficiales se enteraron de que Bolívar pasaría cerca de donde estaban acantonados, por Pamplona, le pidieron a Urdaneta que lo esperaran. Éste ordenó que su tropa esperara formada para rendirle los honores correspondientes, pero cuando vieron a Bolívar salieron desorganizadamente y sin armas a abrazar al general y lo llevaron en andas hasta la plaza.

Bolívar, muy diplomáticamente, les lanzó un discurso afeándoles su conducta pero reafirmando tácitamente que él era el generalísimo. «Soldados: habéis hinchado mi corazón de gozo, pero, ¿a qué costa? A costa de la disciplina, de la subordinación, que es la primera virtud del militar. Vuestro jefe es el benemérito general Urdaneta y él lamenta, como yo, la escena a que os condujo vuestro amor. Soldados: que no se repitan más los actos de desobediencia entre vosotros. Si me amáis, probádmelo continuando fieles a la disciplina y obediencia a vuestro jefe. Yo no soy más que un soldado que vengo a ofrecer mis servicios a esta nación hermana. Para nosotros la patria es América; nuestros enemigos, los españoles; nuestra enseña, la independencia y la libertad.»

Junto con la división, Bolívar llegó a Tunja, donde se presentó al Congreso para dar cuenta de su campaña en Venezuela y de su derrota. Era un colectivo totalmente favorable al Libertador. El presidente Camilo Torres lo recibió con el regalo de un caballo magníficamente enjaezado, que Bolívar devolvió alegando que primero tenía que dar cuenta al Congreso de su actuación. En la primera sesión del Congreso, Torres le dio un sitial junto a él entre las protestas de humildad de Bolívar. Al término de su elocuente explicación, el presidente le dijo: «General, vuestra patria no ha perecido mientras exista vuestra espada: con ella volveréis a rescatarla del dominio de sus opresores. El Congreso granadino os dará su protección porque está satisfecho de vuestro proceder. Habéis sido un militar desgraciado, pero sois un gran hombre.»

2

En 1812, las distintas provincias del antiguo virreinato de Nueva Granada se habían confederado bajo el nombre de Provincias Unidas, con un Congreso y un gobierno establecido en Tunja. Pero la federación, que quería ser una copia del sistema norteamericano, no funcionaba. Cada provincia obedecía las disposiciones del gobierno central sólo cuando le convenía.

Cundinamarca, con capital en Santa Fe de Bogotá, mantenía un gobierno realista encubierto y se negaba a ingresar en las Provincias Unidas. Las gestiones que se hicieron para cambiar esta postura fracasaron. Por lo que el gobierno de Tunja tenía planeado someter por la fuerza a los rebeldes y vio en el ejército que venía de Venezuela al mando de Urdaneta el instrumento ideal para sus planes. La llegada de Bolívar les hizo creer que tenían la combinación ideal para atacar a Santa Fe.

Bolívar aceptó mezclarse en la guerra civil con la expectativa de que, posteriormente, con el auxilio de los granadinos podría intentar nuevamente la conquista e independencia de Venezuela, aun cuando ya para aquellas fechas se sabía que Madrid preparaba un ejército para enviar a la región que estaba a punto de arribar a las costas de Venezuela. En Cundinamarca estaban gran cantidad de los recursos militares, en hombres y pertrechos, de que disponía Nueva Granada.

Ascendido a general de división, Bolívar se puso al frente de los 1 000 veteranos de Urdaneta, con este jefe como su segundo, y 2 000 milicianos, a los que se sumaron en el trayecto a Santa Fe unos 2 000 jinetes armados de lanzas. Las fuerzas del dictador de Cundinamarca, Manuel Bernardo Álvarez, sumaban unos 1 500 hombres de los que la mayoría eran milicianos, todos al mando del general español José Ramón de Leiva.

El 7 de diciembre, Bolívar intimó la rendición y, ante la negativa de Álvarez, comenzó el asedio. En poco más de cuarenta y ocho horas las fuerzas bolivarianas habían tomado la ciudad, a excepción de la plaza Mayor. Álvarez y Leiva ofrecieron la rendición y se firmó una capitulación en la que se aceptaba el ingreso de Cundinamarca en la Confederación y esta provincia cedería sus armas, pertrechos y recursos pecuniarios al gobierno central. Las partes se prometieron la más cordial amistad. Desde Tunja le llegó a Bolívar la ratificación inmediata del acuerdo y los despachos de capitán general. La capital de la Confederación, además, se trasladó a Santa Fe, que siempre había sido la capital del reino.

Esta ciudad pagó duramente su resistencia. Bolívar permitió que sus tropas entraran a saco y, entre otros desmanes, destrozaron por puro gusto el Observatorio Astronómico de la ciudad. Cuenta Ducoudray Holstein: «Pese a la capitulación, firmada y ratificada por Bolívar, éste permitió el saqueo de una parte de esta ciudad grande y hermosa, durante cuarenta y ocho horas. Hecho notorio para algunos testigos de vista de tan extraño proceder. Y cuando Álvarez y otros muchos habitantes de Bogotá le hicieron las protestas más vigorosas contra su conducta, replicó, colérico, que estaba autorizado por las leyes de la guerra para obrar como lo había hecho, por haberse resistido a sus tropas los habitantes de la ciudad y merecer castigo por ello. Los excesos y crueldades cometidos sobre todo contra las mujeres fueron horrendos y las tropas de Bolívar se cargaron de oro, plata y joyas de toda especie.»

3

La siguiente misión de Bolívar era invadir Santa Marta para, más tarde, seguir camino hacia Maracaibo y Coro. Para ello contaba con dos mil hombres, la mayor parte de ellos desarmados porque Cartagena iba a proveer al ejército de Bolívar, para lo cual éste había sido nombrado comandante supremo. Con esta designación, el caraqueño volvía a remplazar en el mando superior a Manuel Castillo, su acerbo enemigo, que no hacía más que acumular querellas y resentimientos contra el Libertador.

Castillo se propuso sabotear la misión de su oponente. Abandonó con las fuerzas a su mando las posiciones avanzadas contra Santa Marta y marchó sobre Cartagena en momentos en que iban a celebrarse los comicios para elegir al presidente de Estado, con el propósito de imponer como tal a uno de sus hombres de confianza.

Las fuerzas de Castillo comenzaron por hostigar y perseguir a los amigos de Bolívar al tiempo que difundía toda clase de rumores infamantes sobre él. María Antonia Bolívar, hermana mayor del general, fue una de las víctimas de la caza de brujas desatada por Castillo y sus secuaces.

Cuando Bolívar estaba en Honda se enteró de las acciones de Castillo y dio parte al gobierno central. Pero con los «amigos» que Bolívar tenía, no necesitaba enemigos. El capitán venezolano Francisco Alcántara, seguramente enviciado con la guerra a muerte y las atrocidades de su país, dispuso caprichosamente que fueran ejecutados dieciséis de los cuarenta prisioneros españoles que llevaban las fuerzas de Bolívar, sin que el Libertador se enterara. Eran hombres de bien cuyo único pecado consistía en estar en contra de los gobiernos criollos. Al mismo tiempo, en la provincia de Mariquita, el gobernador mandaba matar a otros once españoles.

Estos asesinatos cometidos en un país que, a diferencia de Venezuela, no había sido habituado a ellos, produjeron una honda consternación en la población y una ola de indignación y repudio contra quienes perpetraban esos crueles e inútiles derramamientos de sangre. Todo lo cual se sumó a la guerra que Castillo y sus aliados le hacían a Bolívar.

El gobernador de Cartagena, Juan de Dios Amador, dispuso que no se dejara pasar a Bolívar más allá de Mompox, mientras Castillo hacía circular más comunicados incendiarios contra el caraqueño, en los que llamaba a sus fuerzas «los antropófagos de Venezuela», y ordenaba a sus tropas que si era necesario utilizaran la fuerza para evitar que Bolívar se acercara a la capital. Hizo saber a todos que no suministraría armas a las fuerzas de Bolívar y que no se pondría a las órdenes del venezolano.

Enterados en Santa Fe, las autoridades ascendieron a Castillo a general de brigada para destinarlo a otro puesto lejos de Cartagena. Pero el coronel se negó a acatar la orden y permaneció donde se encontraba.

La insubordinación del coronel y su abrupta retirada de las posiciones contra Cartagena habían provocado una rápida reacción de los realistas, que cruzaron el río Magdalena y ocuparon una extensa región, hasta Ocaña, donde pasaron a cuchillo a la pequeña guarnición patriota.

Ante la gravedad de los sucesos se realizaron intentos para reconciliar a Castillo con Bolívar. Éste se mostró abierto a ello, tal como lo manifestó en una carta a Pedro Gual, que oficiaba de pacificador. «Yo sigo la carrera gloriosa de las armas por obtener el honor que ellas me dan, por libertar a mi patria y por merecer las bendiciones de los pueblos. Ahora, pues, ¿cómo he de desear marchitar los laureles que me conceda la fortuna en el campo de batalla, por dejarme arrastrar como una mujer, por pasiones verdaderamente femeninas? No digo con el brigadier Castillo, que sigue nuestra causa, sino con Fernando VII, que la combate, me reconciliaría yo por la libertad de la república. Ofrezco a usted bajo mi palabra de honor que si el brigadier Castillo desea mi amistad, puede usted presentársela; y que, por gaje de mi sinceridad, desde luego me prestaré a una comunicación oficial o confidencial, que deba hacerse pública, en que estampemos solemnemente que el error de siniestros informes y el efecto de algunas pasiones injustas o cálculos divergentes han sido causa de estas escandalosas injurias que mutuamente hemos recibido.»

La actitud de Bolívar fue uniformemente conciliadora, ignorando los múltiples agravios que le habían inferido Castillo y Amador. Primando su misión intentó por todos los medios, aun sacrificando su no pequeña soberbia, arribar a un acuerdo.

Pero desesperando al fin de obtener las cosas por las buenas se decidió a avanzar sobre Cartagena, instalándose en Barranco para presionar sobre Castillo.

Allí recibió al canónigo Marimón, que el gobierno central había nombrado para mediar entre Castillo y Bolívar, quien le prometió que resolvería todos los contenciosos. Pero, llegado a Cartagena, el canónigo se contagió de las posiciones de Castillo y Amador, que abrazó apasionadamente, perdiendo así sus posibilidades de mediar. Y, haciéndose eco de las convicciones de los dos jefes cartaginenses sobre Bolívar, le envió a éste un oficio casi insultante.

Ante este desmadre, Bolívar presentó su renuncia ante el comisionado Marimón. «Yo he venido a libertar Nueva Granada y no a recibir ultrajes —le dijo en carta al gobierno central, explicando su decisión—. Mi ejército está resuelto a morir en el campo de honor al pie de las trincheras de Santa Marta o sobre los muros de Cartagena y no está resuelto a perecer como esos viles esclavos de fiebres, viruelas y miserias.»

Pero Bolívar, al obrar impulsivamente, harto de los vejámenes sufridos, no había tenido en cuenta el destino de sus oficiales y soldados. De modo que reunió un consejo de guerra que decidió por unanimidad no aceptar la renuncia de su jefe. En cambio se resolvieron a sitiar Cartagena, habida cuenta de que Bolívar tenía instrucciones de proceder según su criterio en caso de desobediencia de los cartaginenses.

Pero la plaza fuerte era el enclave más invulnerable de todo el continente y sabía Bolívar que no estaba en condiciones de conseguir rendirlo. Los combates aislados se prolongaron durante cuarenta días. En ese tiempo llegaba a Cartagena la noticia del arribo del ejército enviado por Fernando VII al mando del general Pablo Morillo, para reconquistar el norte de América del Sur.

Impotente para llegar a un acuerdo o para someter a su adversario, Bolívar decidió retirarse definitivamente. Antes tuvo una reunión con Castillo, en la que se celebró un pacto de paz y amistad con el cual el Libertador salvaguardaba el futuro de sus jefes y oficiales que decidieran quedarse.

El 8 de mayo envió una carta al gobierno de Santa Fe en la que le aseguraba que «del amor a la paz pública y a la patria me han hecho renunciar al mando del ejército, cuya dirección me había confiado el gobierno general. Cartagena prefirió la guerra civil, la anarquía y el propio aniquilamiento, al deber de cumplir con las órdenes del gobierno a quien había jurado obedecer. Cuando vi que la provincia se perdía por la guerra civil y por la ocupación de los enemigos comunes, y que no auxiliaba al ejército que debía salvarla sólo porque estaba a mi mando, determiné hacer el último sacrificio que me era posible; determiné separarme de mis amigos y compañeros de armas, de aquellos a quienes yo debo mi fortuna en los combates; determiné dejar el país para cooperar a su salvación y a la del ejército; y lo que es más, determiné perder una ocasión de combatir contra los enemigos de la República».

Y proseguía más adelante: «El sacrificio del mando, de mi fortuna y de mi gloria futura no me ha costado esfuerzo alguno. Me es tan natural preferir la salud de la República a todo, que cuanto más dolor sufro por ella tanto más placer interior recibe mi alma. Ya no seré más general; iré a vivir lejos de mis amigos y compatriotas; y no moriré por la patria. Pero habré hecho un gran servicio con dar la paz con mi ausencia. Si yo permanezco aquí, la Nueva Granada se dividirá en partidos y la guerra doméstica será eterna. Retirándome no habrá más partido que el de la patria y con ser uno siempre será el mejor.»

Al día siguiente, acompañado por su secretario Pedro Briceño Méndez, se embarcó en el bergantín de guerra inglés *Descubierta*, que zarpó rumbo a Jamaica.

Llegó a Kingston cinco días más tarde, pobre y despojado de todo poder. Pocos días más tarde, Mariño y otros oficiales se le unieron en la isla británica.

XVII

LA RESPUESTA ESPAÑOLA

Un mes antes de que Bolívar pusiera rumbo a Jamaica, fondeaba en Pampatar, isla de Margarita, una poderosa escuadra española: 18 buques de guerra, 42 transportes y más de 15 000 hombres entre soldados, marineros y sirvientes al mando del mariscal de campo Pablo Morillo, que llevaba como segundo al brigadier de la Real Armada, Pascual Enrile.

La dotación de patriotas de la isla, cuatrocientos hombres liderados por Arismendi, ante la desproporción de fuerzas entregó la plaza sin combatir. Nuevo en América y dispuesto a buscar el entendimiento antes que la lucha, Morillo optó por perdonar la vida a sus prisioneros e indultarlos.

Tal vez mucho más cruel pero también más experimentado, Morales, que se le había unido apenas llegar, le cuestionó al mariscal de campo la lenidad. «Mi general —le dijo, según se narra en *Memorias de un oficial español,* del capitán Rafael Sevilla, ayudante de Morillo—, desde ahora le predigo que fracasará usted en su expedición. Al decretar el indulto de Arismendi y demás cabecillas que alberga esta isla, ha decretado usted la muerte de millares de peninsulares y de venezolanos leales que han de ser asesinados por ellos. En Margarita estaba concentrado todo el veneno que le quedaba a la insurrección. Todo el resto del país está casi pacificado y si hubiera entrado a sangre y fuego en este nido de piratas, arrasando esta maldita isla, refugio de todas las hienas rebeldes, no se propagaría de nuevo la insurrección. Arismendi no tardará seis meses en reorganizar sus fuerzas y esta maldita isla, que podría haberse sometido en dos días, costará luego a España arroyos de sangre. Mi general, se pierden estos dominios para España y pierde usted su fama de sabio político y valiente militar si sigue ese sistema que acaba de inaugurar en Margarita.»

Morillo puso fin a la perorata con un cortante: «Señor brigadier, no le he pedido a usted consejos.» Para despuntar el vicio, Morales, a espaldas de Morillo, hizo degollar en la rada de Barcelona a quince emigrados.

En el momento de abandonar la isla, después de haber hecho jurar al rey y nombrar gobernador, la expedición de Morillo sufrió una catástrofe que habría de pesar para el futuro: el navío más poderoso de la escuadra, el *San Pedro Alejandrino,* barco de 74 cañones, voló y se incendió, al parecer accidentalmente. Además de la pérdida de 38 soldados y oficiales se hundieron con el barco un millón de pesos, un tren de artillería de campaña, 8 000 fusiles, otro tanto de espadas, pistolas y monturas, casi 10 000 uniformes completos, útiles de ingenieros, granadas, balas y la totalidad de los equipajes de jefes y oficiales.

2

El jefe de las fuerzas realistas llegadas de España era, a diferencia de Bolívar, un hombre de humilde origen. Leonés, había nacido cerca de Toro en mayo de 1778, y por tanto tenía cinco años más que su oponente venezolano.

Escapado de su casa a los trece años después de una pesada travesura, se alistó en la infantería de marina. Estuvo en Tolón y Trafalgar, batalla en la que fue hecho prisionero, además de herido. En Bailén, donde luchó junto al teniente coronel rioplatense José de San Martín, se destacó por su valor, al punto de que el jefe supremo español, general Castaños, se fijó en este joven, a la sazón teniente de infantería.

Desde entonces hizo una carrera meteórica. A los treinta y un años recibió la rendición del destacamento francés de Vigo y poco después triunfó frente al mariscal Ney en Puente Sampayo. Entonces recibió los despachos de coronel de una unidad creada por él, a la que bautizó con el nombre de Regimiento de la Unión. Era un militar de los de antes, que se ganaban los ascensos a fuerza de coraje y no sólo de buena conducta y aplicación.

Con el grado de brigadier sirvió bajo las órdenes del británico general Hill, con quien hizo toda la campaña contra los franceses, desde el sur al País Vasco. A las órdenes de Wellington se destacó en la batalla de Vitoria. El famoso general inglés lo eligió para posar en el retrato con sus generales que mandó pintar para celebrar la victoria. Los galones de mariscal de campo los obtuvo por sus méritos en esta batalla.

Morillo era, como Bolívar, un conductor de gente de pueblo armada, de milicianos, y no un militar de academia, jefe de ejércitos regulares.

Su apariencia y modales no desmentían su origen social ni su educación. «Su aspecto no era desagradable, ni inspiraba simpatías. Su voz bronca y sus modales poco distinguidos —dice de él Rufino Blanco Fombona . Era de estatura mediana y fuerte. Su porte militar era correcto y su fisonomía, de subido color moreno, tenía expresión dura. Sus ojos eran negros, de mirada penetrante y estaban cubiertos por tupidas cejas del mismo color.» Su apellido, diminutivo de moro, seguramente delataba ancestros del norte de África.

Para el historiador José Manuel Restrepo (*Historia de la Revolución de la República de Colombia en la América Meridional*, 1858), «era el general Morillo un militar ignorante y sin educación, duro por carácter y que se dejaba arrastrar por movimientos repentinos de cólera, desconfiado en extremo, aunque no desprovisto de sentimientos generosos, de franqueza y de lealtad».

3

De Margarita pasó Morillo a Cumaná y de allí a Caracas, ciudades donde reorganizó la administración. En todas partes obró con mano de hierro, bien respaldado por su poderoso ejército.

En Caracas nombró capitán general interino de Venezuela al brigadier José Ceballos y jefe supremo del ejército a Salvador de Moxó. Tras lo cual embarcó en Puerto Cabello a mediados de julio rumbo a Nueva Granada llevándose con él a Morales y a sus 3 000 hombres más 5 000 soldados peninsulares transportados en una flota de más de medio centenar de barcos. Diez días más tarde, las fuerzas desembarcaban en Santa Marta, en poder de los realistas. Morillo despachó a los 3 000 hombres de Morales, habituados al clima insalubre de la región, hacia Cartagena, que permanecía en manos de los patriotas, dispuestos a resistir en la inexpugnable plaza.

Morillo se embarcó el 14 de agosto y se dirigió a Cartagena para sitiar la fortaleza y rendirla por hambre, única forma posible. El 26 de agosto se completó el cerco por tierra y por mar que iba a durar casi cuatro meses. A comienzos de diciembre, agotados por el hambre, los principales jefes patriotas huyeron en 13 barcos hacia Haití en número de 2 400, otros 500 se salvaron escapando hacia los bosques y los 2 000 restantes se entregaron con la plaza. Más de 6 000 habían muerto de hambre y de enfermedades a lo largo del asedio.

Cuando las fuerzas de Morillo penetraron en Cartagena lo que encontraron «no eran hombres sino esqueletos. Hombres y mujeres, vivos retratos de la muerte, se agarraban a las paredes para andar sin caerse; tal era el hambre horrible que habían sufrido —cuenta el oficial español Rafael Sevilla, que estuvo en la operación—. Veintidós días hacía que no comían otra cosa que cueros remojados en tanque de tenería. Mujeres que habían sido ricas y hermosas, hombres que pertenecían a lo más granado de aquel opulento centro mercantil de ambos mundos, todos aquellos, sin distinción de sexos, ni de clases, que podían moverse, se precipitaban, empujándose y atropellándose sobre nuestros soldados, no para combatirlos, sino para registrarles las mochilas en busca de un mendrugo de pan o de algunas galletas».

Morales prometió amnistiar a todos los que se presentasen. Aquellos que no habían conseguido embarcarse se entregaron confiados. De entre ellos, Morales, para no perder la costumbre, eligió a cuatrocientos y los hizo degollar en la playa.

Los patriotas emigrados a Los Cayos de Haití desde Cartagena no la sacaron barata. De las 2 000 personas que salieron de la plaza fuerte sólo llegaron 600. De ellas unas 200 murieron al poco tiempo por las penurias pasadas, pese a que en Haití recibieron del presidente Petion una generosa y solícita hospitalidad.

Las pestes tropicales también habían hecho estragos en las fuerzas de Morillo: en los cuatro meses en Cartagena había perdido a 1 800 soldados peninsulares y a 1 300 criollos por enfermedades, deserciones o algunos muertos en las escaramuzas. Su tropa se había reducido a unos 3 500 hombres.

4

Terminado el asedio de Cartagena, Morillo envió tropas al interior para reconquistar toda Nueva Granada, de modo que el 6 de mayo el coronel realista Miguel de Latorre entraba triunfalmente en Santa Fe.

La llegada de Morillo a la capital del virreinato tuvo características especiales, narradas magistralmente por su ayudante, el capitán Sevilla.

En el pueblo de Cipagüirá, dice el militar escritor, «dieron a S. E. un gran baile en el cual, a cada momento, las damas mandaban parar la música para recitar versos en honor de Morillo y de su ejército expedicionario. No se ocultaba a aquel jefe —pues no faltó quien se lo advirtiera— que muchas de aquellas ninfas habían hecho lo mismo con los generales rebeldes. Así es que el general en jefe se escamó un tanto y más cuando supo que en Santa Fe de Bogotá, donde tanto ludibrio y escarnio se había hecho con otros generales españoles que tenían motivo para ser más estimados que él, se intentaba recibirle con una ovación sin precedente en los fastos de la historia de aquel virreinato...

»El general dispuso que el ejército lo siguiese como a una legua de distancia; se puso un levitón que le cubría todo el cuerpo y parte de la cabeza; un ancho sombrero de paja sin insignia alguna le acababa casi de ocultar el rostro; montó en un caballo común y acompañado del general Enrile, su mayordomo, y un ordenanza de caballería, se puso en marcha para la capital del reino neogranadino, que estaba cerca.

»Antes de andar una legua se encontró ya con una brillante cabalgata de señoras, lujosamente ataviadas y caballeros, en fin, con familias principales a caballo y en coches. Una buena música acompañaba a dicha numerosa y lucida comitiva. Al ver a aquellos cuatro hombres, las amazonas y sus acompañantes hicieron parar la música y los detuvieron.

»Una de las señoras que venía delante en un magnífico caballo blanco fue la primera que tomó la palabra obligando a hacer graciosas cabriolas a su corcel de pura raza andaluza: "Caballero —dijo con voz dulce y armoniosa, fijando en Morillo sus grandes ojos negros—, salud al victorioso ejército pacificador de Tierra Firme. Esta comisión de señoras y señoritas de la nobleza bogotana que tengo el honor de presidir, así como la de caballeros que nos siguen, queremos saludar y felicitar al invicto general Morillo. ¿Nos podrán decir ustedes dónde hallaremos a S. E.?" El aludido recorrió con la vista aquella brillante pléyade de hermosas mujeres gallardamente montadas sobre ricos palafrenes y después de una breve pausa contestó: "Gracias, señoras y caballeros, por las frases lisonjeras que por tan linda boca acabáis de prodigar al valeroso ejército de que formamos parte. Pero el general en jefe... viene atrás." Y haciéndole una cortés pero fría seña de despedida con la mano, continuó su camino.

El primer Bolívar que apareció por América fue un Simón de Bolívar, vizcaíno, que en 1559 llegó a Santo Domingo a trabajar como secretario de una de las cámaras de la Audiencia local. (En la foto, la plaza de Colón y la catedral de Santo Domingo.)

A los doce años de edad, Simón es trasladado a casa de su cuñado, Pablo de Clemente y Francia, casado con su hermana María Antonia (en la foto).

Juan Vicente Bolívar —padre de Simón— fue un hombre de negocios que se dedicó con éxito a la explotación de las propiedades de la familia, donde obtenía añil, caña de azúcar y cacao que vendía con buenos márgenes en España.

Juana Bolívar, otra hermana del Libertador.

La tendencia del adolescente Bolívar a los ejercicios físicos y su poca inclinación hacia los intelectuales encontró un marco adecuado en la carrera militar.

En 1802 Bolívar viajó a París, territorio del ídolo indiscutido de esos años: Napoleón Bonaparte, que se hallaba en lo más encumbrado de su gloria.

Cuando Bolívar llegó a París fue inmediatamente a ver a su prima lejana, Fanny du Villars, que lo recibió con los brazos abiertos. Era una mujercita pequeña, de rostro agradable, aunque no bonita.

A los diez meses de casarse, su esposa María Teresa moría víctima de una fiebre fulminante. Para Bolívar su viudedad fue un cruel e inesperado hachazo de dolor; apenas tenía diecinueve años.

El 23 de abril se constituyó formalmente lo que se llamó Junta Suprema Conservadora de los Derechos de Fernando VII (grabado que representa a Fernando VII sometiéndose a Napoleón en Bayona), **el primer gobierno local de Venezuela, formado por veintitrés miembros. Ninguno de los hermanos Bolívar participó en estos acontecimientos.**

Durante la ausencia de Bolívar por Europa y Estados Unidos alguien se le había adelantado en sus propósitos emancipadores, el venezolano Francisco de Miranda.

Las relaciones de la Junta Suprema de Caracas con el Consejo de Regencia se deterioraron rápidamente después de la nota escrita por Andrés Bello.

El 15 de julio de 1811 el Congreso en pleno juró la independencia de Venezuela. (Detalle de *Jura del Acta de la Independencia de Venezuela*, por A. Tovar.)

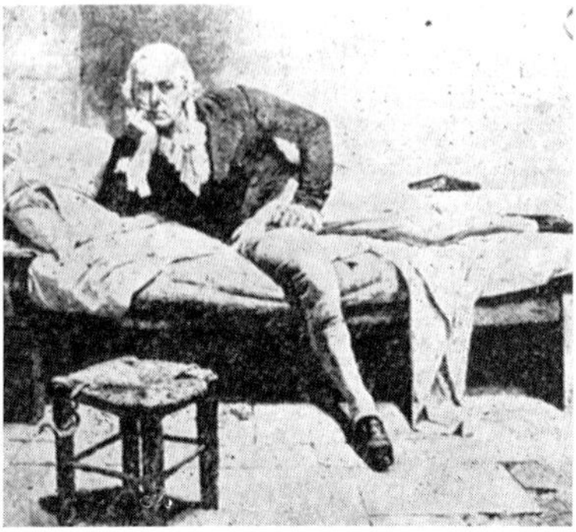

Para los oficiales Miranda los había traicionado entregándolos a los realistas. Bolívar y un grupo de oficiales se pusieron de acuerdo para detener a Miranda y exigirle responsabilidades por su conducta. (Óleo de Michelena.)

El 4 de agosto de 1813 Bolívar entró cubierto de gloria en su ciudad natal, Caracas. Sólo había pasado un año escaso en que, derrotado y humillado, había tenido que abandonar Venezuela. (Pintura de Castillo Cervantes que representa una de las muchas entradas triunfales de Simón Bolívar.)

En mayo de 1813 José Tomás Boves, comandante de Calabozo, recibió la orden de organizar un cuerpo de caballería con los llaneros y marchar sobre Barcelona. (Acuarela de 1820 que representa a un guerrillero venezolano.)

Los llaneros eran pastores, por lo general mestizos de blanco, indio y negro, que, montados en sus caballos, se dedicaban al cuidado de vacas o caballos domesticados o a la caza de asilvestrados. Los llaneros no eran realistas ni patriotas. (Grabado que representa a llaneros atacando a la caballería realista.)

Los realistas se organizaron por doquier en forma de guerrillas. Un intento de capturar la flota llegada de España haciéndoles creer que La Guaira, adonde arribaron, se hallaba en manos de los realistas, fracasó. (Grabado que representa una lucha entre realistas y llaneros.)

El mariscal de campo Pablo Morillo, jefe de las fuerzas realistas llegadas de España, era, a diferencia de Bolívar, un hombre de humilde origen. Leonés, había nacido en 1778: tenía cinco años más que Bolívar.

El 12 de febrero de 1817 el general José de San Martín, que había atravesado la cordillera de los Andes desde Mendoza, Argentina, batió en Chacabuco, Chile, a las fuerzas realistas.

Al año siguiente, el 5 de abril de 1818, el general San Martín aplastó a las tropas realistas en la batalla de Maipo, con lo que consolidó el poder de los patriotas sobre la Capitanía General de Chile.

La República de Colombia, nacida en Angostura oficialmente, se dividió en los departamentos de Venezuela, Cundinamarca y Quito. La ciudad cabecera de Colombia estaría en Santa Fe, a la que se rebautizó con el nombre de Bogotá, que lleva hasta hoy.

El 15 de febrero de 1819 se reunió el Congreso de Angostura y en su inauguración Bolívar pronunció el célebre discurso de Angostura en el que volvió a reafirmar sus principios e ideas de organización política. El Congreso nombró presidente a Bolívar. (Retrato pintado por Krepper.)

Los amores de Bolívar y Manuela Sáenz, pronto apodada «la Libertadora», han dado lugar a una rica literatura imaginativa con escasos datos reales, amores que se prolongaron hasta poco antes de la muerte de Bolívar.

Páez, por su valerosa actuación en la batalla de Carabobo, recibió el grado de general en jefe del ejército.

La entrevista de Guayaquil entre Bolívar y San Martín ha generado gran cantidad de literatura interpretativa. Ninguno de los dos confió en los ofrecimientos de retirarse o de cooperar que le hizo el otro.

La noticia de la victoria de Ayacucho produjo oleadas de euforia en toda América hispánica. El poder de España en la América del Sur había llegado a su fin.

Sucre (a la izquierda) **es el personaje de las guerras de la independencia americana más puro, más impecable, en suma, más admirable. Uno de esos hombres que, a menudo, no se halla ni uno igual en una generación entera.**

A la derecha, uno de los últimos retratos de Simón Bolívar, de pintor anónimo.

»A la entrada de la ciudad y en la calle que había de recorrer para llegar a su habitación encontró multitud de arcos triunfales y carros con comparsas y banderas españolas y flores, cortinas de damasco en todos los edificios y señales del mayor entusiasmo y acendrado españolismo.

»El general permaneció impasible ante tan ruidosas manifestaciones. Morales le hubiera dado un abrazo si hubiese ido con él.

»"¿Cuál es la casa destinada al general Morillo?", preguntó a un grupo, y habiendo obtenido las señas que solicitaba se dirigió a ella y se encerró sin saludar a nadie. En breve circuló el rumor de que el general estaba en su casa y que había desairado el recibimiento que se le tenía preparado. Para salir de dudas se formó una comisión que fuese a ver si realmente era Morillo el hombre del levitón.

»El general la recibió muy cortésmente vestido de gran uniforme. "Señores —les dijo—, no extrañen ustedes mi proceder. Un general español no puede asociarse a la alegría, fingida o verdadera, de una capital en cuyas calles temía yo que resbalase mi caballo en la sangre fresca aún de los soldados de S. M. que en ella, hace pocos días, cayeron a impulsos del plomo traidor de los insurgentes parapetados en vuestras casas."»

5

Seis meses antes, a poco de concluido el asedio de Cartagena, Morillo había recibido la noticia del alzamiento de Margarita, donde Arismendi y el grupo de patriotas, a quienes él perdonara la vida y respetara su libertad, habían degollado a la guarnición realista y se habían hecho con el poder en una buena parte de la isla.

Este hecho cambió radicalmente la actitud inicial de Morillo de ofrecer amnistías e indultos a cambio del abandono de la actitud levantisca. El rudo militar se lanzó a una política de represión y exterminio a sangre y fuego para acabar con los focos patriotas en todo el territorio. En poco tiempo, las fuerzas patriotas fueron una a una descalabradas. A fines de junio de 1816 no quedaba ninguna resistencia republicana en el territorio de Nueva Granada, excepto en la provincia de Casanare.

En Santa Fe, poco después de ocupada la ciudad por Latorre, dispuso Morillo el apresamiento de todos los cabecillas de la revolución.

«El día 30 de mayo, día del rey, el Ayuntamiento de Santa Fe daba un espléndido banquete al general Morillo y a su estado mayor. Este jefe había convocado a toda la gente principal para que prestara juramento a S. M. La ceremonia, que tuvo lugar en el palacio, fue imponente —cuenta el capitán Sevilla—. Una vez terminada se presentaron al general más de cincuenta damas y señoritas, las más llorando, pidiendo perdón con motivo de ser el día del monarca, las más para sus esposos, otras para sus hijos y no pocas para sus hermanos, todos los cuales por infidentes se hallaban presos en los calabozos de la cárcel y de la Inquisición.

»Las lágrimas, los sollozos, las súplicas de aquellas damas eran capaces de ablandar una roca. Madres había que, echadas a los pies de Morillo, le pedían en nombre de la suya piedad para sus hijos, y se negaban a levantarse sin obtenerla; esposas jóvenes que partían el alma al hablar de sus pequeñuelos sin padre; hijos que ofrecían constituirse en prisioneros por sus padres.

»Morillo hacía visibles esfuerzos para no conmoverse; pero permanecía silencioso y sólo un "levántese usted señora" articulaba de vez en cuando tendiendo su mano enguantada a las que se tiraban a sus plantas. Durante un rato las dejó hablar a todas. Por fin, dijo con voz mal segura: "Señoras, mi rey que, como caballero español, tiene sentimientos generosos y humanitarios, me invistió con su soberana facultad, la más bella que tiene un monarca: la de perdonar. Me encargó que perdonase siempre que lo permitiera la salud de la patria. Así es que, al pisar por primera vez tierra americana en la isla Margarita, perdoné a cuantos me hicieron súplica análoga a la que ahora me hacéis. ¿Sabéis el pago que me dieron aquellos ingratos que con lágrimas invocaron la clemencia de Su Majestad? Pues así que volví la espalda tornaron a levantar el pendón rebelde y más sanguinarios que nunca pasaron a cuchillo a los oficiales y soldados que allí dejé. Los que tan alevosamente han sido asesinados, cada uno por cien sicarios, también tenían madres, esposas, hijos que hoy maldecirán mil veces al general imprevisor que tuvo la candidez de creer en las protestas fementidas de aquellos miserables. Si en vez de perdón hubiese yo fusilado a veinte cabecillas, no pesarían sobre mi conciencia los remordimientos que hoy me acosan. ¿Quién me asegura a mí que, si yo pongo en libertad a vuestros deudos, no perezcan a sus manos los leales de Santa Fe? Señoras, siento mucho el dolor que veo pintado en vuestros rostros, pero no puedo perdonar cuando no lo permite la salud de la patria."»

Un Consejo Permanente de Guerra, instalado por Morillo, juzgó a todos los acusados. El primero en caer bajo las balas de los pelotones de fusilamiento fue el general Antonio de Villavicencio, juzgado por traición ya que había sido coronel del ejército realista: fue degradado y fusilado por la espalda. Le siguieron prácticamente toda la elite de Santa Fe: Camilo Torres, Miguel Pombo, Joaquín Camacho, Manuel Rodríguez Torices y los oficiales José María Cabal, Custodio García Robira y el ingeniero y matemático Francisco José Caldas: ciento veinticinco en total, la gran mayoría pertenecientes a familias patricias, lo que hace sospechar en Morillo un cierto resentimiento social como una de las motivaciones más profundas de su terrible decisión.

Con razón dice Encina que «en cuanto a los resultados (de esta matanza), Morillo hizo con su represión por la causa de la independencia más que sus más ilustres caudillos, exceptuado Bolívar».

XVIII

DE LAS BATALLAS DEL LECHO A LAS CAMPALES

Cuando Bolívar llegó a Kingston, Jamaica, buscó una habitación modesta en la pensión de una mujer de modales groseros y carácter agrio que explotaba con clientes poco dados a pagarle. Pero el general no estaba en condiciones de elegir, de manera que soportó con paciencia y resignación la mala atención y los peores modales.

Estaba convencido de que su lucha, por ahora, carecía de sentido. «Si el general Morillo obra con acierto y celeridad —le escribía en aquellos días al rico comerciante inglés Maxwell Hislop—, la restauración del gobierno español en América del Sur parece infalible. Esta expedición española puede aumentarse en lugar de disminuirse en sus propias marchas. Ya se dice que en Venezuela han tomado tres mil hombres del país. Si no es cierto es muy fácil porque los pueblos obedecen sin repugnancia a esos tiranos inhumanos. Es verdad que el clima disminuirá las tropas europeas, pero el país le dará remplazos con ventajas; pues no debemos alucinarnos: la opinión de América no está aún bien fijada y aunque los seres que piensan son todos, los independientes, la masa general ignora todavía sus derechos y desconoce sus intereses.»

Creyó entonces, muy a su pesar, que una salida sería ofrecer Venezuela y Nueva Granada a la protección británica, y con esa idea habló con las autoridades de Jamaica tratando de entusiasmarlas con las inmensas riquezas que encontrarían en América aún sin explotar. Pero no halló eco y escribió a Richard Wellesley a Londres haciendo la apología de las riquezas de su país y el futuro venturoso que se ofrecía si Gran Bretaña tomaba bajo su protección a América. Al mismo tiempo escribía: «Si me hubiese quedado un solo rayo de esperanza de que la América pudiese triunfar por sí sola, ninguno habría ambicionado más que yo el honor de servir a mi país sin degradarlo a la humillación de solicitar una protección extraña.»

A los dos meses de residir en Kingston, Bolívar se había quedado sin dinero. «Yo no tengo nada pues lo poco que traje ya lo he repartido entre mis compañeros de suerte —le escribía a su amiga Gertrudis Toro a fines de julio—. Pero, Gertrudis, tengo un corazón que no teme los ataques de la fortuna.»

Trató de conseguir un trabajo modesto, pero no encontró nada. Recurrió, entonces, a la desesperada, a Maxwell Hyslop, a quien envió una carta pidiéndole auxilio, que iba a ser sólo la primera de una larga lista de peticiones de dinero. «Obligado por la más absoluta necesidad me tomo la libertad de molestar la atención de usted confiando en las ofertas generosas que a nombre de usted me han hecho nuestro amigo común el difunto Robertson y mister Chamberlaine —le decía en una carta fecha del 30 de octubre.

»Ya no tengo un duro; ya he vendido la poca plata que traje. No me lisonjea otra esperanza que la que me inspira el favor de usted. Sin él, la desesperación me forzará a terminar mis días de un modo violento a fin de evitar la cruel humillación de implorar auxilios de hombres más insensibles que su oro mismo. Si usted no me concede la protección que necesito para conservar mi triste vida estoy resuelto a no solicitar la beneficencia de nadie, pues es preferible la muerte a una existencia tan poco honrosa. La generosidad de usted debe ser gratuita porque me es imposible ofrecer ninguna recompensa después de haber perdido todo; pero mi gratitud será eterna.» Bolívar recibió en esa oportunidad cien dólares.

Su pobreza no le impidió gastar el dinero que no tenía en propaganda. Porque a eso se dedicó con pasión Bolívar en los siete meses que permaneció en Jamaica: a su tarea de propagandista y libelista. Amén de infinidad de papeles prescindibles, el general derrotado escribió su célebre Carta de Jamaica, fechada el 6 de septiembre de 1815, una obra que constituye la primera y más elocuente expresión completa del pensamiento político del Libertador.

2

Bolívar comienza por manifestar su fe ciega en el triunfo final de su causa. Sobre América dice que «el lazo que la unía a España está cortado... Más grande es el odio que nos ha inspirado la península que el mar que nos separa de ella; menos difícil es unir los dos continentes que reconciliar los espíritus de ambos países».

Cree que la América del Sur es «un mundo aparte, cercado por dilatados mares, nuevo en casi todas las artes y ciencias, aunque en cierto sentido viejo en los usos de la sociedad civil». La situación presente se parece a la de la desintegración del Imperio romano, cuando «cada desmembración formó un sistema político conforme a sus intereses y situación o siguiendo la ambición particular de algunos jefes, familias o corporaciones. No somos indios ni europeos, sino una especie media entre los legítimos propietarios del país y los usurpadores españoles».

Durante la dominación española «la América no sólo estaba privada de su libertad sino también de la tiranía activa y dominante». En los sistemas absolutistas, aclara, no hay límites al ejercicio de la voluntad del soberano. Pero al fin y al cabo «son persas los jefes de Hispaham, son turcos los visires del Gran Señor, son tártaros los sultanes de la Tartaria.

»¡Cuán diferente era entre nosotros! Se nos vejaba con una conducta que, además de privarnos de los derechos que nos correspondían, nos dejaba en una especie de infancia permanente con respecto a las transacciones públicas. Si hubiéramos siquiera manejado nuestros asuntos domésticos en nuestra administración anterior conoceríamos el curso de los negocios públicos y sus mecanismos y gozaríamos también de la consideración personal que impone a los ojos del pueblo cierto respeto maquinal, que es tan necesario conservar en las revoluciones. He aquí por qué he dicho que estábamos privados hasta de la tiranía activa, pues no nos era permitido ejercer sus funciones.

»Jamás éramos virreyes ni gobernadores, sino por causas muy extraordinarias; arzobispos y obispos pocas veces; diplomáticos, nunca; militares, sólo en calidad de subalternos; nobles sin privilegios reales: no éramos, en fin, magistrados, ni financistas y casi ni aun comerciantes».

América, pues, «no estaba preparada para desprenderse de la metrópoli como súbitamente sucedió por el efecto de las ilegítimas cesiones de Bayona y por la inicua guerra que la regencia nos declaró sin derecho alguno para ello, no sólo por la falta de justicia, sino también de legitimidad».

Recuerda, después, que Venezuela «erigió un gobierno democrático y federal declarando previamente los derechos del hombre, manteniendo el equilibrio de poderes y estatuyendo leyes generales en favor de la libertad civil, de imprenta y otras».

Pero la experiencia tenida indica ahora «que las instituciones perfectamente representativas no son adecuadas a nuestro carácter, costumbres y luces actuales». Venezuela, el país que más de vanguardia ha sido en sus instituciones, es también «el más claro ejemplo de la ineficacia de la forma democrática y federal para nuestros nacientes estados.

»En tanto que nuestros compatriotas no adquieran los talentos y virtudes políticas que distinguen a nuestros hermanos del norte, los sistemas enteramente populares, lejos de sernos favorables, temo mucho que vengan a ser nuestra ruina... Estamos dominados de los vicios que se contraen bajo la dirección de una nación como la española, que sólo ha sobresalido en fiereza, ambición, venganza y envidia...».

Rechaza el sistema federal «por ser demasiado perfecto y exigir virtudes y talentos políticos muy superiores a los nuestros. Por igual razón repudio la monarquía mixta de aristocracia y democracia, que tanta fortuna y esplendor ha procurado a la Inglaterra. No siéndonos posible lograr entre las repúblicas y monarquías lo más perfecto y acabado, evitemos caer en anarquías demagógicas o en tiranías monócratas. Busquemos un (punto) medio entre opuestos...».

Bolívar propone, entonces, su plan político de inspiración británica y de corte oligárquico: constituir una nación que se llamará Colombia en homenaje «al creador de este hemisferio». (Aquí el Libertador ignora a todas las culturas precolombinas, como si Colón hubiese llegado a un continente desierto.)

El gobierno colombiano, añade, «podrá imitar al inglés, con la diferencia de que en lugar de un rey habrá un poder ejecutivo electivo, cuando más vitalicio y jamás hereditario, si se quiere república: una cámara o senado legislativo hereditario que en las tempestades políticas se interponga entre las olas populares y los rayos del gobierno y un cuerpo legislativo de libre elección, sin otras restricciones que las de la Cámara baja de Inglaterra».

3

Una mujer que apareció en su vida iba a matizar su actividad política, a enjugar un poco las penurias económicas del caraqueño y a brindarle un solaz íntimo: Julia Cobier o Crober, una dominicana de treinta y dos años, dueña de una gran fortuna y de una atractiva belleza. Una historia de amor desgraciada la había obligado a abandonar su tierra y, descorazonada, estaba dedicada a pasear por las islas del Caribe cuando, en casa de amigos comunes, conoció a Bolívar.

Los amoríos con la dominicana, además, le salvaron la vida por un azar. Dos personas nunca identificadas convencieron al criado negro de Bolívar, Pío, para que a cambio de un dinero lo asesinara.

En la noche, Pío se dirigió armado de un cuchillo a

la hamaca donde solía dormir Bolívar y lo apuñaló hasta matarlo. Sólo que no era el general venezolano quien descansaba esa noche en la hamaca sino un subordinado que tenía que partir al día siguiente a cumplir un encargo de su jefe y se había echado a dormir mientras esperaba al general. Bolívar estaba, en esos momentos, en brazos de Julia.

Mucho creyeron que Moxó o Morillo habían mandado matarlo, pero esta explicación simple no parece corresponderse con la verdad. Al parecer, Bolívar pudo enterarse por confesión de Pío, el asesino, de quiénes eran los que le habían pagado para que lo asesinara. Pero prefirió ocultar sus identidades y difundir que había sido por orden de Morillo o de Moxó, porque esta versión favorecía más sus planes políticos.

A mediados de diciembre, dos comisionados del gobierno patriota de Cartagena, Ignacio Cavero y el fiador de Bolívar, Maxwell Hyslop, le pidieron que se dirigiese a la ciudad que, desde hacía más de tres meses, sitiaba Morillo para dirigir la defensa de la plaza. La propuesta no tenía mucho sentido: como hemos visto, Cartagena desfallecía de hambre, falta de pertrechos, e intentar evitar su caída en manos de Morillo era una tarea absolutamente imposible. No obstante, Bolívar, en un ataque de insensatez, accedió a la petición que habría significado el fin cierto de su carrera y de su vida si no se hubiesen interpuesto acontecimientos azarosos extraordinarios.

El 18 de diciembre, Bolívar salió de Kingston en el corsario *La Popa,* capitaneado por Pierre Brugeman, con destino a Cartagena de Indias, acompañado de varios militares granadinos y venezolanos que habían accedido a acompañarlo. Hyslop había provisto los fondos para la loca empresa mientras que el contrabandista de Curaçao Luis Brion lo había organizado todo.

Hacía doce días que el general Bermúdez había evacuado la plaza. Morillo estaba en poder del código de señales de los patriotas, de modo que nada le hubiera costado engañar a *La Popa* para hundirla frente a los castillos o capturarla íntegra.

Pero al día siguiente de zarpar de Jamaica *La Popa*

se encontró en alta mar casualmente con el buque corsario *El Republicano* al mando del capitán Barbafán que le informó de la situación en Nueva Granada y de la evacuación de sus defensores hacia Los Cayos de Haití.

No le costó mucho a Bolívar y a sus acompañantes cambiar el rumbo hacia Haití, adonde llegaron el 24 de diciembre y, tras pasar Navidad a bordo, desembarcaron el 25.

Allí se puso bajo la protección del generoso general Alexandre Petion, gobernante de una de las tres fracciones en que se había dividido la isla, cuya capital estaba en Port au Prince.

4

En Los Cayos, Bolívar se encontró con muchos fugitivos de Cartagena: Mariño, Piar, los dos Piñeres, Bermúdez, el padre Miramón, Ducoudray Holstein, el corsario francés Aury con quienes, obviamente, se habló incansablemente de la necesidad de recuperar para la causa patriota los territorios perdidos.

No tardó Bolívar en convocar a una asamblea para organizar política y militarmente a la expedición que quería lanzar sobre el continente o, dicho de otra manera, para buscar el respaldo necesario a fin de confirmar su autoridad sobre todos ellos. Sus planes consistían en intentar la liberación de Venezuela mientras Morillo estaba aún ocupado en Nueva Granada.

La Asamblea se reunió el 7 de febrero en la casa de Jeanne Bouvil, en el arrabal de La Savane. Ducoudray Holstein ha dejado una crónica sabrosa de lo sucedido aquel día. «El general Bolívar estaba sentado en un sillón elevado por encima del nivel general y los caudillos militares más abajo en sillas ordinarias a derecha e izquierda. Frente a él, el secretario de la Asamblea, y a su derecha, izquierda y fondo todos los demás miembros invitados a formar parte de la Asamblea por boletines manuscritos firmados por el general Bolívar. He de confesar que este sitial realzado unos sesenta centímetros del suelo me ofendió a mí como a otros; tenía un aspecto de trono y de distinción monárquica. El propio Bolívar había preparado esta disposición, juntamente con el coronel Luis Durand, natural de Bogotá, que había venido desde Londres con Luis Brion y era principal propietario de los catorce mil juegos de armas comprados por el gobierno de Nueva Granada.

»El general Bolívar abrió la sesión con un largo discurso preparado en el que intentó hacer ver la necesidad de un gobierno central o de un poder concentrado en una persona sola y por lo tanto rogó a la asamblea que la designara antes de la salida de la expedición.»

Dada la preeminencia del sitial del general, la farsa era demasiado evidente. La completó Luis Brion, quien sugirió el nombre de Bolívar, advirtiendo que daría su dinero y pondría sus barcos sólo si el venezolano era elegido jefe máximo. Para forzar las cosas fue preguntando Brion uno a uno si aceptaban la jefatura de Bolívar, por la cual asumía todos los poderes.

La voz discordante más estentórea fue la del marino francés Aury, quien se negó a concederle poderes dictatoriales y rehusó firmar el documento, manejado por el secretario de la Asamblea, que había sido redactado previamente. Bolívar nunca le perdonó a Aury esta disidencia. Ducayla, Collot, García y el general Bermúdez también se negaron a concederle a Bolívar poderes dictatoriales.

Auxiliados por 400 haitianos que le proporcionó Petion junto con los barcos, 5 500 fusiles, una imprenta portátil y cuantiosas sumas de dinero, Bolívar y su modesto ejército zarparon el 10 de abril de 1816 de Los Cayos, en seis goletas y un bergantín armado, dispuestos a libertar a Venezuela del poder español.

Luis Brion, además del Estado haitiano, contribuyó generosamente a financiar la expedición con 160 000 pesos en provisiones, barcos y armamento. Contrabandista enriquecido, el mulato tenía ambiciones de gran general. Gastaba uniformes rimbombantes y se hacía llamar capitán general. En Bolívar y sus compañeros había encontrado la organización y la causa que justificaba sus sueños entre teatrales y megalomaníacos pero no por ello menos útiles para los republicanos. El general caraqueño comenzó por nombrarlo capitán de navío, y, tras el primer combate en las islas de Los Frailes, lo hará almirante.

La flotilla se había concentrado a escasas millas náuticas en la isla La Beata, al sur de Santo Domingo, desde donde la partida a Venezuela se demoraba interminablemente. La razón de la espera pronto se supo: Bolívar, obedeciendo a una de sus debilidades más notorias, esperaba a una mujer. «Era nada menos que la señorita Pepa, la querida del general Bolívar —cuenta Ducoudray Holstein—. Ella sola, con sus virtudes secretas, tuvo fuerza para detener a toda la escuadra y a unos mil hombres durante más de cuarenta y ocho horas, al ancla.»

La señorita Pepa no era otra que Josefina Machado, la joven que lo había recibido con corona de laurel a su entrada victoriosa en Caracas, para convertirse luego en su amante y que, en la huida tras la derrota, se había refugiado con su madre y su hermana en la isla de Santo Tomás (Saint Thomas), junto a Puerto Rico.

«Antes de llegar a la isla La Beata —narra Ducoudray Holstein—, un barco piloto muy rápido trajo a Bolívar la feliz noticia de que su adorada señorita Pepa, con su madre y su hermana habían llegado a Los Cayos desde Santomás. Esa carta causó gran torbellino a bordo.»

Los demás se negaban a que toda la escuadra estuviese pendiente de unas faldas, pero prevalecieron al final los argumentos sentimentales de Bolívar, quien mandó a la goleta *Constitución* con tres oficiales —entre ellos Carlos Soublette, hermano de otra de sus amantes, Isabel Soublette— a buscar a la Pepa. La dama se dio el lujo, entonces, de hacerlos esperar un día entero, lo que acabó por hacer montar en cólera a los oficiales extranjeros y a algunos venezolanos. Un grupo de militares caraqueños, entre los que estaba Palacios, el primo de Bolívar, renunciaron a la expedición y desembarcaron en territorio haitiano en Jacmel. Al final se perdieron varios oficiales y cuatro preciosos días por culpa de doña Pepa.

Bolívar, al parecer, no podía vivir sin mujeres, pese a que había elegido como vocación un mundo exclusivo de hombres como es el militar. «Cuando llegó Bolívar desde Los Cayos a Port au Prince —cuenta Ducoudray Holstein, entonces su jefe de estado mayor— se encontró inopinadamente con las dos hermanas Elena e Isabel Soublette, que lo eran del famoso general Carlos Soublette... y en Los Cayos encontró a (el teniente coronel Juan) Valdés y a sus dos hijas, con las que solía pasar la mayor parte del tiempo. Tan pronto como se le nombró comandante en jefe en la Asamblea de Los Cayos mandó una carta a la señorita Pepa, que con su madre y hermana, residían en Santomás, pidiéndole que viniera a reunírsele inmediatamente. Estuvo esperándola día por día con la mayor ansiedad, aplazando la marcha de la expedición de un día para otro durante más de seis. Al fin, impaciente, el comodoro Brion le declaró francamente que ya era hora de embarcar y que ni quería ni podía esperar más. Bolívar, por tanto, tuvo que hacerse a la vela sin su amante, y así salimos.»

XIX

VIAJE DESDE HAITÍ, IDA Y VUELTA

Por fin, el 2 de mayo, la flota divisó las islas de Los Frailes, a corta distancia de Margarita. Allí divisaron una goleta realista, la *Rita,* y un bergantín de la misma bandera, el *Intrépido*. La flotilla de Brion se lanzó al ataque y sus hombres se apoderaron de ambos navíos, tras matar a sus capitanes.

Bolívar no participó del combate sino que presenció la acción desde cubierta y, cuando una treintena de miembros de la tripulación realista se desnudaron y se lanzaron al agua para salvar el pellejo tratando de alcanzar la costa a nado, sacó una pistola y disparó contra esos hombres indefensos que pasaban junto a su barco, matando a uno de ellos.

De todos modos el combate de Los Frailes fue de capital importancia para los bolivarianos. Las naves españolas que custodiaban el noroeste de la isla, al enterarse del resultado del combate, huyeron a Cumaná. Las fuerzas que estaban en Asunción, capital de Margarita, también se replegaron a las fortificaciones de Pampatar y Porlamar. Con todo esto se facilitó el desembarco del armamento que traía la escuadra de Brion.

Arismendi, enterado de la llegada triunfal del ejército de Haití, olvidó viejas rencillas con Bolívar y salió a recibirlo amistosamente cuando al día siguiente del combate los barcos atracaron en el puerto de Juan Griego. El comandante en jefe, junto a Arismendi y otros oficiales se pusieron en marcha, a caballo, rumbo a la Villa del Norte.

A la siguiente semana, en esa localidad se reunió otra asamblea que confirmó los acuerdos tomados en la anterior de Los Cayos, se nombró a Mariño segundo jefe de la expedición y a Arismendi general en jefe.

Bolívar sabía que no le convenía quedarse en la isla sino que tenía que intentar, lo antes posible, desembarcar en el continente. El 25 de mayo partió la fuerza expedicionaria rumbo a Carúpano y el 1 de junio desembarcó protegida por los cañones de la escuadra. La población de Carúpano era mayoritariamente realista de modo que sus habitantes huyeron tan pronto vieron llegar a los patriotas. Bolívar se encontró con un pueblo desierto.

Desde Carúpano mandó el general varias partidas al interior para que reclutaran gente y se pusieran en contacto con los guerrilleros patriotas que habían sobrevivido a la reconquista realista, a quienes reforzó con mil fusiles.

Mientras tanto, el general español Tomás de Cires, enterado de lo menguado de las fuerzas de Bolívar, reunió un ejército de dos mil hombres y puso cerco a Carúpano por tierra y por mar con ayuda de la escuadra.

A Bolívar, muy inferior en fuerzas, no le quedó otra solución que embarcarse para trasladar sus fuerzas a Ocumare, entre La Guaira y Puerto Cabello, muy cerca de Caracas. La partida se demoró a la espera del arribo de Mariño con sus refuerzos, que nunca llegaron.

El 1 de julio dio vela la escuadra patriota. Al pasar cerca de Margarita le envió una carta a Arismendi en la que le prometía tomar la capital en ocho días después de su desembarco.

Al mediodía del 7 de julio, los patriotas pusieron pie en tierra y ocuparon el pueblo de Ocumare. Por la noche, seiscientos hombres al mando de Soublette se dirigieron a ocupar los valles de Aragua y Valencia, tras atravesar la sierra de dos mil metros de altitud que se eleva junto a Ocumare, y a fortificarse en La Cabrera. En la costa quedó Bolívar con ochenta hombres cuidando el parque.

Desde allí lanzó una de sus habituales proclamas en la que prometía que «la guerra a muerte que nos han hecho nuestros enemigos cesará por nuestra parte; perdonaremos a los que se rindan, aunque sean españoles... Ningún español sufrirá la muerte fuera del campo de batalla. Ningún americano sufrirá el menor perjuicio por haber seguido el partido del rey o cometido actos de hostilidad contra sus conciudadanos». Y prometía que, tras tomar la capital, convocaría un Congreso general y restablecería el gobierno de la República. Esta política implicaba un giro copernicano a su actitud anterior y un implícito reconocimiento del sangriento error que había cometido al desatar alegremente la guerra a muerte que había diezmado al país. Pero también era una actitud conciliatoria en quien se sabía muy débil militarmente y acariciaba la fantasía de que el pueblo se levantaría en armas contra los realistas ni bien vieran aparecer a sus fuerzas.

En este hecho improbable estaba basada su estrategia. Soublette pronto comprobó que los pueblos no tenían ningún interés en aportar hombres para engrosar sus filas. Hartos de la guerra y sus desastres prefirieron dar la espalda a esos hombres que venían a perturbar su tranquilidad. Al mismo tiempo supo Soublette que Morales se le acercaba con una fuerza considerable, de modo que optó por replegarse hasta Las Piedras, al pie de la cuesta de Ocumare.

Bolívar se enteró pronto de los movimientos de Soublette y le envió urgentemente una carta recriminándole «el movimiento retrógrado de V. S.» que «nos ha hecho infinito daño y que sólo puede repararse esta pérdida con operaciones muy audaces y aceleradas».

El Libertador estaba atacado de una de sus periódicas fases maníacas en las que perdía el sentido de la realidad y de la proporción, arrasadas por un optimismo y una euforia desbordantes. Esa carta era expresión de su propio delirio omnipotente. Le ordenaba a Soublette que se apoderara de «los valles de Aragua hasta el Camejo y más adentro» (¡con seiscientos hombres bisoños!) y le aseguraba que él conocía el número de soldados del enemigo y que podían «ser destruidos por los que V. S. manda».

Más sensato, Soublette hizo caso omiso de estas órdenes, y se replegó hacia Ocumare buscando la posición inexpugnable de Los Aguacates para esperar a Morales. Cuatro días más tarde se presentó el jefe realista con fuerzas similares en número a las de la tropa patriota, pero muy superiores en veteranía.

Con ellas Morales logró vencer la posición privilegiada que tenían los republicanos y, al cabo de tres horas de combate, los puso en fuga, tras haberles causado doscientos muertos.

2

Bolívar se convenció de que no tenía con qué enfrentar a las bien entrenadas tropas peninsulares y, en junta de jefes y oficiales, resolvió burlar a Morales y, a sus espaldas, internarse en dirección a los Llanos para reunirse allí con las guerrillas patriotas que seguían operando.

El general McGregor, oficial escocés al servicio de Bolívar, se hizo cargo de las fuerzas que habían quedado en Ocumare para conducirlas a Choroní, sobre la costa. Soublette iba a encontrarse con McGregor en esa población costera para concentrar fuerzas y a ellas iba a unirse, por vía marítima, Bolívar. Por su parte, Piñango ocupó los desfiladeros que conducen a Maracay, mientras el general en jefe se quedaba en Ocumare a embarcar el armamento, las municiones y la imprenta.

Una vez que todos hubieron marchado, Bolívar ordenó a Villaret, el jefe de la escuadra, que subiera a bordo los pertrechos. Pero éste no le obedeció y le dio largas. Estaba en la playa, inmerso en discusiones a larga distancia con el marino que se había embarcado, cuando se presentó el ayudante de Soublette, Isidro Alzuru, para informarle de que Morales había ocupado el vecino pueblo de Ocumare, a sólo una legua de allí.

La noticia se propagó como reguero de pólvora y

cundió el pánico. Los buques se alejaron de la costa y los botes hicieron lo mismo, dejando a Bolívar solo con los pertrechos abandonados. «Iba a darme un pistoletazo —recordaría años más tarde— cuando (uno de los marinos extranjeros) M. Videau volvió del mar en un bote y me tomó para embarcarme en la *Diana.*» Todo el material que tenía que embarcar quedó en la playa y cayó en manos de los realistas.

Alzuru había mentido intencionalmente: las tropas de Morales se encontraban muy lejos de allí, en la montaña, y ése era el mensaje que Soublette le encargó que le transmitiera a Bolívar. Pero el edecán ya tenía decidido pasarse a los realistas, como efectivamente lo hizo días después, y decidió hacerles un buen servicio para ser mejor recibido.

La leyenda dice que este desastre en la playa de Ocumare se debió a que Josefina Machado, la querida del general que estaba en el pueblo de Ocumare, demoró demasiado en ir a embarcarse y eso ocasionó la ira de los oficiales y marineros que se fueron a bordo de las naves dejando a Bolívar solo en la playa, esperando a su amada.

3

Bolívar había acordado ir por mar hasta Choroní para juntarse allí con McGregor y Soublette. Pero los barcos, conducidos por los corsarios de Brion, tomaron el rumbo opuesto y Bolívar tuvo que seguirlos hasta la isla de Bonaire, junto a Curaçao, para no perder su carga. La llegada de Brion, afortunadamente, puso orden entre los marinos que formaban su flota y ordenó que devolvieran los pertrechos y armamentos que transportaban. Bolívar, en la *Diana*, se dirigió a Choroní. Pero sus tropas ya se habían marchado y el puerto estaba ocupado por el enemigo.

Volvió a Bonaire y allí trasbordó al bergantín *Indio Libre* con el que alcanzó Güiria, en el extremo sur de la península de Paria, no sin antes pasar por Saint Thomas, donde desembarcaron Josefina Machado, su madre y una tía porque ya no podía el general andar haciendo la guerra, y qué guerra, con tantas faldas a cuestas. Debido a varias peripecias desagradables la navegación de Bonaire a Güiría demoró más de un mes.

Los nuevos planes de Bolívar eran llevar a Maturín las armas y pertrechos que transportaba, donde encontraría los brazos que las empuñaran en los guerrilleros de los Llanos y en sus propias fuerzas que había despachado al interior. Desde allí, en unión a las tropas que el general Valdés tenía en Barinas pensaba lanzarse sobre Cumaná y Guayana como comienzo de las operaciones para recuperar Venezuela.

Pero entre sus planes y la realización de éstos se interpuso un personaje singular. El general Bermúdez —antiguo lugarteniente de Mariño en el ejército de Oriente y último gobernador militar patriota de Cartagena, antes de que cayera en manos de Morillo— había quedado en Haití, donde se refugió tras la caída de la plaza fuerte granadina.

Personaje intrigante y ambicioso, se había opuesto a Bolívar, a quien detestaba desde hacía tiempo, en la Asamblea de Los Cayos. El Libertador lo engañó asegurándole que viajaría con él a la reconquista de Venezuela pero, aviesamente, lo dejó varado en tierra. Había intentado reconciliarse con Bolívar, pero éste había rechazado la propuesta de un modo ofensivo.

En Güiría, el Libertador se encontró con Bermúdez, que había llegado allí en la goleta de Antonio Rosales y volvía a ser el lugarteniente de Mariño, en poder de quien estaba la población. Por fin, se topaba con el Libertador cuando él estaba en una posición de fuerza y el otro venía derrotado. Dispuesto a vengar las afrentas que le había hecho Bolívar, preparó minuciosamente un motín con el probable pero nunca probado apoyo de Mariño.

A los gritos de «¡Abajo Bolívar! ¡Vivan Mariño y Bermúdez!», el 22 de agosto una multitud se dirigió a linchar al general caraqueño. Puesto en fuga para salvar su vida, tuvo que desenvainar su espada para defender su vida cuando iba camino de una embarcación del puerto y con su acero mantuvo a raya a la turbamulta.

Viendo Bermúdez que se le escapaba la presa se abalanzó sobre él, sable en mano, pero Manuel Isaba, coronel, y un civil, Gaspar Marcano, se le interpusieron y Bolívar consiguió llegar sano y salvo al *Indio Libre*.

Tras ordenar que desembarcaran todos los pertrechos y armas que llevaba para entregárselas a Mariño, se hizo a la vela en dirección a Haití, adonde llegó el 3 de setiembre.

El bueno del presidente Petion lo recibió cálidamente y le prometió al atribulado general los medios para organizar una nueva expedición.

XX

LA CONQUISTA DE GUAYANA

En poco más de tres meses, con la invalorable ayuda de Petion, Bolívar consiguió organizar una nueva expedición libertadora de Venezuela.

La mayoría de los jefes patriotas, enterados del motín de Güiría que había obligado a Bolívar a extrañarse, le enviaron mensajes pidiéndole que regresara y se pusiera al frente de sus fuerzas. El general era ya un elemento de cohesión que permitía resolver las terribles rivalidades que ocasionaban las exigencias de preeminencias de los jefes republicanos y su peligrosa división en feudos que debilitaba la causa patriota. El general Monagas y los otros comandantes de las fuerzas del centro del país como Zaraza, Páez y Cedeño comisionaron a Francisco Zea para que fuera a Haití a solicitar a Bolívar que volviera al continente a proseguir la campaña. Poco antes Arismendi en Margarita había encargado a Francisco Olivier para que hiciera lo mismo.

El 21 de diciembre embarcaron Bolívar, su secretario J. Pérez, el edecán Chamberlain, Piñérez y otros oficiales además de Zea, en Jacmel, Haití, y pusieron rumbo a Saint Thomas y Margarita. Llevaba más de 4 000 fusiles, 8 cañones y 250 000 cartuchos. El 28 de diciembre de 1816, día de los Santos Inocentes, llegaba la expedición a Juan Griego, Margarita, que estaba al frente del coronel Francisco Esteban Gómez, ya que Arismendi había ido a Barcelona a auxiliar a las fuerzas patriotas que defendían la ciudad.

Bolívar estaba vivamente preocupado por los aspectos políticos de su cruzada. La experiencia le había demostrado que lo conquistado con la sola acción militar tenía efímera vida si no se organizaba políticamente a las ciudades, regiones y países. Desde Haití le había escrito al canónigo Cortés Madariaga: «En vano las armas destruirán a los tiranos si no establecemos un orden político capaz de reparar los estragos de la revolución. El sistema militar es el de la fuerza y la fuerza no es gobierno.» Y al llegar a Margarita, en una de sus habituales proclamas: «La patria ha estado y estará frecuentemente en orfandad en tanto que el magistrado sea un soldado» y exhortaba a los margariteños a enviar diputados al Congreso: «Reuníos en este suelo sagrado, abrid vuestras sesiones y organizaos según vuestra voluntad. El primer acto de vuestras funciones será señalado con la aceptación de mi renuncia.»

De Margarita navegó Bolívar hasta Barcelona que había sido ocupada por el general McGregor al frente de parte de las fuerzas que había dejado el Libertador en tierra antes de su fuga de Ocumare. El aventurero escocés había hecho una carrera triunfal derrotando a los realistas en los combates de Quebradahonda, San Diego y El Alacrán. Esta última victoria le había permitido ocupar Barcelona. Pero tuvo que defender su conquista en la batalla de Juncal, el 27 de setiembre de 1816, en la que derrotó a Morales y dispersó sus fuerzas. Las maniobras del siniestro general Piar habían forzado a McGregor a pedir su baja y marchar a Panamá, mientras Piar, apoderado del ejército, se había marchado con él a Guayana a labrar su propio feudo imponiéndose a Cedeño, el caudillo guerrillero de la región.

Desde Barcelona, Bolívar hizo lo indecible por entenderse con Mariño, pieza clave para sus planes. Lo primero para Bolívar era unificar las cuatro fuerzas patriotas que operaban en Venezuela sin coordinación ni comunicación entre sí, separadas como estaban por grandes distancias y por la negativa de los caudillos regionales a subordinarse uno al otro.

En Cumaná, Mariño tenía cerca de dos mil hombres dirigidos por el joven jefe de Estado Mayor, coronel Antonio José de Sucre, el hombre que ocho años más tarde acabaría con el poder español en América del Sur. Bermúdez, Armario y Valdés mandaban las tres divisiones que integraban la fuerza armada.

Piar y Cedeño disponían de mil doscientos efectivos que ocupaban el interior de Guayana, pues los realistas se habían replegado a Angostura.

En los Llanos, Páez comandaba una fuerza irregular de aguerridos llaneros que podía sumar varios miles o pocos centenares de hombres a caballo, según la suerte de las armas, y que se habían hecho fuertes en Nutrias y Guasdalito, a orillas del Apure. En total, los patriotas disponían en Venezuela de unos seis mil o siete mil hombres en armas, pero repartidos en un territorio muy extenso y, como se ha dicho, sin un mando unificado. A diferencia de los realistas que, tras la derrota de Juncal, se habían reorganizado y concentrado en Altagracia de Orituco al mando del brigadier Francisco del Real. Contaba con 2 700 infantes y 400 jinetes llaneros con los que planeaban apoderarse de Barcelona para luego seguir a Guayana. Esto, sin mencionar a las fuerzas de Latorre y Morillo que, cruzando la cordillera de los Andes a principios de 1817, se habían enfrentado en los Llanos a los llaneros de Páez y avanzaban hacia la costa.

2

Bolívar comenzó por ser atacado, una vez más, por sus delirios de omnipotencia. Concibió apoderarse de Caracas («su» Caracas) con sólo setecientos hombres y se puso en marcha acompañado por Arismendi. Previamente no perdió la oportunidad de lanzar otra de sus proclamas dirigidas a los caraqueños, a quienes planeaba empezar a gobernar en pocos días más, en la que les aseguraba que «nuestros soldados son invencibles y debéis recibirlos como a vuestros protectores. No los temáis. Yo vuelo a la cabeza de mis compañeros de armas a romper vuestras cadenas».

Fue un vuelo más que corto: a pocos kilómetros de

Barcelona, en Clarines, el capitán realista Francisco Jiménez al frente de novecientos hombres, en gran parte indios flecheros, puso en desbandada a las tropas de Bolívar y Arismendi que dejaron en el campo de batalla cincuenta muertos y cuarenta heridos.

Volvió con menos de quinientos soldados a atrincherarse en Barcelona.

Desde allí, llamó a los otros jefes patriotas —Páez, Piar, Zaraza, Monagas— a que fueran en su auxilio y, de paso, unificasen las fuerzas, reuniéndose en El Chaparro. Lo que proponía era muy difícil aun contando con la buena voluntad de los caudillos, pues los ejércitos estaban separados no sólo por las grandes distancias sino también por las fuerzas realistas, que en número muy superior ocupaban buena parte del territorio. A ello se sumaban sus disensiones internas.

Además, todos los jefes patriotas habían sufrido derrotas recientes: Piar había sido rechazado en su intento de apoderarse de Angostura; otro tanto le había ocurrido a Mariño en Cumaná; dos oficiales de Páez, Guerrero y Freites, sufrían sendos revolcones en los Llanos.

Mientras esperaba el ataque de Del Real, Bolívar mejoró su puntería y envió a Soublette en misión diplomática para convencer a Mariño, que se hallaba a menos de cien kilómetros de allí, de que se le uniera. Le ofrecía el mando superior que él resignaría y se pondría a sus órdenes. Mariño aceptó y se puso en marcha hacia Barcelona.

Esto salvó la vida a Bolívar y a los defensores de la ciudad. El 8 de febrero Del Real comenzó el asalto con casi cuatro mil hombres, pero sin artillería. Los patriotas resistieron los primeros embates. Hasta que, enterado Del Real del avance de Mariño, se retiró hacia el oeste abandonando algunos pertrechos.

Una de las unidades, la de la vanguardia de las fuerzas de Mariño, llegó al mando de Bermúdez. Bolívar salió a recibirlo, abrazándolo mientras le decía a su antiguo enemigo: «Vengo a recibir al libertador del Libertador.»

Las fuerzas concentradas en Barcelona, unos tres mil hombres, fueron atacados poco después, desde el mar, por una escuadrilla realista que no consiguió sus objetivos. Bolívar y Mariño decidieron contraatacar a las fuerzas de tierra de Del Real que se habían concentrado en el Pilar. Pero fueron derrotados por los más eficaces soldados peninsulares que opusieron una feroz resistencia al ataque patriota.

Bolívar y Mariño se encerraron otra vez en Barcelona, donde resistieron los ataques de la escuadra realista y de las tropas terrestres. Pero con los suministros de alimentos cortados, la plaza no podía resistir mucho tiempo. Mariño salió hacia Aragua de Barcelona con la excusa de conseguir ganado para alimento y para cabalgaduras.

Bolívar resolvió, entonces, evacuar la plaza y marchar hacia Guayana, donde los patriotas tenían cercadas las dos plazas más importantes de la región —Angostura y Guayana la Antigua—, para sentar allí su base de operaciones. Páez en los Llanos y Piar desde Guayana le hicieron llegar, en esos días, la expresión de sus deseos de que Bolívar asumiera el comando como general en jefe, una urgente necesidad ante el avance de Morillo desde Nueva Granada.

Bolívar, acompañado por sólo quince hombres, evacuó Barcelona rumbo a Guayana. Quedó allí el grueso de la fuerza para que cuidara el parque en el convento de los franciscanos —llamado la Casa Fuerte— hasta que se consiguieran transportes para sacarlos. Mariño debía acudir en su auxilio en caso de que fueran sitiados.

Los realistas tomaron la ciudad y cercaron a las fuerzas patriotas en la Casa Fuerte que estaban al mando del general Freites y comenzaron a machacar la construcción con la artillería antes de dar el asalto final. Mariño, distanciado otra vez de Bolívar, los ignoró y no marchó a liberarlos. Los defensores, persuadidos de que iban a ser asesinados si se rendían, rechazaron las posibilidades de resignar la defensa y, a las intimaciones realistas, respondieron que estaban dispuestos sólo a morir o a vencer.

Eran tropas bisoñas que, sin embargo, resistieron con enorme tenacidad. Al final quebraron su obstinación y los realistas entraron a saco y exterminio: mataron a la casi totalidad de la población que se encontraba en la Casa Fuerte —mujeres, niños y ancianos— y a los defensores armados, de los cuales sólo se salvaron seis o siete oficiales que consiguieron huir. El general Freites y el gobernador civil Ribas fueron ahorcados en Caracas. Los patriotas perdieron unos mil fusiles, veinte cañones, municiones y pertrechos.

3

Tras superar una emboscada de los guerrilleros, Bolívar y su docena de acompañantes llegaron a La Cruz, cerca de Soledad (frente a Angostura), a orillas del Orinoco, a cuatrocientos kilómetros de Barcelona. Allí cruzó el caudaloso río y el 4 de abril se encontró con Piar, quien iba a buscar a las fuerzas del general realista Latorre, lugarteniente de Morillo.

De Páez consiguió doscientas mulas y trescientas yeguas para transportar el parque que había dejado en Barcelona, hacia donde se dirigió. Pero el 15 de abril supo que había perdido allí a sus soldados y el parque, de modo que continuó viaje a El Chaparro acompañado por Sedeño, Francisco de Paula Santander y Manrique, oficiales que llegaban para ponerse a sus órdenes, a los que más tarde se sumaron un Bermúdez reconciliado, Valdés y Armario (separados de Mariño) además de Arismendi y Zaraza.

De regreso al Orinoco con las fuerzas unidas, el 26 de abril pasaron el mayor río de Venezuela. El 2 de mayo de 1817 Bolívar volvió a encontrarse con Piar que, quince días antes, había derrotado al general Latorre en San Miguel de Guayana, tomó el mando supremo y lo ascendió a general en jefe pero subordinado a él.

Los realistas seguían siendo fuertes en las dos principales concentraciones urbanas de la región, Angostura (hoy Ciudad Bolívar) y Guayana la Antigua y, además, dominaban el Orinoco.

El comandante en jefe se dio cuenta de que sin el dominio del río era imposible apoderarse de las dos ciudades y sin esto no cabía iniciar la reconquista de Venezuela con el sometimiento de Guayana, tal como había planeado. Mandó llamar al almirante Luis Brion para disputarles a los realistas, por vía fluvial, el control del Orinoco.

Mientras esperaba la llegada de Brion, Bolívar realizó numerosas obras militares para estorbarles a los realistas la navegación: montó una batería abajo de Angostura, reunió una flotilla, construyó un astillero para armar flecheras y se apoderó de la isla Fajardo, frente a la boca por la que el Caroní desemboca en el Orinoco, donde batió a la guarnición realista y se apropió de una buena cantidad de armamento.

4

Mientras Bolívar en Guayana estaba ocupado en estos afanes, Mariño, en Cariaco, intentaba formar un gobierno civil, impulsado por el canónigo José Cortés Madariaga, regresado al país recientemente tras una larga prisión en España.

Cortés Madariaga se había dirigido a Mariño con la noticia de que Gran Bretaña estaba dispuesta a reconocer al gobierno independiente de Venezuela si se constituía legalmente y demostraba tener fuerzas como para sostener su independencia. Mariño, en el acta de Margarita, había sido nombrado segundo jefe de la República, por lo que, en ausencia de Bolívar, podía asumir el mando supremo. Convocó a once ciudadanos y los instó a reconstituir un gobierno colegiado de tres personas y de tipo federal a imitación del de 1812. En realidad, estaban obedeciendo a lo que Bolívar había exhortado e invitado en sus últimas proclamas.

Éste fue nombrado miembro del triunvirato, remplazado en su ausencia por uno de los suplentes (Cortés Madariaga y Zea). El nuevo gobierno se instaló en Margarita y confirmó a Mariño como general en jefe del ejército y a Brion como almirante.

Pero todo tuvo una vida harto efímera. Bolívar, por

su parte, no le hizo caso y en Margarita nadie obedeció al nuevo gobierno, que acabó muriendo de inanición.

Por disidencias con Mariño, su general en jefe, Urdaneta, el jefe de Estado Mayor, Antonio José de Sucre, y más de treinta oficiales renunciaron a su empleo en el ejército del jefe oriental y se fueron a Guayana con Bolívar. Brion, por su parte, obedeció las órdenes del Libertador y se dirigió con su flota al Orinoco. El carisma de Bolívar triunfaba por encima de cualquier otro intento.

Abandonado por sus mejores oficiales, Mariño se dedicó a constituir el Estado independiente de Cumaná, del que se nombró presidente con todos los poderes.

Su vida también sería corta. Morillo, acantonado en Calabozo, recibió en Barcelona los refuerzos de un ejército de 2 800 hombres mandados desde la península y a cuyo frente estaba el brigadier José de Canterac. Unido a sus propias fuerzas de unos 2 500 efectivos asaltó la plaza de Cariaco y arrolló a los defensores. Mariño huyó a Carúpano, donde intentó fortalecerse, pero fue nuevamente batido y tuvo que volver a huir a Maturín para salvar el pellejo.

5

Mariño iba a encontrar un imitador en el general Piar, en Guayana. Éste había resignado su autoridad en favor de Bolívar esperando la oportunidad de dar el golpe y quedarse él con todo el poder de la revolución. Bolívar no quería una ruptura violenta que produjera divisiones en momentos en que necesitaba a toda costa la unidad de las fuerzas patriotas. Piar pensaba convocar a un Congreso que le diera el poder y despojara a su jefe. Bolívar, astutamente, le hizo saber que estaba al tanto de sus planes con lo que los hizo naufragar.

Decepcionado, Piar decidió retirarse arguyendo motivos de salud. El 3 de julio salió de Upata con los dragones de su guardia, mientras Bolívar apretaba el cerco sobre Angostura y Guayana.

Después de múltiples incidencias, los pobladores y

defensores de las dos plazas resolvieron evacuarlas cuando estaban en condiciones patéticas, sólo comparables a las de los patriotas que defendieron Cartagena del asedio realista.

El 17 de julio de 1817, mil ochocientos habitantes de Angostura se embarcaron junto con el general Latorre y todas sus fuerzas y pertrechos en dirección a Guayana la Antigua. Habían desesperado ya de recibir el auxilio de Morillo. Al día siguiente el general patriota Bermúdez ocupó la plaza y repartió alimentos a los famélicos habitantes que habían decidido quedarse en la población.

Los evacuados sólo iban a quedarse en Guayana la Antigua quince días, reforzando los buques de la escuadra. El 3 de agosto partían los realistas de Guayana en 16 buques armados con 108 cañones, 12 transportes y decenas de embarcaciones menores. El capitán Sevilla, que estaba entre los evacuados, registra que «en los buques no se podía maniobrar entre tantas mujeres y chiquillos».

En el apostadero de Cabrián, la escuadra de Brion los esperaba para cerrarles el paso. Allí se trabó un fiero combate naval que continuó con la armada patriota persiguiendo a los realistas en mar abierto, a los que les causó casi trescientas bajas.

El almirante mulato capturó 14 buques grandes con 73 cañones, amén de muchos de menor tamaño, 330 fusiles, muchas municiones y 160 000 pesos en oro y plata. Guayana había sido conquistada por Bolívar.

XXI

EL GENERAL SE VUELVE LOCO

El dominio sobre Guayana era de capital importancia para los planes de Bolívar. No sólo disponía ahora de puertos sobre el océano Atlántico para comerciar con las Antillas y aprovisionarse por esa vía. A través del Orinoco y el Apure contaba con una poderosa vía de penetración que llegaba hasta los contrafuertes andinos que lo separaban de Nueva Granada. Y a él no se le escapaba esta importancia. En carta a Martín Tovar Ponte decía que «esta provincia es un punto capital, muy propio para ser defendido y más aún para ofender; tomamos la espalda al enemigo desde aquí hasta Santa Fe; y poseemos un inmenso territorio en una y otra ribera del Orinoco, Apure, Meta y Arauca. Además poseemos ganados y caballos. Como en el día la lucha se reduce a mantener el territorio y a prolongar la campaña, el que más logre esta ventaja será el vencedor».

El triunfo de Bolívar había tenido consecuencias en Casanare, donde la población se alzó contra los realistas al enterarse de las victorias bolivarianas, y juraron al Libertador como jefe supremo, mientras en los Llanos ocurría otro tanto.

La posesión de Guayana le permitió a Bolívar repatriar a las familias patriotas que languidecían en las Antillas: volvieron a instalarse en Angostura los Sucre, los Palacios, los Tovar, Aristeguietas, Soublette, Briceño Méndez y su hermana María Antonia con sus hijos.

No se durmió Bolívar sobre sus laureles y de inmediato puso en marcha un ambicioso plan de producción para incrementar la eficacia de su ejército: creó astilleros, activó las maestranzas para reparar las armas, remontó la caballería, importó pertrechos y pólvora, de manera que hacia octubre de 1817 contaba con unos 3 500 hombres en armas.

Con las manos libres tras la fuga de los realistas, Bolívar olvidó las pragmáticas condescendencias que había tenido con Piar y decidió acabar con el mulato. Mandó a Cedeño, su antiguo lugarteniente, a capturarlo, lo que logró, no sin resistencia, y lo condujo a Angostura adonde llegó el 3 de octubre. Un consejo de guerra presidido por el almirante Brion lo condenó unánimemente a muerte, sentencia que se ejecutó el 16. Los cargos fueron de traición y deserción. Piar tenía sólo treinta y cinco años.

2

La caída en manos de Bolívar de la extensa Guayana tuvo un efecto inesperado: salvó a Margarita de la dominación realista.

Morillo, creyendo que Guayana estaba bien defendida, había resuelto apoderarse de Margarita primero para luego ir a batir a Bolívar en el Oriente. Si para Bolívar su obsesión era siempre apoderarse de Caracas, para Morillo, Margarita ejercía sobre él una atracción similar: su error inicial de perdonar la vida a Arismendi era un trauma que no podía olvidar.

El 24 de julio con tres mil hombres y veintidós barcos ocupó Pampatar, en la isla y una semana después marchó sobre la capital, Asunción. Allí encontró una feroz resistencia por lo que optó por sitiar la ciudad y apoderarse mientras tanto del puerto de Juan Griego y San Juan.

Pero el 10 de agosto, cuando se enteró de la pérdida de Guayana, se alarmó y tomó conciencia de su error. Temía que Bolívar lanzara una ofensiva sobre Caracas, que había quedado militarmente debilitada, de modo que levantó su operación sobre Margarita, abandonando la isla a los patriotas, y volvió al continente.

A estas alturas Morillo era un hombre convencido del triunfo final de los patriotas y de la imposibilidad de la monarquía española de mantener bajo su poder a esos pueblos. No obstante, por fidelidad y obediencia a la Corona, seguía luchando con sus mejores fuerzas, demasiado exiguas para controlar el enorme territorio. A finales de 1817, Morillo disponía de 3 600 hombres solamente. Sus mejores tropas, las venidas de España, eran progresivamente devoradas por las enfermedades y el clima del país y también caían en las frecuentes batallas. De modo que no sólo disminuían en número sino también en calidad militar, pues se remplazaban con soldados bisoños del país, más resistentes, pero menos disciplinados.

Como bien suponía Morillo, Bolívar no tardó en ponerse en marcha: el 23 de noviembre salió de Angostura con 750 hombres para reunirse con los dos mil soldados mandados por Zaraza en Santa Clara, la confluencia de los ríos Manapire y de la Pascua, y juntos avanzar hacia el oeste para tratar de batir a los realistas. Zaraza tenía órdenes de evitar la lucha.

Sin embargo, el general Latorre se les adelantó y marchando por la noche para no ser advertido fue a encontrar a Zaraza cuando éste se hallaba acantonado en el hato de La Hogaza. El 2 de diciembre los sorprendió y le propinó una aplastante derrota con un saldo de 350 muertos y heridos del lado patriota.

Bolívar se dio cuenta de que ahora Morillo podía caer sobre Angostura y regresó a marchas forzadas con sus tropas y los dispersos de Zaraza hacia la capital guayana.

Allí decretó el enrolamiento de todos los hombres con capacidad para portar un arma, pero la orden tuvo escasísimo éxito: la región estaba agotada de hombres por las continuas guerras. Quien podía proveerle de soldados era Páez, el jefe de los llaneros patriotas, y hacia él se dirigió Bolívar.

Brion se quedó en Guayana al mando del gobierno y Bolívar marchó hacia los Llanos. El 24 de enero de 1818 todo el ejército acampó en el Potrero de Aragua y al día siguiente Páez y Bolívar se estrecharon en un abrazo.

A marchas forzadas, las dos fuerzas reunidas marcharon hacia Calabozo, cerca de donde se encontraron ambos ejércitos. El primer ataque de Bolívar causó seiscientas bajas en los realistas, que huyeron a encerrarse en Calabozo. Bolívar, sabiendo que era muy difícil tomar la población fortificada, se desplazó a El Rastro, esperando que Morillo saliera, cosa que hizo el 15 de febrero en dirección a El Sombrero, donde se atrincheró. Los ataques que Bolívar hizo contra sus posiciones no tuvieron éxito, lo que permitió a Morillo seguir a Barbacoa, sin que la caballería patriota, agotada, pudiese perseguirlo.

Los combates de Calabozo produjeron un daño sicológico en las fuerzas realistas, muy superior al físico. Cundió el pánico, ante lo cual Morillo decidió encerrarse en Villa de Cura a reunir a sus hombres y fortalecerlos.

Desde Calabozo, Bolívar ordenó a Páez que tomara San Fernando de Apure con sus hombres y avanzara hacia Valencia para reunirse con él. El jefe llanero se llevó la caballería y el batallón Apure y, en pocos días, consiguió rendir a San Fernando.

Para colmo, Bolívar comenzó a sufrir uno de los males endémicos de todas sus campañas: la deserción de sus soldados, que desaparecían en grupos de la noche a la mañana adelgazando sus filas.

Esto lo presionó para continuar cuanto antes su campaña. Reunió fuerzas en el hato de San Pablo, a mitad de camino entre Calabozo y Ortiz, donde recibió el refuerzo de Urdaneta, que llegaba desde Guayana.

Reunió consejo de guerra con sus oficiales para determinar el camino a seguir. «Algunos como Urdaneta —narra el mismo general Urdaneta— afirmaban que, dueños como se hallaban de la mayor parte de los Llanos, de un extremo a otro de la República, debía completarse y asegurarse la posesión de todos ellos, pues para entonces Casanare también había aumentado sus fuerzas y obtenido ventajas; y que rendido San Fernando y dueños de Calabozo, podían contar con todos los llaneros que por experiencia se sabía no servían sino al que poseyese los Llanos y que Morillo, reducido a las cordilleras, tendría que salir a buscarlos con la desventaja de ser inferior su caballería y poder recibirlos los patriotas con tropas frescas y bien montadas. Otros, como Cedeño, optaron por penetrar en los valles de Aragua y esta opinión prevaleció.» Una vez más, Bolívar sentía el magnetismo de Caracas.

Cedeño mismo fue a llevar a Páez las órdenes de que reuniese su ejército al de Bolívar. Pero el llanero hizo caso omiso de esas disposiciones y se fue a Achaguas.

Sin esperar la respuesta de Páez, el 6 de marzo, Bolívar fue a meterse a la boca del lobo: los valles de Aragua. El 7, la tropa estaba en Ortiz y recibió instrucciones de dirigirse en otra dirección, hacia el oeste, pero cuando llegaron al Pao cambiaron rumbo otra vez hacia Villa de Cura. Nadie supo el porqué de esta conducta errática de Bolívar quien, finalmente, maniobró hasta colocarse, como el jamón del sandwich, entre las fuerzas de Morillo a su izquierda y las de Latorre a la derecha.

Los apólogos de Bolívar, imposibilitados de explicar esta maniobra suicida, chapucera y necia, destacan la audacia del general de ir a exponerse esperando sorprender al adversario como había hecho otras veces. Sería posible, más bien, atribuirla a uno de sus brotes periódicos de irrealismo y omnipotencia, que no era contrarrestada por el consejo de sus hombres gracias, tal vez, al magnetismo que ejercía sobre ellos.

Su plan era batir a Morillo primero, mientras contenía a Latorre para que no se le uniera y luego volver sobre este último. O a la inversa. En ambos casos, una misión prácticamente imposible, sobre todo, sin contar con las fuerzas de Páez, a las que no esperó para atacar y en las llanuras de Aragua que son tácticamente inexistentes.

Morillo fue reforzado con las tropas de Calzada que llegaban de Valencia y decidió tomar la ofensiva. Se apoderó fácilmente de La Cabrera, poniendo en fuga a los patriotas.

Morales, que mandaba a los realistas, atacó a las tropas de Zaraza, y Moragas en Maracay les pasó por encima, dispersándolas y provocándoles ochenta muertos. Tras lo cual Morales y Latorre avanzaron sobre La Victoria, donde estaba el grueso de las fuerzas patriotas.

Bolívar decidió retroceder bajo una lluvia impiedosa hacia Villa de Cura. Las precipitaciones demoraron la persecución de los realistas.

El camino estrecho había favorecido una retirada ordenada de los hombres de Bolívar, pero el general temía que, tan pronto llegaran al campo abierto de los Llanos, sus hombres desertaran en todas direcciones. Creyó, por ello, que era mejor librar la batalla antes de llegar a las llanuras. En la quebrada de Semén, atacó Bolívar a sus perseguidores el 16 de febrero.

De un lado y otro se hicieron prodigios de valentía. Bolívar, refiere uno de sus oficiales ingleses, parecía dispuesto a inmolarse en combate o bien había perdido la cordura por el modo en que se exponía al peligro. Morillo, por su parte, recibió una terrible lanzada de un llanero, que le atravesó el bazo y le salió por la espalda.

La caballería patriota, una vez más, fue puesta en fuga y los infantes, desmoralizados, fueron fácilmente derrotados. El ejército patriota perdió mil doscientos hombres, trescientos de ellos muertos en combate: Morillo, convencido de que iba a morir, ordenó no degollar a ningún prisionero para mejor encomienda de su alma.

El 20 de febrero, Bolívar consiguió llegar a Calabozo, donde trató de organizar las fuerzas que le quedaban. Cerca de allí se juntaron sus fuerzas con las de Páez, con lo que consiguió reunir 2 500 hombres. La llegada del llanero le evitó a Bolívar otro encuentro inmediato: Latorre, que lo seguía para machacarlo, decidió evitar la lucha a campo abierto, sin caballería, cuando se enteró de que Páez se había unido a los derrotados en Semén y volvió a Ortiz a esperar refuerzos.

Convencido de que Bolívar había perdido la iniciativa se desprendió de un tercio de sus hombres. Bolívar avanzó sobre Ortiz, dispuesto a vengar su derrota de Semén. Pero los realistas estaban en una elevación fortificada que, pese al formidable ataque mandado por el coronel Vázquez, los patriotas no pudieron ocupar. El intento terminó con ambas fuerzas agotadas, suspendiendo un combate en el que ninguna de las dos podía aplastar al adversario.

La repercusión en los Llanos de las derrotas de Bolívar fueron terribles. Numerosos jefes guerrilleros levantaron las banderas del rey y se lanzaron a hostilizar a las fuerzas patriotas.

3

Con los restos de sus fuerzas, Bolívar optó por operar sobre San Carlos. El 16 de abril estaba en Rincón de los Toros con su ejército. No lejos de allí, el jefe realista López se encontraba cerca de San José cuando sus soldados capturaron a un sargento desertor de los patriotas y al criado del capellán que se habían perdido por los Llanos.

El sargento le dio el santo y seña del ejército patriota y la ubicación precisa donde dormía el Libertador y sus oficiales en hamacas. Con estos datos preciosos decidió perpetrar un atentado que acabara con la vida de Bolívar. El capitán Tomás de Renovales, criollo de Calabozo, se ofreció voluntario para realizar la operación de comandos y con 32 soldados del regimiento de Navarra se dirigió al campamento patriota. Dejó a veinticuatro de ellos en las afueras y penetró con ocho soldados gracias al santo y seña que conocían.

En medio de la oscuridad detectaron el lugar en el que Bolívar dormía en su hamaca y los nueve hombres dispararon al unísono y se dieron a la fuga, seguros de que habían matado al Libertador. Pero, una vez más, Bolívar salía sin un rasguño. Años más tarde le contaría a Peru Lacroix la anécdota.

«Apenas hacía dos horas que estaba durmiendo cuando llegó un llanero a avisarme que los españoles habían llegado a su casa, distante dos leguas de mi campamento, que eran muy numerosos y que los había dejado descansando. Según las contestaciones que me dio y las explicaciones que le exigí, juzgué que no era el ejército del general Morillo pero sí una fuerte división mucho más numerosa que la mía.

»El temor de que nos sorprendieran de noche me hizo dar órdenes al momento para que se cargaran las municiones y todo el parque y se levantara el campo con el objeto de ir a ocupar otra sabana y engañar así a los enemigos que seguramente vendrían a buscarnos en la que estábamos: dos de mis edecanes fueron a comunicar esas órdenes y a activar el movimiento, debiendo avisarme cuando empezara.

»Volví a acostarme en mi hamaca y en aquel momento llegó mi primer edecán, que para no despertarme se acercó pasito y se acostó cerca de mí, en el suelo, sobre una cobija. Yo lo oí. Lo llamé y le di orden de ir donde el jefe de Estado Mayor para que apresurase el movimiento. El general Ibarra fue a pie a cumplir esta disposición, mas apenas hubo andado un par de cuadras en dirección al lugar donde estaba el Estado Mayor, oyó al general Santander, jefe de dicho Estado Mayor, y habiéndosele acercado le comunicó mi orden. Entonces Santander le preguntó en voz alta dónde me hallaba yo. Ibarra se lo enseñó y Santander, picando su mula, vino a darme parte de que todo estaba listo y las tropas iban a empezar el movimiento.

»Ibarra regresó en aquel momento. Yo estaba sentado en mi hamaca poniéndome las botas. Santander seguía hablando conmigo. Ibarra se acostaba cuando una fuerte descarga nos sorprendió y las balas nos advierten que había sido dirigida sobre nosotros. La oscuridad nos impidió distinguir nada.

»El general Santander gritó al momento: "¡Al enemigo!" Los pocos que aquí estábamos echamos a correr a campo traviesa, abandonando nuestros caballos y cuanto había en la mata. Mi hamaca, como supe después, recibió dos o tres balas. Yo estaba sentado en ella pero no recibí herida alguna, ni tampoco Santander, Ibarra y el general Briceño que estaban conmigo: la oscuridad nos salvó.»

Pero la oscuridad hizo también que Bolívar se extraviara en la sabana y no consiguiera encontrar el camino para regresar al campamento. En la madrugada, el realista López atacó la posición patriota, destrozó la infantería y puso en fuga a la caballería.

Bolívar, en medio del campo, a pie, pedía el caballo a los que pasaban huyendo, hasta que un sargento Martínez se lo cedió. Con esa cabalgadura consiguió salvar su vida —por segunda vez en pocas horas— de la persecución estrecha de los realistas, para lo cual tuvo que tirar parte de su uniforme a fin de no ser reconocido. En Calabozo se dedicó a reunir sus fuerzas dispersas. Tantos fracasos repercutieron en su físico: atacado en Calabozo por fiebres muy altas, sólo a fines de mayo se repuso y pudo regresar a Angostura.

Mientras tanto, Páez había avanzado hacia San Carlos siguiendo las órdenes de Bolívar. El 2 de mayo chocó en Cojedes, al sur de San Carlos, con las fuerzas de Latorre, que le infligieron una tremenda derrota y lo obligaron a refugiarse en San Fernando de Apure.

Los realistas aprovecharon sus victorias con rapidez y eficacia. Ocuparon Nutrias, todo el territorio de Barinas al norte del Apure y Guanare. Gran parte de los Llanos volvieron a manos de las fuerzas fernandinas.

4

«El resultado de esta desastrosa campaña abierta bajo tan felices auspicios —resumió el general Urdaneta en sus *Memorias*— fue la pérdida de todo el ejército, la muerte de muchos jefes y oficiales de mérito y la necesidad de crear de nuevo para emprender. Zaraza y Monagas volvieron a sus antiguos teatros de operaciones. Cedeño con sus pocos restos volvió a Guayana y encargado Páez de la defensa de Apure con su caballería durante el invierno, que ya estaba muy adelantado, bajó también Bolívar con todos los oficiales que no eran allí necesarios a la ciudad de Angostura, en donde dio impulso a la creación de un nuevo ejército, destinando jefes y oficiales a todos los puntos donde se podía reclutar y creando medios de reponer los parques ya vacíos de todo elemento de guerra.»

El primer responsable de tantos errores era, sin duda, el general Bolívar.

XXII

LOS PATRIOTAS RESUCITAN

Entre tanta mala noticia para los patriotas, de tierras remotas les llegaron algunas más auspiciosas: el 12 de febrero de 1817, el general José de San Martín, que había atravesado la cordillera de Los Andes desde Mendoza, Argentina, batió en Chacabuco, Chile, a las fuerzas realistas. Al año siguiente, el 5 de abril, las aplastó en la batalla de Maipú, con lo que consolidó el poder de los patriotas sobre la Capitanía General de Chile. San Martín estaba preparando su expedición al Perú, con lo cual el virrey Pezuela se encontraba imposibilitado de enviar, eventualmente, refuerzos al norte, a Nueva Granada.

Bolívar llegó a Angostura el 5 de junio de 1818 dispuesto a recrear un ejército. Decretó una leva general pero, más allá de la disponibilidad tan escasa de hombres que había, los patriotas estaban sin armas ni pertrechos. Una circunstancia, empero, les resultó favorable: tras el gran esfuerzo contra Napoleón, Inglaterra se encontraba en crisis económica. Había en sus arsenales enorme cantidad de armas sobrantes de las campañas antinapoleónicas que estaba ansiosa por vender. Al mismo tiempo, gran cantidad de oficiales y soldados forjados en esas luchas europeas y licenciados se encontraban sin ocupación.

Los agentes de Bolívar en Gran Bretaña realizaron la doble tarea de adquirir armamentos y de entusiasmar a los soldados sin guerra con las perspectivas de gloria y riquezas que les esperaban en la América tropical, luchando contra los españoles.

A fines de 1817 había llegado una expedición de cinco bergantines y fragatas con ochocientos oficiales y soldados, armamentos y pertrechos. Una parte de los británicos, cuando vieron las condiciones de los cuarteles, se sublevaron y se negaron a incorporarse. Sólo un centenar y medio se enroló en los ejércitos bolivarianos y con ellos se creó la Legión Británica, que habría de tener brillantes actuaciones en la América del Sur septentrional.

Bolívar manejaba varios planes posibles de acción. La llegada de los ingleses, que no podían desembarcar por temor a la escuadra española, le hizo imaginar que podía tomar Cumaná en una acción conjunta por mar y tierra. Pero el plan fracasó: Bermúdez fue derrotado en Río Caribe y en Cariaco y tuvo que huir a Margarita para salvar el pellejo. Mariño también fue aniquilado en un intento de apoderarse de Cariaco. Todo esto contribuyó a que Bolívar desistiera de su operación sobre Cumaná y dirigiera sus miras a occidente.

Alentado por las noticias que le llegaron de Chile, fue creciendo en él la audaz idea de operar sobre Nueva Granada. Envió a la provincia de Casanare, vecina del reino granadino, donde sobrevivía la resistencia patriota, al coronel Santander con la misión de crear allí un cuerpo de vanguardia.

Mientras tanto, presionado por los intelectuales que deseaban la creación de un gobierno que permitiera organizar las nuevas posesiones y las futuras, Bolívar, el 15 de agosto de 1818, lanzó en Angostura una proclama en la que convocaba, para el 22 de octubre, a un Congreso general.

Tras febriles preparativos, el 21 de diciembre partió de Angostura con veinte buques de guerra con el objetivo de reunirse con las fuerzas de Páez. El 17 de enero de 1819 entró en San Juan de Payara y revistó las tropas llaneras. Ahora disponía de unos cinco mil hombres, mitad infantes, mitad jinetes para oponer a los seis mil doscientos soldados que los realistas habían concentrado en la confluencia de los ríos Portuguesa y Tiznado.

El 29 de enero, ante la inminencia de la apertura de las sesiones del Congreso de Angostura, tuvo que regresar a la Guayana. El 15 de febrero se reunió el cuerpo legislativo y en su inauguración Bolívar pronunció el célebre discurso de Angostura, en el que volvió a reafirmar sus principios e ideas en materia de organización política.

Fascinado por el sistema británico, Bolívar recomienda al Congreso un sistema unitario que contemple una cámara legislativa cuyos componentes estén elegidos popularmente y otro cuerpo de corte aristocrático compuesto por senadores vitalicios y hereditarios. Bolívar creía también en la necesidad de que la presidencia fuese vitalicia, una forma republicana de la monarquía inglesa que tanto admiraba y un sistema que él había comprobado que era eficaz en Haití, donde estaba instituido. El presidente vitalicio tenía que tener la capacidad de nombrar a su sucesor. Encontró escasa acogida para esta idea en Angostura por lo que no insistió en ella. En la Constitución que, un lustro más tarde, preparará para la República de Bolivia, se dará el gusto de incluir esta institución.

El Congreso nombró presidente a Bolívar y vicepresidente a Zea. El 2 de marzo se embarcó rumbo al occidente con cuatrocientos cincuenta infantes ingleses y cien venezolanos para reforzar a sus unidades.

2

A fines de enero, Morillo había partido de Calabozo rumbo al río Apure. Latorre cruzó sin inconvenientes este río por San Fernando sin encontrar oposición, pues Páez había abandonado la ciudad. Pero Morillo empezó a sospechar que Bolívar podría intentar un ataque sobre Caracas mientras él se hallaba en el Apure, de modo que prefirió dividir sus fuerzas entre Calabozo, Barinas y San Fernando.

Esto le pareció buena oportunidad a Bolívar para atacar a un Morillo debilitado que contaba sólo con tres mil soldados. El grueso del ejército realista se hallaba en Achaguas. Pero Morillo llamó en su auxilio a Latorre y a Calzada, de modo que los planes de Bolívar fracasaron después de varios encuentros con fuerzas parciales de uno y otro bando.

No le quedaba otra opción que lanzarse sobre Nueva Granada. Reunió una junta de guerra y les propuso su plan. Quedarse en los Llanos en época de lluvias, que se avecinaba, inactivos y consumiendo sus recursos durante meses era la alternativa, nada halagüeña, por cierto. Con excepción del coronel Iribarren —que poco después iba a desertar—, todos sus oficiales aprobaron el plan de pasar la cordillera para ir a liberar Nueva Granada. Particularmente importante fue el respaldo que Páez dio al proyecto pues sus llaneros eran indispensables, aunque siempre se habían negado a combatir lejos de su propia región. Sin el entusiasmo de su jefe, no les hubiera costado nada abandonar el ejército y volver a sus casas.

El proyecto, no obstante, parecía estar por encima de las posibilidades de Bolívar y los suyos. Tenían que atravesar los Andes, cambiar de clima desde el cálido trópico de las llanuras al frío de las alturas y carecían de ropas para soportar las bajas temperaturas. Pero aún, antes de eso, tenían que atravesar más de 400 kilómetros de los Llanos bajo lluvias que no dejaban de precipitarse convirtiendo las sabanas en cenagales intransitables.

3

El 27 de mayo, con todo, el ejército de Bolívar se puso en marcha desde Mantecal, el 3 de junio atravesaron Guasdalito, a orillas del Alto Apure, y el 14 llegaron a Tame, donde se encontraron con Santander. El 18 salieron de allí y dos días más tarde estaban en Pore, después de tres semanas de un viaje penosísimo.

En carta a Páez, Bolívar le explicaba: «Después de haber pasado felizmente los sabanales de Arauca y todos los ríos navegables que hay de allí a Pore, creí haber superado ya el principal obstáculo para la empresa. Pero al ver las nuevas dificultades que diariamente se presentan y reproducen a cada paso, casi he desesperado de su ejecución. Sólo una constancia a toda prueba y la decisión de no desistir por nada de un plan que ha sido tan generalmente aplaudido me hubieran hecho vencer unos caminos, no sólo impracticables sino casi inaccesibles, sin transporte para reponer los del parque, sin víveres para la manutención de las tropas, en una estación tan cruda en que apenas hay día ni noche que no llueva.»

Bolívar tenía la opción de atravesar la cordillera por la Salina de Chita, el paso más corto y de más fácil acceso. Por eso mismo era el camino más fortificado por los realistas con seiscientos hombres de la mejor tropa. Pese a que, al principio, Bolívar había optado por este camino, a los pocos días cambió de opinión y ordenó dirigirse al del páramo de Pisba, mucho más abrupto y difícil, que no estaba defendido.

«Los llaneros contemplaban con asombro y espanto las estupendas alturas y se admiraban de que existiese un país tan diferente al suyo —describe el general Santander, participante en la empresa—. A medida que subían y a cada montaña que trepaban crecía más y más su sorpresa. Porque lo que habían tenido por la última cima no era sino el principio de otra y otras más elevadas, desde cuyas cumbres divisaban todavía mesetas cuyos picos parecían perderse entre las brumas etéreas del firmamento. Hombres acostumbrados a sus pampas, a atravesar ríos tormentosos, a domar caballos salvajes, y a vencer cuerpo a cuerpo al toro bravío, al cocodrilo y al tigre, se arredraban ahora ante el aspecto de esta naturaleza extraña. Sin esperanzas de vencer tan extraordinarias dificultades y muertos ya de fatigas los caballos, persuadíanse de que solamente pudieran perseverar en el intento, por clima cuya temperatura embargaba sus sentidos y helaba sus cuerpos, de que resultó que muchos desertaron.»

O'Leary narra que «las acémilas que conducían las municiones y armas caían bajo el peso de su carga. Pocos caballos sobrevivieron a los cinco días de marcha, y los que quedaban muertos de la división delantera obstruían el camino y aumentaban las dificultades de la retaguardia. Llovía día y noche incesantemente y el frío aumentaba en proporción al ascenso. El agua fría, a la que no estaban acostumbradas las tropas, produjo en ellas la diarrea».

»Un cúmulo de incidentes parecía conjurarse para destruir las esperanzas de Bolívar, que era el único a quien se veía firme, en medio de contratiempos tales que el menor de ellos habría bastado para desanimar a un corazón menos grande. Reanimaba a las tropas con su presencia y con su ejemplo; les hablaba de la gloria que les esperaba y de la abundancia que reinaba en el país que marchaban a libertar. Los soldados lo oían con placer y redoblaban sus esfuerzos».

Al frío, la nieve y el viento helado los soldados tuvieron que sumar el cruce de los ríos cordilleranos con aguas de deshielo. Los caballos pasaban las armas y la ropa de la infantería para permitir que éstos, tomados de las manos para evitar que las corrientes los arrastraran, pudieran llegar a la otra orilla. Bolívar y los otros jinetes iban de una ribera a la otra, ayudando a los soldados enfermos o llevando en la grupa a las mujeres que acompañaban al ejército.

En la mañana del día 27, Santander llegó a Paya, una aldea defendida por trescientos realistas a los que puso en fuga. Desde allí Bolívar lanzó una proclama para anunciar a los neogranadinos su llegada. «Nada hay que pueda detenernos —decía con su habitual tono exultante— si el pueblo nos ama. Las fuerzas del enemigo no alcanzan ni para contener a los paisanos.» Pero aún faltaba lo peor: el páramo de Pisba que había que atravesar para llegar al piedemonte occidental de los Andes.

Allí murieron los últimos caballos que tenía el ejército, sobrevivientes de las travesías anteriores. «Los soldados que habían recibido raciones de carne y arracacha para cuatro días —cuenta O'Leary— la arrojaban y sólo se preocupaban por su fusil.»

La primera noche en el páramo de Pisba fue de pesadilla. Era «imposible mantener lumbre por no haber en los contornos habitaciones de ninguna especie y porque la llovizna constante, acompañada de granizo y de viento helado y perenne, apagaban los fuegos que se intentaban hacer al raso, tan pronto como se encendían —dice O'Leary.

»Como las tropas estaban casi desnudas y la mayor parte de ellas eran naturales de los ardientes llanos de Venezuela, es más fácil concebir que describir los padecimientos. Al siguiente día franquearon el páramo mismo, lúgubre e inhospitalario desierto, desprovisto de toda vegetación a causa de su altura. El efecto del aire frío y penetrante fue fatal en aquel día para muchos soldados. En la marcha caían repentinamente enfermos muchos de ellos y a los pocos minutos expiraban.

»Cien hombres habrían bastado para destruir al ejército patriota en la travesía de ese páramo. En la marcha era imposible mantener juntos a los soldados, pues los mismos oficiales apenas podían superar las fatigas del camino, ni menos atender a la tropa. Aquella noche fue más horrible que las anteriores y aunque el campamento estaba más abrigado y era menos frecuente la lluvia, perecieron muchos soldados a causa de sus sufrimientos y privaciones. A medida que las partidas de diez o veinte hombres descendían juntos del páramo, el presidente los felicitaba por el próximo término de la campaña diciéndoles que ya habían vencido los mayores obstáculos de la marcha».

Socha, el primer pueblo de la provincia neogranadina de Tunja, fue alcanzado el 6 de julio. «Los soldados, al ver hacia atrás las elevadas crestas de las montañas, cubiertas de nubes y de brumas, hicieron voto espontáneo de vencer o morir, antes que emprender por ella la retirada, pues más temían a ésta que al enemigo por formidable que fuera.»

En Socha fueron bien recibidos por los pobladores. Pero el ejército era una calamidad. Habían perdido muchos hombres en la travesía, otros centenares estaban enfermos, carecían de mulas para transportar y la caballería no tenía ni un solo caballo. Los que no estaba enfermos se encontraban agotados.

Tuvieron que mandar cuadrillas de hombres a recoger las provisiones y municiones que habían quedado en el camino para que las trajeran a hombros.

4

El nuevo virrey de Nueva Granada, Juan Manuel de Sámano, había pedido a Morillo un oficial para que mandara las fuerzas de su virreinato. El coronel José María Barreiro, un joven gaditano de veintiséis años, tan apuesto que las muchachas granadinas lo bautizarían con el apodo de *el Adonis de las mujeres*, fue designado para comandar el ejército con el que Bolívar iba a enfrentarse: entre tres mil y cuatro mil hombres en el momento que los republicanos atravesaban la cordillera.

El 10 de julio, Barreiro avanzó sobre las posiciones de Bolívar, que todavía estaba casi indefenso, con la mayor parte de los soldados reponiéndose en los hospitales. Pese a lo cual, no se quedó Bolívar a esperarlo sino que avanzó con los que podían tenerse en pie y lo atacó en Gámeza. Los realistas se replegaron a Tópaga creyendo que Bolívar avanzaba con fuerzas superiores a las suyas.

Esto le dio al ejército patriota tiempo para recomponerse. El 25, en el Pantano de Vargas, se encontraron finalmente ambos ejércitos en un combate inicialmente favorable a los realistas. Cuando estaban a punto de sucumbir los patriotas, la valiente acción de la Legión Británica y el ataque inesperado de los lanceros del coronel Rondón inclinaron el resultado en favor de los patriotas. Barreiro se vio obligado a retroceder a Paipa, de donde fueron desalojados el 3 de agosto.

Dos días más tarde, Bolívar se apoderó de la capital de la provincia, Tunja, abandonada por Barreiro.

El jefe realista se había quedado con las comunicaciones de Santa Fe cortadas. Para restablecerlas, su opción más fácil era atravesar el puente sobre un riacho profundo, el Boyacá. Bolívar puso en marcha todo su ejército desde Tunja para ocupar la posición entre el puente y Santa Fe y obligar a Barreiro a presentar batalla.

El coronel realista, confiado en que Bolívar estaba aún lejos y que las fuerzas que le estorbaban la marcha eran pequeñas partidas patriotas, ordenó que los batallones dos y tres del regimiento Numancia y una compañía de caballería atravesaran el puente. El ejército realista quedó dividido en dos por el Boyacá y por un espacio de un kilómetro ocupado por el ejército de Bolívar.

Tras varias horas de combate, las fuerzas españolas quedaron totalmente desbaratadas. Barreiro mismo se entregó prisionero y con él la mayoría de sus oficiales y 1 600 soldados. Otros doscientos realistas quedaron muertos en el Boyacá y cantidad similar, heridos.

Entre los prisioneros, Bolívar reconoció a Francisco Vinoni, el traidor que había sublevado a la guarnición y entregado a los realistas Puerto Cabello en 1812. Mandó ahorcarlo inmediatamente.

La noticia de la derrota y destrucción total del ejército y el avance de Bolívar sobre Santa Fe le llegó al virrey Sámano en la noche del 8 de agosto. Por la mañana los caminos en dirección a Honda y al sur estaban llenos de emigrados que querían ponerse a salvo de las tropas de Bolívar aureoladas por una bien ganada fama de crueles e impiedosas. Por otra parte, los realistas temían las venganzas que habrían de venir por las ejecuciones que Morillo había mandado hacer entre las elites criollas y patriotas de Nueva Granada.

«En Bolívar no veían sino el genio de la muerte y por todas partes enemigos implacables de cuyas manos no podían escapar si perdían los primeros momentos de aquel día de confusión y espanto», dice J. M. Groot en su *Historia eclesiástica y civil de Nueva Granada*.

Sámano se disfrazó con una ruana verde y un sombrero de hule y puso los pies en polvorosa hacia el sur, acompañado de todos los dignatarios de la ciudad.

«A las seis de la mañana la ciudad de Santa Fe estaba sola y silenciosa porque todos los realistas habían salido y los patriotas, encerrados en sus casas, aunque llenos de contento, no se atrevían a asomarse a las ventanas ni a abrir las puertas de las casas, porque en tamaña novedad, aún no precisaban la situación —dice Groot.

»Fue indescriptible el entusiasmo que se apoderó de todos los habitantes de la ciudad al ver al Libertador. El mismo júbilo hacía derramar lágrimas y todos, hombres y mujeres, viejos y niños corrían a abrazarlo, a echarse a sus pies, sin saber cómo manifestar su reconocimiento.»

El domingo 15, una semana después, se ofició un solemne Te Deum en la capilla del Sagrario, con asistencia de todas las autoridades y del agnóstico Simón Bolívar. Tras el oficio pasaron todos a la plaza Mayor, donde se había levantado un dosel de damasco con los colores patrios, bajo el cual se sentó Bolívar, flanqueado por Santander y Anzoátegui. Veinte doncellas vestidas de blanco se acercaron entonces y una de ellas coronó de laureles al Libertador.

Bolívar se levantó y quitándose la corona dijo en voz alta:

«Estos soldados son los que la merecen», y la puso sucesivamente en las sienes de Anzoátegui y de Santander, tras lo cual la arrojó a los soldados del batallón de Rifles, que la incorporaron a su bandera.

5

En Santa Fe se le repitió a Bolívar una situación ya vivida en Caracas cuando tras la «Campaña admirable» fue homenajeado en su ciudad natal por quien iba a convertirse en su amante a lo largo de muchos años. Entre las que lo coronaron en la capital neogranadina estaba Bernardina Ibáñez, que despertó en el Libertador una fuerte pasión y pronto pasó a ser su querida.

Bernardina estaba prometida al coronel Ambrosio Plaza, quien quería a toda costa casarse con ella, pero no conseguía la autorización que los militares necesitan para contraer matrimonio. El 17 de octubre, tres meses después del encuentro en la plaza Mayor, Santander le escribía a Bolívar: «Plaza quiere casarse con B... Está loco y desesperado. Me ha pedido licencia y se la he negado porque creo que es usted el que debe darla. Me interesa que se la consiga... En caso de que se casara podría Plaza servir por estas provincias aun cuando fuera preciso su batallón por otra parte. Usted lo verá, mi general, y no haga desesperar a la pobre B... que de algo se ha de ocupar.»

Pocos días más tarde, Bolívar dio la autorización mientras seguía escribiéndole apasionadas cartas de amor que ella, muy dolida por las infidelidades múltiples del general (sin reparar en la suya con Plaza), no se dignaba contestar. Al año siguiente, resentido por este silencio, le hizo una propuesta velada, y nada directa, de matrimonio asegurándole que nunca le había sido infiel.

Los coqueteos de un Bolívar siempre ausente se prolongaron a lo largo de muchos años. Mientras tanto, Bernardina se casó con Plaza, que murió en la batalla de Carabobo. La viuda contrajo nuevo matrimonio con Florentino González quien, al parecer, sufrió un ataque de celos retroactivos cuando se enteró de los amores de su mujer con Bolívar. Estos celos alimentaron el odio que lo llevó a ser uno de los que, en 1827, intentó asesinar a Bolívar.

6

Con la victoria de Boyacá, Bolívar se había apoderado del virreinato de Nueva Granada, a excepción de la plaza fuerte de Cartagena, en el norte, y de Pasto y Patía por el sur.

Ofreció a sus prisioneros realistas, incluso a los peninsulares, incorporarse a las filas del ejército patriota, con lo cual resolvió el problema de tener que alimentar y vigilar a casi dos mil hombres y el de nutrir sus propias filas con veteranos. Con ellos alcanzó a tener una fuerza armada que superaba los cuatro mil hombres aunque no por mucho tiempo: en la primera oportunidad la mayoría de los soldados ex realistas desertaron.

Bolívar se puso a la tarea de organizar políticamente las provincias del virreinato que estaban bajo su poder. Creó el cargo de vicepresidente, que ocupó Santander, y los gobernadores militares y civiles de las provincias. En la proclama del 8 de setiembre insistió en la unión de Venezuela con Nueva Granada bajo un solo Estado al que bautizaría con el nombre de Colombia en homenaje al genovés Cristóbal Colón, «descubridor» del continente, una expresión más de su europeísmo.

Por fin, el 20 de setiembre, tras ordenar a Soublette que se reuniera con Páez en Mantecal, en los Llanos del Apure, Bolívar salió rumbo a Angostura, donde esperaba poder comenzar la liberación de Venezuela, su más importante y urgente objetivo. Hizo un viaje triunfal, en todas partes recibido por los pobladores con grandes muestras de júbilo que retrasaron considerablemente su marcha. En Pamplona se quedó algunas semanas viendo el entrenamiento de los nuevos reclutas del ejército patriota. El 11 de diciembre, casi tres meses más tarde, llegó a Angostura.

En su ausencia, Santander, desobedeciendo órdenes específicas de Bolívar y sus compromisos, reunió a Barreiro, Jiménez y otros 36 oficiales realistas, a los que se había prometido la vida, y los mandó fusilar. El bello Barreiro, a la sazón de sólo veintiocho años, estaba de novio con una joven de la sociedad bogotana, cuyo hermano luchaba del lado de los patriotas, pero esto no influyó en nada para cambiar su destino.

Santander, montado en su caballo, presenció las ejecuciones. Había escrito: «Yo encuentro interiormente un placer en hacer matar a todos los godos.» Tampoco Santander escapaba de esa característica tan típicamente castrense que es la perversión sádica.

Han querido exculparlo muchos historiadores obsecuentes achacando a los deudos de los fusilados por Morillo las presiones necesarias para que Santander tomara esa decisión. El vicepresidente de Nueva Granada no necesitaba que nadie lo convenciera.

Detrás de las ejecuciones a menudo solía estar una motivación aún más vil: la codicia de los oficiales que querían liquidar a sus prisioneros para quedarse con sus propiedades.

7

Mientras Bolívar se hallaba en campaña, su sempiterno competidor, Mariño, en connivencia con Arismendi, había dado un *putsch* en el Congreso de Angostura para deponer a Zea y remplazarlo por el margariteño.

Con mucha mano izquierda, Bolívar abrazó a Arismendi cuando llegó, como si no hubiese ocurrido nada. Como siempre, necesitaba evitar el enfrentamiento con Mariño, a quien necesitaba para sus planes futuros.

El 14 de diciembre, el presidente ofreció al Congreso el relato de su campaña y su decisión de unir a Venezuela con Nueva Granada en un solo Estado. Insistió ante los diputados para que dictaran el decreto de unión. ¡Quién se atrevía a decirle que no al general victorioso!

La República de Colombia nacida en Angostura oficialmente se dividió en los departamentos de Venezuela, Cundinamarca y Quito. Roscio fue nombrado vicepresidente de la primera, quedaba fuera, y Santander, confirmado en Cundinamarca. Zea reasumió como vice de Colombia. Las decisiones sobre Quito fueron relegadas hasta que este departamento fuera conquistado.

También se determinó que la capital iba a estar en una ciudad a fundar y erigir, cuyo nombre sería Las Casas, en homenaje al dominico defensor de indios del siglo XVI y, mientras tanto, la ciudad cabecera de Colombia estaría en Santa Fe, a la que se rebautizó con el nombre de Bogotá que lleva hasta hoy.

XXIII

EL LEÓN MUERDE EL POLVO

Morillo había seguido con inquietud los sucesos de Nueva Granada. En un informe enviado a su gobierno decía: «El sedicioso Bolívar ha ocupado la ciudad capital de Santafé y el fatal éxito de esta batalla ha puesto a su disposición todo el reino y los inmensos recursos de un país muy poblado, rico y abundante de donde sacará cuanto necesite para continuar la guerra en estas provincias... Bolívar en un solo día acaba con el fruto de cinco años de campaña y en una sola batalla reconquista lo que las tropas del rey ganaron en muchos combates...

»Juzgue V. E. nuestra situación después de estos sucesos y dígnese examinar qué esperanza queda de salvar y defender este país, cuando de un golpe, en nuestros grandes apuros, hemos perdido más de tres mil hombres y mayor número de armas con los recursos del virreinato. Al mismo tiempo es fácil que V. E. calcule cuáles serán los resultados de los nuevos combates que van a librarse, por consecuencia del orgullo y poder en que se hallan los insurgentes con la conquista de aquel reino dejándonos reducidos a un corto recinto donde no hay más que enemigos del rey de España.»

El deprimido general advertía que su única esperanza era «terminar nuestra existencia con honor, pero sin fruto».

Imposibilitado de enfrentar a Bolívar en Nueva Granada, Morillo se quedó a la defensiva en Venezuela. Su ánimo debió de haber subido varios grados cuando se enteró de que en Cádiz se aprestaba una fuerte expedición de veintidós mil hombres, destinada al Río de la Plata, pero de la cual se iban a enviar cuatro mil soldados a Venezuela.

Pero la demora en que esta ayuda llegara volvió a sumirlo en la desesperación. A mediados de 1820 le recordaba al rey que su ejército «se ha reducido a la tercera parte de su efectivo por la miseria, las enfermedades y los combates. Y a todo esto, inevitable por la naturaleza de la campaña, se añade la falta de dinero, el vivir de exacciones casi siempre sin recibir sueldos».

A Bolívar, noticiado de la expedición que se preparaba en Cádiz, le resultaba urgente atacar a Morillo y desbaratar sus fuerzas antes de que le llegaran los refuerzos prometidos.

En Angostura logró reunir tres mil hombres armados pero casi desnudos. Con estas fuerzas, más las de Montilla, Soublette y el llanero Páez quería reunir 6 500 hombres en San Fernando de Apure para marchar contra Morillo. Pero sus planes fracasaron una vez más: Páez se negó a colaborar porque no veía posibilidades de éxito, lo que obligó a posponer la ofensiva.

Dispuso entonces que Urdaneta, al frente del ejército del Norte granadino, se preparara para atacar a Latorre, que las tropas de Paéz se unieran a las de Oriente en el Apure y Montilla intentara apoderarse de Riohacha y Maracaibo.

Él, por su parte, resolvió dirigirse a Nueva Granada, donde decretó la libertad de todos los esclavos y su incorporación a unidades del ejército patriota, medida que le trajo no pocos problemas con los terratenientes y otros productores neogranadinos que se quedaban sin fuerza de trabajo, paralizados y amenazados por la bancarrota. El 5 de marzo llegó a la capital de Cundinamarca.

No descansó Bolívar en sus empeños de armar y entrenar un ejército con el que planeaba libertar Venezuela y Quito. Al mismo tiempo se ocupó de dominar el Alto y el Bajo Magdalena para permitir el tráfico de mercancías y aliviar la difícil situación económica en que se hallaba y fracasó en el intento, dirigido por Montilla y un grupo de irlandeses aventureros, de apoderarse de Riohacha y Maracaibo.

Bolívar se encontraba preparando el asedio de Cartagena y una operación sobre Caracas, mientras Valdés avanzaba hacia el sur cuando recibió, sorprendido, una carta del general Morillo fechada el 22 de junio, proponiéndole un armisticio. ¿Qué había ocurrido?

En mayo de 1820 las noticias del exitoso alzamiento en Cádiz del batallón de Asturias, al mando del coronel Rafael del Riego, reclamando el restablecimiento de la Constitución de 1812 y el aborto de la expedición a América, llegaron a Venezuela. Como lo probó hace años el historiador Torre Revello, los agentes secretos del gobierno de Buenos Aires habían tenido éxito corrompiendo con dinero a los ya descontentos oficiales que iban a ser destinados a luchar contra otros liberales en América. Esto salvó la independencia del Río de la Plata —que vivía un estado tal de anarquía que hubiese sido reconquistada de un soplido— y del resto de la América del Sur, acelerando el fin del dominio español.

El nuevo gobierno impuesto a Fernando VII en España ordenó a Morillo que promulgara la Constitución de 1812 y que negociase un armisticio con los rebeldes hispanoamericanos. A Morillo la noticia terminó de decepcionarlo. «Están locos. Ignoran lo que mandan, no conocen el país ni los enemigos, ni los acontecimientos. Quieren que pase por la humillación en estas comunicaciones. Entraré en ellas sólo porque mi profesión es la subordinación y la obediencia», dijo el general. Sus esperanzas de continuar la campaña con refuerzos llegados de España se habían esfumado.

Cumpliendo instrucciones, el 7 de julio le envió un oficio ofreciéndole negociaciones y anunciándole que había declarado un alto el fuego de un mes de duración mientras llegaban los comisionados de Morillo para tratar la paz.

A Bolívar también le convenía ganar tiempo con un armisticio que, ofrecido por el enemigo, le daba múltiples ventajas. Pese a que había avanzado en la consolidación de una fuerza armada, el ejército realista era muy superior al suyo y hubiese podido ser destruido con relativa facilidad si del otro lado hubiera habido un jefe menos desanimado que Morillo.

«El armisticio nos es ventajoso —le escribía Bolívar a Santander— porque establecida nuestra comunicación franca y ocupando buenas posiciones en una línea sin intermisión alguna, estamos en la mejor aptitud para continuar las operaciones llegado el tiempo, de lo cual creo que no habrá necesidad porque la mayor ventaja del armisticio es el término de la guerra, según se nos asegura.»

2

Son meses de euforia para Bolívar, que queda a la espera de los enviados del gobierno español para tratar la pacificación mientras trata de obtener ventajas militares y aprieta el cerco sobre Cartagena. Una oferta de suspensión de hostilidades del comandante realista de la plaza de Cartagena, que se encontraba en situación desesperada, sobre la base de reconocer la Constitución española de 1812 obtiene una respuesta tan arrogante como insultante. «¿Cree usted, señor gobernador, que la vieja y corrompida España puede aún dominar el Nuevo Mundo? ¿Cree usted que el gobierno de esa nación, que ha dado el ejemplo más terrible de cuanto pueda ser absurdo al espíritu humano, logre formar la dicha de una sola aldea del universo? Diga usted a su Rey, a su nación que el pueblo de Colombia está resuelto, por no sufrir la mancha de ser español, a combatir por siglos y siglos contra los peninsulares, contra los hombres y aun contra los inmortales, si éstos toman parte en la causa de España. Prefieren los colombianos descender a los abismos eternos, antes que ser españoles.» La respuesta indignada del jefe realista fue hacer una incursión sobre la posición patriota de Turbaco, donde mató a 150 de sus defensores y arrasó el pueblo.

Las propuestas de los enviados de Morillo resultaron inaceptables. Pretendían la jura de la Constitución española y la subordinación de los jefes patriotas a Morillo. La reacción de los republicanos fue virulenta y volvieron a reafirmar que no había nada que negociar si, previamente, España no reconocía la independencia de Colombia. Los oficiales de Morillo insistieron, sin embargo, en un armisticio provisional.

Para Bolívar las cosas no marchaban como hubiera deseado. Las enfermedades, la pobreza de recursos, el agotamiento, las deserciones y la pronta llegada de la época de las lluvias aconsejaban postergar las operaciones sobre Venezuela para el año siguiente. El cerco sobre Cartagena era un fracaso. Sus fuerzas habían logrado apoderarse de Santa Marta, pero la población de los alrededores, fanáticamente realista, impedía las comunicaciones con el resto del país.

Bolívar se dio cuenta de que no podía empeñar el futuro de su misión de liberación en una batalla en las condiciones en que se encontraba. «Sería una locura nuestra arriesgar una nueva campaña cuando se nos está ofreciendo la paz. Y yo me prometo para el año que viene un reconocimiento absoluto de Colombia. Pero si perdemos una batalla no me prometo nada porque los godos son terribles, como usted los conoce», le escribía a Santander a fines de agosto.

Mientras las medias ofertas iban y venían, Bolívar decidió desplazarse hacia las provincias de Mérida y Trujillo con el ejército del Norte, bautizado ahora Guardia Republicana. Ocupó Mérida el 1 de octubre y el 7 Trujillo. Esperaba poder alimentar a su tropa mejor en esta región, pero los realistas se habían replegado llevándose todos los víveres que pudieron.

Las negociaciones no avanzaban si al mismo tiempo los ejércitos realizaban movimientos y se atacaban mutuamente, de manera que Bolívar y Morillo acordaron una suspensión provisional de las hostilidades a mediados de noviembre.

El 21 comenzaron las negociaciones en Trujillo. Sucre, Briceño Méndez y José Gabriel Pérez se reunieron con los enviados de Morillo y el 25 llegaron a acuerdos que se firmaron ese mismo día. Se pactó un armisticio de seis meses durante los cuales ambos ejércitos mantenían sus posiciones. En otro tratado se convino regularizar la guerra, es decir, abolir la guerra a muerte y aplicar normas más civilizadas a los encuentros bélicos.

Morillo aprovechó entonces para saciar su curiosidad y encontrarse con Bolívar. Se acordó la reunión para el 27 de noviembre en la parroquia de Santa Ana, dentro del territorio ocupado por los españoles.

Bolívar envió a O'Leary, uno de sus edecanes, para avisar a Morillo de su llegada. «El general me preguntó qué escolta traía el jefe de la República —narra el soldado-escritor—. Le contesté que sólo venían en su séquito diez o doce oficiales y los comisionados realistas y que no traía escolta. Bien, dijo Morillo, muy pequeña creía yo que era mi guardia para aventurarme hasta aquí; pero mi antiguo adversario me ha vencido en generosidad; voy a dar orden a los húsares para que se retiren. Así lo hizo inmediatamente. Preguntándome luego quiénes eran los oficiales españoles particularmente odiosos al Presidente, y habiendo yo satisfecho la pregunta observó que ninguno de ellos estuviese presente.»

Morillo salió a encontrar a su oponente acompañado de sus oficiales superiores. «Cuando ya estuvo bien cerca —dice O'Leary— me preguntó Morillo, que cuál era el Libertador y como se lo mostrase exclamó: "¿Cómo? ¿Aquel hombre pequeño de levita azul y gorra de campaña y montado en una mula?" En seguida se bajó del caballo; Bolívar hizo otro tanto y se dieron un fraternal abrazo. En seguida se desmontó Latorre y los futuros vencedor y vencido de Carabobo se abrazaron también. Continuaron juntos hasta el pueblo donde Morillo obsequió a su huésped con un sencillo almuerzo militar. En él ambos caudillos brindaron por la paz y la reconciliación y por los valientes de uno y otro bando que habían sucumbido en la lucha.»

Morillo propuso que se levantase una pirámide recordatoria en el sitio del encuentro con los nombres de los comisionados de Colombia y España y ambos generales pusieron la primera piedra.

Bolívar durmió esa noche en la misma casa que el

general español y al día siguiente se despidieron cálidamente ganados por una estimación mutua que perduró en el tiempo.

Pocos días después, Morillo renunció a su cargo y se dispuso a regresar a la península después de más de un lustro de permanecer en el norte de la América del Sur. Iba condecorado con los títulos de marqués de La Puerta y conde de Cartagena con que el rey Fernando VII lo había beneficiado. El 17 de diciembre de 1820 embarcó en La Guaira, dejando a Latorre en su lugar, como jefe de las fuerzas realistas en Venezuela.

3

Bolívar dejó instalado el Congreso de Cúcuta y se dirigió a Bogotá con el propósito de poner orden en el ejército que operaba en Popayán, al sur, y ver las posibilidades de operar para liberar Quito, aun a contramano del armisticio.

Urdaneta, natural de Maracaibo, por su parte, se dedicó a conspirar para provocar un levantamiento en su ciudad natal. Sus agentes lograron seducir al gobernador interino de la provincia, coronel Francisco Delgado, y con su complicidad organizaron un levantamiento que estalló en la madrugada del 28 de enero de 1821. Los vecinos proclamaron la independencia y su unión a los patriotas. Urdaneta envió fuerzas para ocupar Maracaibo.

Obviamente la maniobra provocó las protestas de Latorre que, con todo derecho, veía en la operación una violación del armisticio acordado. Hubo intercambio de comunicaciones sin acuerdo posible y se fijó el 1 de mayo de 1821 como fecha para la reanudación de las hostilidades. El armisticio había durado sólo poco más de cuatro meses.

Ambos contendientes contaban en esas fechas con unos nueve mil hombres cada uno dispersos en el enorme territorio. Los patriotas tenían cuatro mil soldados de la Guardia Colombiana acantonados entre Barinas y Trujillo. Urdaneta con parte de la Guardia ocupaba Coro. El ejército de Apure que dirigía Páez estaba en la margen derecha del río desde su encuentro con el Orinoco hasta la Boca de Santo Domingo y el general Bermúdez defendía la margen derecha del río Unare, al sur de Barcelona.

El 28 de abril se movió Bermúdez por la costa en dirección a Caracas al frente de ochocientos infantes y cuatrocientos guerrilleros. El 8 de mayo cruzó el río Guape y el 11 llegó a Cancagua después de arrollar varios destacamentos realistas.

El 14 de mayo entró en la capital venezolana, que había sido abandonada por el brigadier Ramón Correa, para replegarse a los valles de Aragua. Bermúdez lo siguió y se asentó en La Victoria. Pero Latorre había mandado al general Morales con dos mil hombres que, tras sitiar a Bermúdez, lo convencieron de que era mejor retirarse en orden ante fuerzas superiores. Morales volvió a ocupar Caracas, donde dejó al coronel Pereira.

Bermúdez recibió refuerzos de Margarita y de los valles del Tuy con los que atacó, sufriendo una derrota inicial hasta que reforzado por Soublette consiguió batir en el cerro de Macuto a los realistas obligando a Pereira a volver a Caracas.

El 23 de junio, vísperas de Carabobo, ambas fuerzas volvieron a chocar en el cerro El Calvario con fuertes pérdidas para los patriotas.

4

Mientras tanto, Latorre había concentrado tropas en San Carlos ante lo cual Bolívar resolvió avanzar sobre esa población. Los realistas retrocedieron hacia Valencia, con lo que Bolívar pudo ocupar San Carlos el 2 de junio, donde unió sus fuerzas a las de Páez el 7 y a las de Urdaneta el 16.

Con su repliegue, Latorre había dejado la iniciativa al enemigo y permitido la unión de los ejércitos.

Resuelto a que, bajo ninguna circunstancia, los patriotas se apoderaran de Puerto Cabello, Latorre decidió situarse en la sabana de Carabobo, veinte kilómetros al suroeste de Valencia, con lo que conseguía mantener las comunicaciones y, en el peor de los casos, refugiarse en Puerto Cabello. Allí mandó construir fortificaciones provisorias.

Bolívar tenía unos 6 400 soldados para oponer a los cinco mil de Latorre. El 24 de junio la vanguardia patriota ocupó el cerro de Bella Vista, desde donde se divisa, a cinco kilómetros, la sabana de Carabobo. Bolívar observó que el jefe realista sólo había previsto un ataque frontal o por la izquierda. De modo que decidió atacar por la derecha con los llaneros de Páez seguidos por Cedeño.

El batallón español Burgos le opuso una feroz resistencia con la que rechazó a los llaneros, pero la Legión Británica con bayoneta calada acudió en su ayuda y dispersó y persiguió a los del Burgos.

Dos batallones españoles que llegaron en su auxilio pusieron en serios aprietos a los llaneros y a los ingleses, abrumados por el número. Estaban a punto de claudicar cuando llegó Cedeño, que arrolló las líneas realistas.

Nuevos auxilios realistas fueron puestos en fuga por los llaneros de Páez. La mayor parte del ejército español huyó por el camino del Pao, mientras otros se rendían. Los batallones Infante y Valancey, que no habían entrado en acción, se replegaron a Puerto Cabello junto con Latorre y los jefes superiores. Todo había ocurrido en menos de una hora.

Casi tres mil hombres fueron las pérdidas españolas entre muertos, heridos y prisioneros, mientras unos dos mil se salvaban en Puerto Cabello. Bolívar debe de haber tenido unas quinientas bajas, aunque sólo confesó doscientas.

Al día siguiente tomó Valencia. Páez, por su valerosa actuación, recibió el grado de general en jefe del ejército e idéntica promoción recibieron Urdaneta y Bermúdez.

Ansioso, Bolívar se puso en marcha hacia Caracas pensando que podría entrar sin encontrar resistencia, pero en el trayecto se enteró de la derrota que Pereira le había infligido a Bermúdez. Pero Pereira también se enteró de la derrotas de su jefe en Carabobo por lo que optó por dirigirse a La Guaira para llegar a Puerto Cabello por la costa.

Pero fue cercado por los patriotas. Bolívar premió la generosidad de Pereira ofreciéndole una capitulación honrosa: lo autorizaba a embarcarse en La Guaira con los soldados que quisieran acompañarle, que fueron doscientos. Pocos días después, en La Guaira, Pereira moría de vómito negro, una de las pestes que asolaban la región.

El 29 de junio al atardecer, Bolívar entró en Caracas.

XXIV

LA GLORIA ES DEL OTRO

Mientras los ejércitos estaban en campaña, en Cúcuta se había reunido el Congreso el 6 de mayo de 1821, como continuación del de Angostura. Bolívar, con la excusa de sus obligaciones militares, evitó presentarse allí. «Estoy resuelto —le dijo en carta a Santander— a separarme del mando en el mismo día que se instale el Congreso de Colombia: estoy tan resuelto que pienso no asistir a él para que no me fuercen a aceptar mi deshonor y mi ruina; pues que con los hombres que tenemos es muy difícil que un magistrado escape de uno de estos escollos y aun de entrambos. Si aún no estamos en paz, aceptaré el mando del ejército del sur. Si estamos en paz, me voy a los países extranjeros. Todo esto es irrevocable.»

Las amenazas de renuncia fueron siempre uno de los recursos favoritos del Libertador para conseguir imponer su voluntad y las va a usar a lo largo de toda su vida política. Consecuentemente, envió un oficio al Congreso dimitiendo al cargo de Presidente «porque no tengo los talentos que ello exige para la adquisición de su gloria y bienestar; porque mi oficio de soldado es incompatible con el de magistrado; porque estoy cansado de oírme llamar tirano por mis enemigos y porque mi carácter me opone una repugnancia insuperable». Amenazaba con renunciar a la ciudadanía colombiana en caso de que no le aceptaran la renuncia y exiliarse.

Nada de eso hizo pese a que el Congreso rechazó la

dimisión. Elegido presidente por cincuenta votos contra nueve, aceptó el cargo y lo juró el 3 de octubre de 1821.

Lo cierto es que Bolívar, completamente escéptico frente a lo que pudieran hacer los civiles, a quienes consideraba unos delirantes fuera de la realidad, se desliga de las decisiones del Congreso, excepto en una petición que le hizo: la ley de libertad de vientres que consagró la de los esclavos que aún quedaban en Colombia, con lo cual cumplía la promesa hecha al presidente Petion.

Concluidas sus obligaciones para con el Congreso de Cúcuta, se dispuso a marchar sobre Quito por el camino de Popayán.

2

Después de Carabobo, las plazas fuertes en poder realista fueron cayendo una a una. Cartagena se entregó el 1 de octubre. Cumaná fue ocupada por Bermúdez el 16 del mismo mes. En cambio Coro y Ocaña, apasionadamente fernandinas, se resistieron con obstinación, mientras los realistas continuaban encerrados en Puerto Cabello y exteriormente contenidos por Páez.

En el suroeste, el general argentino José de San Martín había desembarcado en el Perú con un ejército argentino-chileno a comienzos de setiembre de 1820. El 10 de julio del año siguiente, San Martín entraba en Lima, abandonada por los realistas que se instalaron en el Cuzco.

Estos avances del general argentino por un lado llenaron de euforia a Bolívar, pero por el otro le hicieron darse prisa para no ser ganado de mano por quien, al aproximarse, empezaba a convertirse en un competidor de la gloria, más que en un aliado.

Guayaquil se había alzado en favor de la independencia en octubre de 1820. San Martín envió a la ciudad dos delegados que, tras largos cabildeos, consiguieron que se firmara, el 30 de diciembre, un convenio por el que la provincia de Guayaquil se ponía bajo la protección de San Martín y lo reconocía como jefe de las fuerzas marítimas y terrestres, pese a que conservaba su gobierno independiente.

Nada podía haberle caído más indigesto a Bolívar. Para esas mismas fechas, despachó al general José Mires con un millar de fusiles para que fueran usados en la liberación de Quito, como apoyo desde el sur a su campaña desde Popayán, al norte. El 2 de abril de 1821 mandó a Sucre al mando de 650 hombres a Guayaquil con la orden de que «por ningún caso permita que Guayaquil se incorpore a otro gobierno».

Sucre estaba convencido de que atacar Quito desde el norte era imposible por la dura resistencia de los habitantes de Pasto, que ya le habían infligido a él una fea derrota.

Las tropas colombianas llegaron sólo el 7 de mayo. Un mes más tarde fueron reforzados por 280 hombres más entre los que iban un centenar de la Legión Británica. La misión de Sucre no sólo era militar: además de atacar a Quito tenía que conseguir la anexión de Guayaquil a Colombia, pero el general se ocupó sólo de la primera para tomar pronto conciencia de que con los hombres que tenía no podía ni siquiera soñar con derrotar a los realistas de Quito. Las esperanzas de recibir refuerzos de Colombia eran nulas, de modo que volvió sus ojos hacia el sur. Ofreció a San Martín ponerse a sus órdenes a cambio de recibir un batallón de peruanos que coadyuvase en la campaña sobre Quito. Pero el general argentino estaba en tratos con el virrey Laserna y esperaba un reconocimiento de la independencia del Perú sin necesidad de combatir y no le contestó.

Melchor Aymerich, el jefe realista de Quito, inició el 18 de julio una marcha para apoderarse de Guayaquil, acompañado por el coronel González. Sucre atacó a éste en Yaguachí y lo derrotó, forzando a los realistas a retroceder en dirección a Quito. Pero fue derrotado a su vez por Aymerich en el valle de Ambato, con lo que su ejército quedó reducido a cien hombres: trescientos de sus soldados murieron y otros quinientos fueron hechos prisioneros y pasaron a engrosar las filas realistas. Sólo las noticias de la victoria de Carabobo y de la entrada de San Martín en Lima impidieron que Aymerich siguiera a Guayaquil para tomarlo con toda facilidad.

Sucre pudo, entonces, dirigirse a San Martín solicitándole, una vez más, auxilio.

3

El 24 de agosto, el vencedor de Carabobo le mandó a San Martín una carta en la que le anunciaba el envío de varios miles de soldados al Perú para atacar a Quito desde Guayaquil y le solicitaba el auxilio de la escuadra chilena para el traslado de esa fuerza por mar.

Pero San Martín y el jefe de la escuadra, el almirante Cochrane, habían roto relaciones y el general argentino ya no disponía de barcos.

Descartada la posibilidad de la vía marítima, Bolívar se decidió a marchar sobre Quito con cuatro mil hombres a través de los tortuosos, insalubres y peligrosos caminos del sur de Colombia y ordenó a Sucre que, con las fuerzas que tuviera en Guayaquil, avanzara hacia el mismo objetivo.

El 13 de diciembre partió Bolívar con una avanzada de reconocimiento. El 26 de enero de 1822 estaba en Popayán, donde debían concentrarse sus tropas.

Éstas llegaron menguadas por las pestes y el hambre. Bolívar requirió en vano a Santander nuevos refuerzos de dos mil hombres. Hasta que, desesperando ya, en marzo salió con 2 850 soldados en pésimas condiciones en dirección al sur.

El 7 de abril se vio obligado a librar la terrible batalla de Bomboná contra las fuerzas realistas comandadas por el coronel Basilio García en la que Bolívar obtuvo una virtual derrota o una victoria a lo Pirro que él intentó hacer pasar por una victoria suya: los patriotas tuvieron 175 muertos y 360 heridos, lo que dejó al ejército en condiciones de no poder tomar la ofensiva.

Quedó parado, tratando de reponer sus fuerzas y esperando noticias sobre el avance de Sucre, durante diez días, a cien kilómetros al norte del campo de batalla. Por delante lo esperaban la resistencia temible de los habitantes de Pasto o pastusos y en el camino, la acción permanente de las guerrillas realistas.

Los refuerzos le llegaron al fin, pero en condiciones patéticas: de los dos mil hombres que habían salido de Bogotá, llegaron sólo 880, pero con ellos pudo compensar las pérdidas de Bomboná.

4

San Martín, temeroso finalmente de los efectos que podría producir sobre el Perú la eventual caída de Guayaquil, decidió enviarle auxilio a Sucre. A las órdenes del coronel Andrés de Santa Cruz llegaron el 9 de febrero de 1822 unos mil soldados peruanos al mando de oficiales chilenos, argentinos y colombianos que fueron puestos bajo el mando supremo del venezolano que, rápidamente, ocuparon Cuenca, sin hallar resistencia. Las fuerzas de Sucre sumaban unos 2 300 soldados.

Entretanto San Martín, confiado en que Bolívar se dirigía a Guayaquil, decidió entrevistarse con él y el 8 de febrero se embarcó en El Callao. «Voy a encontrar en Guayaquil al Libertador de Colombia —decía en el decreto que expidió antes de partir—. Los intereses generales de Perú y de Colombia, la enérgica terminación de la guerra que sostenemos y la estabilidad del destino a que con rapidez se acerca la América hacen nuestra entrevista necesaria ya que el orden de los acontecimientos nos ha constituido en alto grado responsables de esta sublime empresa.»

En el camino, en Huanchaco, el 20 de febrero, San Martín tuvo conocimiento de la intimación que Bolívar enviaba a la junta de Guayaquil para que reconociera la soberanía de Colombia. Por esas comunicaciones supo que Bolívar estaba en Colombia todavía, por lo que resolvió volver a Lima indignado con las maniobras del venezolano.

La creencia de que Sucre había abandonado la campaña contra Quito y la política de Bolívar respecto a Guayaquil fue considerada tan hostil por San Martín que obtuvo autorización del Congreso peruano para declarar la guerra a Colombia, cosa que, finalmente, no hizo. Pero sí ordenó a Santa Cruz que regresase con sus fuerzas.

Pero el coronel vio, de común acuerdo con Sucre, que la orden era disparatada, teniendo en cuenta las condiciones favorables que presentaba la campaña a Quito. La partida de Santa Cruz hubiera dejado a Sucre inerme y Guayaquil hubiese caído fácilmente en poder de los realistas. De modo que decidió desobedecer y proseguir la marcha hacia Quito. El 12 de marzo, San Martín cambió de idea y autorizó la permanencia del contingente peruano bajo las órdenes de Sucre.

En Riobamba, el coronel argentino Juan Galo Lavalle y su par colombiano Ibarra libraron un combate exitoso con las fuerzas del también coronel Nicolás López.

Al acercarse a Quito siguiendo al ejército realista que se batía en retirada, Sucre decidió dar un rodeo por las faldas del volcán Pichincha a fin de situarse al norte de la ciudad para cortarle las comunicaciones con Pasto.

En esa maniobra estaba cuando chocaron ambos ejércitos el 24 de mayo a las 9.30 de la mañana. Tras tres horas de combate, los patriotas pusieron en fuga al ejército de Aymerich. La acción del batallón inglés fue otra vez crucial para decidir la suerte de las armas en favor de Sucre.

Al día siguiente se acordó una capitulación por la que el jefe realista se rindió con 1 100 soldados, 160 jefes, 11 piezas de artillería, 1 700 fusiles y todo lo que componía su ejército.

Bolívar, inactivo en El Trapiche, mientras tanto, había ofrecido a su oponente, el coronel Basilio García, una capitulación. Estaban en negociaciones cuando se enteró García del desastre de Pichincha, lo que lo persuadió de la conveniencia de aceptar la capitulación honrosa propuesta por Bolívar.

El general venezolano tiene que haber trinado de envidia de que la gloria se la haya arrebatado su joven lugarteniente en Pichincha con una mayoría de fuerzas peruanas que le había enviado San Martín. En carta a Santander del 9 de junio hace una pueril defensa de sus propios méritos tratando al mismo tiempo de minimizar lo realizado por Sucre, cuya lectura despierta vergüenza ajena.

Le asegura, en primer lugar, que García había accedido a capitular sin enterarse de Pichincha, lo que no era cierto. «Por lo mismo no quiero que atribuyan a Sucre el suceso de mi capitulación —afirma—. Primero, porque bastante gloria le queda y segundo porque es verdad, muy verdad, que estaban resueltos a capitular sin saber nada de Sucre... Sucre tenía mayor número de tropas que yo y menor número de enemigos; el país le era muy favorable por sus habitantes y la naturaleza del terreno y nosotros, por el contrario, estábamos en el infierno lidiando con los demonios. La victoria de Bomboná es mucho más bella que la de Pichincha. La pérdida de ambos ha sido igual y el carácter de los jefes enemigos muy desigual. El general Sucre, el día de la acción, no sacó más ventajas que yo y su capitulación no le ha dado mucha más ventaja que a mí porque, a decir verdad, nosotros hemos tomado el baluarte del sur y él ha cogido la Capua de nuestras conquistas. Yo creo que con un poco de delicadeza se le puede hacer mucho honor a la Guardia sin deprimir la división de Sucre.»

De todos modos, Bolívar estaba ensoberbecido como nunca anteriormente, lo que no es poco decir. Cuando García aceptó la capitulación, Bolívar marchó a caballo a Pasto sin esperar la firma. En la entrada de la ciudad lo esperaban el secretario del obispo de Popayán y el ayudante de García, que le preguntaron qué honores quería que se le rindieran en su entrada a la ciudad. Bolívar contestó que a un general victorioso como él se le otorgaban honores de emperador romano. Finalmente entró en la iglesia bajo palio, privilegio concedido a reyes y príncipes.

García le ofreció su espada y su bastón de mando en el momento de rendirse formalmente. Bolívar los rechazó diciéndole: «Señor coronel, consérvelos usted porque se ha hecho digno de ellos. Pero al regreso a España dígale al rey de la nación española que los descendientes de los conquistadores de Granada han humillado al león de Castilla defendido por los vencedores de los vencedores de Austerlitz.»

Su borrachera de poder y gloria excedía los límites conocidos por aquel entonces. En un brindis al final de una comida ofrecida por el Ayuntamiento de Quito a los vencedores de Pichincha, Bolívar levantó la copa y dijo: «No tardará mucho en que pasearé el pabellón triunfante de Colombia hasta el suelo argentino.» Había cinco altos oficiales argentinos presentes y uno de ellos, Juan Lavalle, tuvo que ponerse de pie para recordarle al provocador que la Argentina era un país independiente.

Pero este fanfarrón insoportable podía caer como buen maníaco depresivo de esas alturas hasta la melancolía. El 29 de julio le decía a Santander por carta: «Ya no me falta más si no es poner a salvo el tesoro de mi prosperidad escondiéndolo en un retiro profundo para que nadie me lo pueda robar: quiero decir que ya no me falta más que retirarme y morir. Por Dios que no quiero más: es la primera vez que no tengo nada que desear y que estoy contento con la fortuna.» Y a Briceño le escribe: «Yo he llegado al término de mi carrera y ya es preciso que decline y por lo mismo es preciso que yo me proporcione una caída honrosa y suave porque si yo no me la proporciono a mi gusto la puedo recibir con violencia y con pérdida de todas mis adquisiciones.»

De todos modos, con Pichincha y la capitulación de García firmada el 8 de junio de 1822, sólo quedaban focos de resistencia realista en el Alto Perú (actual Bolivia), en la sierra peruana y en la austral isla chilena de Chiloé. Las provincias de Quito, Cuenca y Loja reconocieron la soberanía colombiana.

XXV

EL ENCUENTRO DE LOS LIBERTADORES

En Quito volvieron a repetirse los homenajes del Te Deum más el de las jovencitas coronando de laureles a los héroes. Pero esta vez la amante futura del Libertador no estaba entre las que le ponían los laureles en las sienes sino en un balcón próximo, mirando con sus grandes ojos negros la ceremonia de la plaza mayor.

Tenía Manuela Sáenz entonces veinticinco años. Había nacido en Quito en 1797 hija ilegítima de un acaudalado comerciante español, Simón Sáenz de Vergara y María de Aizpuru, una jovencita aristócrata quiteña. Sáenz estaba legalmente casado con Juana María Campos Larraondo, con la que tenía cuatro hijos, tres de ellos varones.

Manuela se crió en casa de su madre y en la hacienda de la familia en Catarhuango, donde se convirtió en una audaz amazona, hasta que fue internada, a los diecisiete años, en un convento, el de Santa Catalina, famoso por los escándalos que allí habían ocurrido.

Pero desde allí la raptó, con su consentimiento, un teniente español, Fausto D'Elhuyar, con quien vivió poco tiempo hasta que su padre la rescató y se la llevó a un viaje que hizo a Panamá. Allí consiguió armar el matrimonio de Manuela, para que asentara cabeza, con el médico inglés James Thorne. El próspero doctor Thorne estaba condenado a llevar cornamenta, dada la naturaleza de la novia y de la relación, sin amor por su pareja. Tras el matrimonio reanudó relaciones con D'Elhuyar. Thorne se trasladó a Lima en 1818, donde su mujer adquirió rápida fama y se convirtió, junto a su amiga Rosita Campuzano, amante del general Tristán y más tarde del general San Martín, en una de las figuras más conocidas de la sociedad limeña y en una de las más ardientes patriotas. Las malas lenguas le atribuyeron a ella y a su amiga una febril actividad sexual para seducir por las partes bajas a los oficiales realistas y hacer que cambiaran de bando. Ambas fueron condecoradas por la orden instituida por San Martín en enero de 1822.

Preocupado por las andanzas de su mujer, el doctor Thorne volvió a cambiar de domicilio y a fines de mayo de 1822 se instaló en Quito. Según la tradición, Manuela arrojó una corona de laureles desde un balcón al paso del Libertador y éste la reconoció por la noche, en el baile de gala, cuando se la presentó Juan Larrea.

Juan Francisco Ortiz en sus *Reminiscencias* dice de ella: «Tendría cuando la conocí veinticuatro años; el cabello negro y ensortijado, los ojos también negros, atrevidos, brillantes, la tez blanca como la leche y encarnada como las rosas; la dentadura bellísima; de estatura regular y de muy buenas formas; de extremada viveza; generosa con sus amigos; caritativa con los pobres; valerosa, sabía manejar la espada y la pistola; montaba a caballo muy bien, vestida de hombre, con pantalones rojos, ruana negra de terciopelo y suelta la cabellera, cuyos rizos se desataban sobre sus espaldas debajo de un sombrerillo con plumas, que hacía resaltar su figura encantadora.»

Era, sin duda, un personaje singular para aquellas sociedades mojigatas y temerosas y aun para las actuales. Otro escritor que la conocía asegura que «tenía hábitos tan poco femeninos que montaba y vestía como hombre, con arreos militares y siempre a todo el andar de un brioso corcel. Usaba una capital de paño azul galoneada y sombrero negro de ala tendida y copa baja, adornado con una pluma. Seguíanla como escolta dos o tres húsares armados de lanza, carabinas y machetes y la negra Jonatás, su criada».

Los amores de Bolívar y Manuela Sáenz, pronto apodada *La Libertadora*, han dado lugar a una rica literatura imaginativa con muy escasos datos reales. Se ignoran casi todos los detalles de sus relaciones, que se prolongaron hasta poco antes de la muerte de Bolívar.

Ya anciana, Manuela ofreció a O'Leary un cofre con toda la correspondencia que le había dirigido Bolívar. El oficial-escritor se hizo cargo de él y, al parecer, alcanzó a leer algunas de las cartas. Pero éstas no aparecieron entre sus papeles cuando murió. Se cree que uno de los hagiógrafos de Bolívar, un obsesivo lamelápidas, Guzmán Blanco, las destruyó para que no afearan la figura mítica del Libertador.

2

Después de Quito, Bolívar marchó presuroso a Guayaquil decidido a realizar su incorporación a Colombia, burlando lo antes posible las pretenciones de San Martín, que quería que los guayaquileños se autodeterminaran mediante una votación popular.

El 11 de julio entró Bolívar en Guayaquil y pasó por debajo de los numerosos arcos de triunfo que habían levantado. Según el relato de Mosquera, manos anónimas, en medio de las salvas, arriaron la bandera blanquiazul de Guayaquil e izaron la colombiana. «¿Por qué tan pronto?», preguntó Bolívar. Pero apenas terminaron las salvas desapareció el pabellón de Colombia y volvió a izarse el de Guayaquil mientras la multitud gritaba «¡Viva Guayaquil independiente!».

Los adversarios de estos vociferantes, los partidarios de la anexión a Colombia, exigieron a la Junta de Guayaquil que decretase la unión con Colombia y, ante la negativa de ésta, Bolívar asumió por su simple decisión la suma del poder público y como tal tomó bajo su protección la ciudad.

Entretanto San Martín preparaba una actuación similar a fin de intentar la anexión de la provincia al Perú. Mientras Bolívar se hacía con el poder, el argentino le escribía que iría a entrevistarse con él en Quito, ya que ignoraba que estaba en Guayaquil. El plan sanmartiniano era pasar por Guayaquil, poner la provincia en su favor y luego entrevistarse en Quito con Bolívar ofreciéndole el *fait accompli.*

El 25 de julio se presentó San Martín ante Guayaquil a bordo de un navío. Por los enviados se enteró de lo que había ocurrido más de un mes antes y de que el venezolano estaba allí. Bolívar no perdió tiempo y le envió a uno de sus ayudantes, a lo que San Martín respondió proponiéndole una entrevista a bordo del *Macedonia*. El venezolano destacó a cuatro de sus edecanes con un mensaje en el que le decía: «Tan sensible me será que no venga a esta ciudad, como si fuéramos vencidos en muchas batallas; pero no, no dejará burlada la ansia que tengo de estrechar "en el suelo de Colombia" al primer amigo de mi corazón y de mi patria.» El mensaje no dejaba lugar a dudas: Guayaquil era suelo colombiano.

Al día siguiente fue Bolívar a visitarlo y lo convenció de que desembarcara. Accedió el argentino, y al llegar a la casa que le destinaron lo esperaba una joven, Carmen Garaycoa (una de las amantes de Bolívar), que le ofreció una corona de laureles de oro. San Martín, que carecía de la teatralidad y el amor a los fastos de su colega venezolano, se puso colorado y devolvió la ofrenda entre excusas apenas mascculladas y protestas de inmerecimiento.

Poco después devolvió la visita a Bolívar y estuvo algunos minutos conversando a solas. Regresó a almorzar y por la noche asistió al sarao. Al día siguiente a la una del mediodía se encontraron los dos Libertadores y se encerraron a conversar durante cuatro horas. Esa noche, San Martín se despidió discretamente de Bolívar y se embarcó pasadas las doce.

La entrevista de Guayaquil ha generado gran cantidad de literatura interpretativa. Sin embargo, han sido los dos protagonistas quienes dejaron testimonios claros sobre lo que allí se trató.

Ninguno de los dos confió en los ofrecimientos de retirarse o de cooperar que le hizo el otro. San Martín, un monárquico convencido que quería llevar al Perú a un príncipe europeo para sentar allí las bases de una monarquía hereditaria, le hizo sospechar a Bolívar que quería convertirse él en rey del Perú aunque con otro nombre, a pesar de que San Martín le juró que sólo quería retirarse a vivir como un agricultor en su finca de Mendoza.

El argentino escribió a su vez: «Bolívar y yo no cabemos en el Perú: he penetrado sus miradas arrojadas; he comprendido su desabrimiento (disgusto) por la gloria que pudiera caberme en la prosecución de la campaña. Él no excusará medios por audaces que fuesen para penetrar a esta República seguido de sus tropas y quizás entonces no me sería dado evitar un conflicto a que la fatalidad pudiera llevarnos, dando así al mundo un humillante escándalo.»

La oferta de San Martín de ponerse a las órdenes de Bolívar con sus tropas para completar juntos la liberación de América no fue creída por el venezolano. O, más simplemente, entrevió claramente que no podría llevarse bien con una personalidad como la de San Martín que, además, estaba con la salud muy quebrantada por las enfermedades y el abuso del opio que tomaba para aliviar sus dolores.

Eran, sobre todo, dos personalidades incompatibles que sólo podían sentir antipatía la una por la otra, fácilmente transformable en odio. Más allá de las formalidades exteriores, ambos expresaron el desdén que sentían por el otro en algún momento. San Martín definió a Bolívar frente a Tomás Guido como alguien «de una ligereza extrema, inconsecuencia en sus principios y una vanidad pueril». En alguna otra oportunidad lo calificó de «pillo» y de «hipócrita», aunque respetaba su genio y procuró siempre guardar caballeresco silencio sobre su oponente y sobre lo tratado en Guayaquil.

Tras la entrevista éste le hizo saber que después de la convocatoria del primer Congreso del Perú, el 20 de setiembre, se embarcaría para Chile «convencido de que mi presencia es el solo obstáculo que le impide venir a usted al Perú con el ejército de su mando. Para mí hubiera sido el colmo de la felicidad terminar la guerra de la Independencia bajo las órdenes de un general a quien la América debe su libertad. El Destino lo dispone de otro modo y es preciso conformarse».

Tal como lo había prometido, el 20 de setiembre de 1822 renunció a todos sus cargos ante el Congreso y esa noche se fue a caballo hasta Ancón, donde embarcó para Chile. De allí pasaría a Buenos Aires y a Europa, donde vivió en ostracismo hasta 1850, año de su muerte en Francia.

Al marcharse del Perú dejaba a los generales Rudecindo Alvarado y Antonio Álvarez de Arenales al frente de sus fuerzas y con un plan concebido por él para atacar a los realistas.

3

Pese a que Bolívar deseara vehementemente completar las campañas del Perú para llevarse la gloria correspondiente, sobre todo después de que confirmó la partida de San Martín, varios factores de gran peso le impidieron realizar su sueño.

En primer lugar, el Congreso colombiano se negaba a darle la autorización correspondiente. A mediados de 1822 todo el mundo creía que quien llegara a Perú se daría un paseo y con eso bastaría para expulsar definitivamente a los realistas. Colombia estaba agotada por el brutal esfuerzo de la prolongada guerra y carecía de recursos genuinos para enviar a Bolívar un ejército y los avituallamientos necesarios para la campaña peruana.

Lo cierto es que, tampoco Bolívar, más allá de las fantasías, tenía un ejército con el que poder hacer frente al de los realistas peruanos. En Perú iba a encontrarse con lo que quedaba de las fuerzas armadas sanmartinianas, que eran los últimos restos del ejército que el general había logrado formar en Mendoza. Los argentinos y chilenos veteranos habían caído en combate o regresado a sus países en su gran mayoría y habían sido remplazados por indios o mestizos peruanos, negros y mulatos cuyo valor militar era, más bien, escaso.

Al mismo tiempo, la situación de Bolívar en Ecuador no era para que durmiese tranquilo. Pasto era un bastión realista y la lealtad de los ciudadanos de Loja, Cuenca, Quito y Guayaquil era, al menos, para ponerla en duda. En Colombia también el ambiente era de inestabilidad y su presencia podía ser requerida en cualquier momento. Todas estas circunstancias le aconsejaron posponer la campaña.

Pero alertado de los planes de San Martín y del peligro que significaba para la revolución que los realistas triunfasen en el Perú ofreció enviar cuatro mil hombres para reforzar las tropas que había dejado el argentino y que ya operaban según los planes de su jefe.

San Martín le había explicado en Guayaquil sus proyectos militares de Puertos Intermedios y Bolívar había observado que eran muy arriesgados. Fraccionar el ejército patriota en dos partes separadas por mil quinientos kilómetros iba a permitir a los realistas batirlos uno por uno.

Pero Bolívar, después de haberse apoderado de Guayaquil y de sus provocaciones y fanfarronadas, era un hombre odiado en el Perú. De modo que el Congreso de Lima, muy digno, rechazó la oferta del envío de cuatro mil hombres y respondió que sólo quería comprarle fusiles a justo precio.

Bolívar resolvió, entonces, que la división colombiana que se encontraba en el Perú se embarcara de regreso rumbo a Guayaquil. El 6 de enero de 1823, cuando aún no había resultados de la expedición de Alvarado y Arenales a Puertos Intermedios, partió de El Callao.

Pocos días más tarde, en el camino al Alto Perú, los generales realistas Valdés y Canterac, en menos de 48 horas entre el 17 y el 19 de enero, destrozaron a las fuerzas patriotas en Torata y Moquegua, gracias a la notoria torpeza de los jefes argentinos.

4

Aun antes de enterarse de este desastre que confirmaba sus temores, Bolívar ya estaba resuelto a enviar al Perú a seis mil de sus hombres, haciendo caso omiso de la negativa de los peruanos. Con esa finalidad despachó al coronel Luis Urdaneta a Lima a fin de que acordara con las autoridades peruanas los detalles del envío de fuerzas.

La deposición del general Lamar y su remplazo por José de la Riva Agüero en Lima el 27 de febrero favoreció los planes de Bolívar. El 18 de marzo se firmó un pacto de auxilio colombiano al Perú y ese mismo día empezaron a zarpar los transportes que llevaban a las tropas. La segunda parte de los seis mil hombres prometidos comenzó a embarcar el 12 de abril.

Mientras tanto, Riva Agüero aceleraba los planes para enviar otra expedición a Puertos Intermedios muy similar a la que ya había fracasado. Esta decisión contradecía los planes de Bolívar, que quería que las tropas no se comprometieran en acciones decisivas y sólo protegieran a Lima y El Callao, hasta que lograran reunir unos dieciocho mil hombres. Sucre fue enviado a Lima como jefe supremo de las fuerzas colombianas.

Nada de esto impidió que siguieran los preparativos de las fuerzas que se pusieron al mando de Santa Cruz, del general argentino Enrique Martínez y del chileno Ramón Herrera.

Éstos habían insistido para que la campaña se hiciera con Bolívar al frente de las tropas. El 14 de mayo, el Congreso peruano le pidió oficialmente que viniera a encabezar sus fuerzas. A fines de ese mes, Bolívar le escribía a Santander: «En el Perú hasta el Congreso que era enemigo mío se ha hecho mi mayor amigo, todos me llaman y yo no espero más que el permiso del cuerpo soberano para irme a emprender una obra tan grande como la de Colombia con más dificultades físicas, aunque con más medios militares.»

Riva Agüero se dio cuenta de que la llegada de Bolívar no le favorecía. Temió que el venezolano le quitara la gloria de haber libertado a su país, de modo que apresuró los trámites y a mediados de mayo, 5 600 hombres zarparon de El Callao rumbo a Arica para, desde allí, internarse en la sierra a iniciar una campaña que, al final, resultó casi tan desastrosa como la precedente.

5

Mientras el ejército patriota se dirigía al Alto Perú, el general realista Canterac bajó a la costa con siete mil hombres y el 18 de junio entró en la capital, mientras Sucre, al mando de 3 700 hombres, se encerraba en la fortaleza de El Callao.

Canterac exigió al cabildo tres mil fusiles y trescientos mil pesos bajo amenaza de incendiar la ciudad. El cabildo contestó que, en ese caso, iba a decapitar a cuatrocientos prisioneros españoles.

El Congreso peruano reunido en El Callao pidió nuevamente a Bolívar que bajara al Perú y concedió a su lugarteniente, el general Sucre, poderes dictatoriales para sortear la situación mientras presionaba para echar a Riva Agüero. Pero Sucre llegó a un acuerdo con él para que gobernara desde Trujillo apoyándolo, mientras él lo reconocía como presidente.

La ocupación de Lima, mientras tanto, no iba a prolongarse mucho. Alarmado por las noticias que le llegaron sobre la penetración del ejército de Santa Cruz en el Alto Perú, Canterac se decidió a evacuar Lima y así lo hizo el 16 de julio, acompañado por todos los que lo habían aplaudido a su llegada.

Sucre corrió, entonces, a auxiliar a Santa Cruz, pero éste rechazó la ayuda que tan generosamente venía a ofrecerle el venezolano. El caos político, entretanto, continuaba en las ciudades. Riva Agüero disolvió en Trujillo el Congreso que había querido echarlo con el apoyo de los colombianos. Su opositor compró al Congreso con dinero público y se hizo nombrar presidente y padre de la patria. Riva Agüero fue declarado traidor y se solicitó su captura vivo o muerto. Esto ocurría el 19 de agosto. Dos semanas más tarde, Bolívar desembarcaba en El Callao.

No todo el caos era culpa de los peruanos. El general, desde Quito, había hecho lo posible por atizar el fuego de la discordia en el Perú. En carta a Mosquera, su ministro en Lima, le decía: «Es preciso trabajar porque no se establezca nada en el país, y el modo más seguro es dividirlos a todos. La medida adoptada por Sucre de nombrar a Torre Tagle embarcando a Riva Agüero con los diputados, ofrecer a éste el apoyo de la división de Colombia para que disuelva el Congreso, es excelente. Es preciso que no exista ni simulacro de gobierno y esto se consigue multiplicando el número de mandatarios y poniéndolos todos en oposición. A mi llegada debe ser el Perú un campo rozado para que yo pueda hacer en él lo que convenga.»

Efectivamente, lo había conseguido.

XXVI

LA VICTORIA FINAL

Al día siguiente de la llegada de Bolívar a Lima, el Congreso le otorgó todas las facultades necesarias para restablecer el orden. Pero una semana más tarde le dio la suma del poder público, invistiéndolo dictador. La amenaza del caos, tal como había supuesto Bolívar, los empujó a ofrecerle todo, incluso a un extranjero, con tal de que devolviera las aguas turbulentas a sus cauces.

La primera tarea de Bolívar fue liquidar el poder que aún mantenía Riva Agüero en Trujillo. El presidente había entrado en negociaciones con los españoles para llegar a un acuerdo con ellos. Estos documentos, que algunos han sostenido que fueron falsificados por Bolívar, le valieron para que, después de un conato de negociaciones con el Dictador de Lima, el coronel Domingo Gutiérrez de la Fuente, uno de los oficiales de Bolívar, arrestara a Riva Agüero en Trujillo. El 1 de diciembre el aprehensor recibía la orden de fusilar inmediatamente al politicastro. Pero creyendo que se trataba de una barbaridad se negó a cumplir la orden. A cambio de ello metió a Riva Agüero y a sus cómplices en un barco norteamericano que tenía que llevarlos a California. Pero fueron desembarcados y apresados en Guayaquil.

Aunque Bolívar trinó de rabia por esta desobediencia, con la partida del intrigante Riva su camino político quedaba despejado.

2

El último año y medio de vida de Bolívar, salvo las sangrientas campañas contra los pastusos rebeldes y las acciones contra Riva Agüero, había sido de descanso y relajamiento. Manuela Sáenz ocupó largas horas del Libertador como su amante preferida. Pero estaba lejos de ser la única. Las hermanas Garayco también habían pasado por el lecho de Bolívar, además de un puñado de bellas guayaquileñas y quiteñas. Fiestas, saraos, largas siestas en las fastuosas quintas de que gozaba Bolívar en Ecuador.

La vida alegre continuó en la Ciudad de los Virreyes, Lima. A veinte días de llegar le escribía a Santander: «Yo cada día más contento en Lima porque hasta ahora voy bien con todo el mundo: los hombres me estiman y las damas me quieren: esto es muy agradable; tienen muchos placeres para el que puede pagarlos... La mesa es excelente, el teatro regular muy adornado de lindos ojos y de un porte hechicero: coches, caballos, paseos, toros, *Te Deum*, nada falta sino plata para el que no la tiene que a mí me sobra con mis ahorros. Se entiende, por ahora.»

La leyenda dice que las señoras de buen ver de la libertina capital peruana pujaban por pasar por la cama del Libertador, por el insoslayable magnetismo erótico que tiene el poder sobre el sexo femenino.

Aprovechaba Bolívar que en Lima no estaba controlado por la celosa Manuela Sáenz, con la que tenía una tormentosa relación. Su amante había quedado en Guayaquil, donde le brindó un gran servicio. Un motín estalló poco después de que Bolívar partió. Manuela se vistió de húsar, montó en su mejor caballo y al frente de un pelotón de caballería que logró reunir logró someter a los amotinados. Mujer de armas tomar, esta Manuela y no sólo en el campo de batalla.

Después de Ayacucho, en medio de las fiestas para celebrar el fin del dominio español en América, visitó al Libertador en su palacio de Lima. Sobre las sábanas revueltas de su cama descubrió un pendiente de brillantes que alguien había perdido la noche anterior. Se abalanzó sobre Bolívar y entre insultos y ataques de histeria le llenó la cara de arañazos, al punto de que el Libertador tuvo que fingir un resfrío para permanecer oculto durante una semana hasta que las heridas cicatrizaron.

3

Vencida la resistencia de Riva Agüero, Bolívar se dedicó con ahínco a organizar su ejército, para lo cual trasladó su cuartel general a Pativilca, ciento noventa kilómetros al norte de Lima, lejos de las tentaciones y placeres de la capital. Al llegar a su destino perdió el conocimiento, atacado por unas fiebres extrañas que lo tuvieron tumbado durante varios días e hicieron temer por su vida.

«Es una complicación de irritación interna y de reumatismo, de calentura y de un poco de mal de orina, de vómitos y de dolor cólico —describía el 7 de enero de 1824, a poco de haber recobrado el conocimiento, en carta a Santander—. Todo esto hace un conjunto que me ha tenido desesperado y me aflige todavía mucho. Ya no puedo hacer un esfuerzo sin padecer infinito. Usted no me conocería porque estoy muy acabado y muy viejo, y en medio de una tormenta como ésta represento senectud. Además, me suelen dar, de cuando en cuando, unos ataques de demencia, aun cuando estoy bueno, que pierdo enteramente la razón sin sufrir el más pequeño ataque de enfermedad y de dolor.» Tenía sólo cuarenta años.

Preocupado por el estado de salud del Libertador y la situación militar, Joaquín Mosquera le preguntó qué pensaba hacer. «Entonces, avivando los ojos huecos y con tono decidido me contestó:

»—¡Triunfar!

»—¿Y qué piensa hacer usted para triunfar?

»—Tengo dadas las órdenes para levantar una fuerte caballería en el departamento de Trujillo. He mandado fabricar herraduras en Cuenca, en Guayaquil y en Trujillo. He ordenado tomar para el servicio militar a todos los caballos buenos del país y he embargado todos los alfalfares para mantenerlos gordos. Luego que recupere mis fuerzas me iré a Trujillo. Si los españoles bajan de la cordillera a buscarme, infaliblemente los derroto con la caballería. Si no bajan, dentro de tres meses tendré fuerzas para atacar: subiré a la cordillera y los derrotaré.»

Cuando se despidió de Mosquera, que se iba a Bogotá, le dijo:

«Diga usted allá a nuestros compatriotas cómo me deja usted moribundo en esta playa inhospitalaria, teniendo que pelear a brazo partido para conquistar la independencia del Perú y la seguridad de Colombia.»

La situación militar de Bolívar no era para estar eufórico. El ejército colombiano sólo tenía 3 122 plazas efectivas que, unida a los soldados que comandaba Sucre, sumarían 5 000 hombres. Todavía faltaban varios meses para que, de Colombia, llegaran 3 000 más de refuerzo.

El ejército del Norte, un conglomerado heterogéneo de lo que quedaba del ejército de San Martín (en realidad sólo había menos de un centenar de oficiales y soldados originarios, chilenos y argentinos), más los reclutas peruanos eran unos tres mil soldados pero de dificilísimo manejo y dudosas virtudes militares. Allí, «los argentinos se creían superiores a los chilenos porque les habían dado la libertad —describe el historiador Paz Soldán—. Éstos, en recompensa, los detestaban, negándoles todo mérito, y se complacían en desacreditarlos por su conducta poco moral y escandalosa, si se quiere. En el físico mismo había rivalidad: los argentinos por lo general son bien formados, altos, llenos de inteligencia y por su habla y modales, muy seductores. Los colombianos, enorgullecidos con sus espléndidas victorias y con el nombre de su héroe, se juzgaban superiores al resto de los americanos. La altanería de los auxiliares venidos del Sur y del Norte ofendía el amor propio del ejército peruano».

Del lado realista, éstos contaban con dieciocho mil

soldados mandados por dieciséis generales de carrera, magníficamente pertrechados y bien alimentados por las poblaciones de la sierra.

Después de las derrotas sufridas por los patriotas en Puertos Intermedios existía el convencimiento general de que los realistas volverían a gobernar el Perú en cualquier momento. Esto contribuyó a evaporar las últimas convicciones patriotas de buena parte de la población peruana que, además, se hallaba sumida en una profunda crisis económica desatada por la paralización de la producción y las constantes exacciones que los gobiernos realizaban para nutrir a sus tropas.

El presidente Torre Tagle era uno de los que estaba persuadido de que los esfuerzos de los patriotas estaban condenados al fracaso. Solapadamente entró en contacto con el general Canterac ofreciéndole dar un golpe, expulsar a Bolívar de Perú y restablecer la dominación española bajo alguna forma disimulada. La traición comenzaría por la entrega de El Callao a los realistas.

No fue necesario porque otros se le adelantaron.

4

A principios de año se había decidido que al Callao lo guardara el regimiento argentino «Río de la Plata» en vez del «Vargas» que fue enviado a Canta. La unidad rioplatense constaba de más de mil hombres comandados por el general Rudecindo Alvarado.

Otro general argentino, Enrique Martínez, recibió el dinero del Estado peruano para pagar a los jefes y soldados del Río de la Plata pero, al parecer, empezó a mirar para otro lado porque había jugado y perdido la suma.

Sea como fuere, el 5 de febrero, los sargentos Dámaso Moyano, un mulato natural de Córdoba del Tucumán, y Oliva se amotinaron, encerraron a los jefes y oficiales, incluyendo a Alvarado, y empezaron por nombrarse coronel y teniente coronel respectivamente. Reclamaban el pago de sus sueldos atrasados.

El general Necochea y el capitán Estanislao Correa negociaron y se comprometieron a conseguir el dinero para los sueldos en veinticuatro horas y a procurarles a los cabecillas un barco en el que regresar a su país.

Como no consiguieran la suma, volvieron al día siguiente a pedir un plazo más largo y se encontraron con que Moyano los amenazaba con una lanza diciéndole: «Mándese a mudar, que si ahora mismo no lo alanceo es por consideración a que ha sido usted mi capitán.» El mulato había descubierto que el general Enrique Martínez había dado órdenes para que, una vez que los dos cabecillas subiesen al barco, fueran aprehendidos y fusilados.

Moyano puso en libertad, entonces, al coronel realista José de Casariego, que estaba preso en El Callao, y lo hizo reconocer como gobernador de la plaza y a él como segundo. Acto seguido izó el pabellón español entre salvas de artillería.

El nuevo gobernador se puso de inmediato en comunicación con Canterac, quien le mandó una fuerza española al mando del general Monet y del coronel Rodil, arribada a la mejor plaza fuerte de Suramérica a fines de febrero. De allí a apoderarse de la vecina Lima sólo hubo un paso.

El 14 de febrero se les unió el regimiento argentino de Granaderos a Caballo (creado por San Martín) que, sublevado en Lurín, proclamó la causa del rey y se encerró con sus paisanos en El Callao, a excepción de 120 hombres que se incorporaron a las tropas de Bolívar.

Gracias al mulato Moyano y a la feroz resistencia opuesta por el comandante de la plaza, coronel Rodil, El Callao será el último trozo de América continental en caer en manos de los patriotas, como lo testimonia el homenaje del nombre de la plaza de El Callao, en pleno centro de Madrid.

Torre Tagle, por su parte, vio descubierta su traición pocos días después del izamiento de la bandera realista en El Callao, cuando se interceptaron cartas entre Canterac y él. Necochea lo aprehendió y comunicó la novedad a Bolívar. Torre Tagle aprovechó para ocultarse y salir de sus catacumbas cuando los realistas tomaron El Callao. Entonces lanzó una proclama invitando a los peruanos a unirse a los españoles «para evitar vuestra ruina, Bolívar —mentía— me instó reservadamente a abrir negociaciones de paz con los españoles, para dar tiempo a reforzarse y destruirlos, envolviendo en su ruina a los peruanos. Yo aproveché de esta ocasión para lograr ventajosamente nuestra unión». Casi cuatrocientos jefes y soldados peruanos oyeron el llamado de Torre Tagle y se pasaron a los realistas.

Con razón Bolívar decía en su proclama del 13 de febrero desde Pativilca: «¡Peruanos! Las circunstancias son horribles para vuestra patria; vosotros lo sabéis; pero no desesperéis de la República.»

5

Empero, no todo era adverso para los patriotas.

En España, en 1823, moría el trienio liberal asesinado por el duque francés de Angulema y sus fuerzas invasoras. Fernando VII volvió a instaurar el absolutismo tras su entrada triunfal en Cádiz.

Enterado en el Alto Perú el jefe local de las fuerzas realistas, el general Pedro Antonio Olañeta, un absolutista febril, lanzó una proclama el 4 de febrero declarándose Protector de la religión y del absolutismo «contra los liberales, judíos y herejes» y negándose a acatar toda decisión que hubiese sido tomada durante el trienio liberal. Olañeta tenía un ejército de 4 500 hombres, la cuarta parte del ejército realista en el Perú.

El virrey Laserna trató de negociar con él y para congraciarse con Olañeta: abolió el régimen constitucional en todo el virreinato y firmó con el rebelde el Pacto de Tarapaya, el 9 de marzo, concediéndole una cierta autonomía.

Pero Olañeta no se satisfizo y mantuvo su actitud de rebeldía y su negativa a colaborar con sus tropas. Laserna no tuvo más remedio que actuar militarmente con él para restablecer su autoridad.

Todas estas maniobras obligaron a Laserna a desentenderse de Bolívar en momentos en que una ofensiva sobre el venezolano muy probablemente hubiera destrozado sus fuerzas.

Mandó, en cambio, a su general Valdés contra Olañeta. Ambos se enzarzaron en las feroces batallas de Tarabuquillo y Lava.

6

Bolívar tuvo tiempo de disciplinar y equipar al ejército peruano de tres mil hombres de Lamar y de recibir, entre marzo y mayo, refuerzos de Colombia y de Guayaquil en número de otros dos mil.

El valle de Huaraz, fértil y con excelente clima, fue elegido por Bolívar para concentrar las fuerzas. Y, a poco de llegar a Huaraz, el ya recuperado general tropezó con una belleza local, Manuelita Madroño, una adolescente, en cuyos brazos cayó totalmente colado. «Nunca se había visto al Libertador más alegre y de más buen humor», testimonia uno de sus oficiales de Estado Mayor.

El buen humor se le fue cuando la implacable Manuela Sáenz apareció en Huaraz, tuvo un encuentro breve en el que le hizo una de sus habituales escenas borrascosas de celos y a las pocas horas se marchó. Juró, entonces, que se mataría, pero más tarde se calmó y reconsideró su decisión. Hasta octubre, se mantendrá alejada de su amante.

En total, a mediados de 1824 Bolívar contaba con un ejército de unos 9 000 hombres, con Sucre como general en jefe del ejército y O'Connor, voluntario irlandés, como jefe del Estado Mayor. Exigua fuerza para enfrentar a las tropas realistas que, con los aportes de argentinos y peruanos defectores, llegaba ya a 21 000 combatientes.

Pero afortunadamente, las fuerzas de Valdés y Olañeta, empeñadas en una guerra interna, sumaban 8 000 hombres. Canterac disponía de 7 000 soldados en Jauja, en la sierra, y unos 6 000 Laserna.

Bolívar se enteró en abril de los movimientos de las tropas realistas en dirección al Alto Perú y decidió aprovechar la oportunidad para batir a Canterac, que quedaba en inferioridad numérica frente a él en Jauja.

A mediados de junio comenzó su marcha hacia el valle de Jauja, en los Andes peruanos. Una parte de su ejército tomó el camino por Cajatambo, la otra por Chavín, una tercera por Huánuco y debían reunirse en el cerro de Pasco. Una columna de porteadores indios llevaba a hombros —según la vieja costumbre incaica— los pertrechos militares. Los soldados de caballería montaban mulas y llevaban su corcel de tiro. El ejército llevaba uniformes de abrigo para superar el clima helado de los Andes en pleno invierno austral.

Al llegar al cerro de Pasco, a fines de julio, los soldados bolivarianos pudieron ver en la distancia el ejército realista, con el que tenían que medirse. El 2 de agosto pasó revista Bolívar a sus tropas, en las que primaba el entusiasmo por los acontecimientos que se avecinaban.

Cuando comprobó Canterac el número de los enemigos se puso en retirada hacia el sur para no quedar con las comunicaciones cortadas con su base de operaciones en el Cuzco. La caballería patriota, al mando del alemán Felipe Braun, mudó de las mulas a los caballos y a través de un atajo alcanzó a la retaguardia realista.

El combate de Junín sólo duró 45 minutos durante el cual no se disparó ni un solo tiro: fue una lucha de ambos cuerpos de caballería a sable y lanza en la que los realistas dejaron 370 muertos y heridos, un centenar de prisioneros y fueron desbaratados y puestos en fuga. El comandante en jefe de la caballería, el argentino Mariano Necochea, fue tomado prisionero y liberado posteriormente por los llaneros.

Canterac se replegó hacia el Cuzco, dejando la provincia de Jauja en manos del ejército patriota. Más del 75% de sus reclutas peruanos habían desertado después de la derrota.

7

Tras permanecer en la sierra, persiguiendo a Canterac un par de meses, Bolívar decidió regresar a Lima. Sucre fue nombrado, en su remplazo, general en jefe del ejército. «Yo estaba en las riberas del Apurimac con el ejército ocupando gran parte de la provincia del Cuzco, cuando supe que venían diez mil hombres y dos millones de pesos de Inglaterra que estaban por llegar —le escribió a Paz del Castillo—. Que el Asia había entrado en El Callao y que Lima permanecía aún en poder de los españoles. Todos estos motivos reunidos me decidieron venir a la costa para tomar las medidas correspondientes.»

Bolívar sabía que se avecinaba una batalla de mayor envergadura entre sus exiguas fuerzas y los realistas y que era necesario organizar un ejército de reserva para el caso de que el suyo en la sierra quedara desbaratado. En el camino se enteró de una mala noticia: el Congreso colombiano había derogado normas anteriores que le otorgaban poderes extraordinarios sobre los países que fueran teatro de la guerra y los que estuviesen recién liberados. Estas facultades debían ser ejercidas por quien desempeñase efectivamente la presidencia, que no era otro que Santander, quien podía delegarlas en quien creyera conveniente. El último artículo le prohibía a Bolívar mandar tropas de esa nacionalidad fuera del territorio de la República. Sus potestades quedaban limitadas a las de dictador del Perú.

Bolívar respondió serenamente y de ahí en más se limitó a pedir auxilios al Ecuador.

Del otro lado, cuando se enteró del desastre de Junín, el virrey Laserna mandó suspender inmediatamente las acciones contra Olañeta y ordenó regresar a toda prisa a Valdés, para reunir fuerzas y lanzarlas contra los rebeldes.

El 22 de octubre salió al frente de 9 300 soldados del Cuzco llevando como jefe de Estado Mayor a Canterac y a Valdés, Monet y Villalobos comandando sus tres divisiones. Hasta el 2 de noviembre, Sucre no se enteró del avance de los realistas. El 19, Laserna entró en Huamanga: maniobraba para cortarle a Sucre las comunicaciones con la costa, pues estaba informado de que esperaba refuerzos.

A partir del 2 de diciembre, ambos ejércitos evolucionaron uno frente al otro tratando de buscar posiciones de ventaja. Sucre sufrió una emboscada que le costó trescientos soldados.

Por fin ambos ejércitos se situaron, frente a frente, en la llanura de Ayacucho, cerca de Huamanga. Los realistas tenían unos siete mil hombres contra los casi seis mil de los patriotas.

En la mañana del 9 de diciembre de 1824, las bandas militares de uno y otro ejército empezaron a excitar a los soldados antes de la inevitable y decisiva batalla.

El coronel Manuel Antonio López, presente en las acciones, cuenta que «a las ocho el general Monet, personaje fornido, bizarro, de barba acanalada, bajó a la línea patriota, llamó a Córdova (coronel colombiano), conocido y amigo suyo desde la víspera y le manifestó que habiendo en el campo español varios jefes y oficiales que tenían hermanos, parientes y amigos en el republicano, deseaba saber si podían verse antes de la batalla».

Sucre dio una tregua de media hora para ese propósito y acto seguido medio centenar de combatientes de un bando y del otro se reunieron en un terreno neutral entre ambas fuerzas.

«El brigadier español don Antonio Tur —sigue López—, interesante joven de alta estatura y de unos treinta y cuatro años de edad, que fue tal vez el que pidió esta entrevista, se nos abalanzó en demanda del teniente coronel Vicente Tur, del Estado Mayor peruano, hermano suyo y como seis años más joven. Encontrándolo al punto lo apostrofó con tono acerbo:

»—¡Ay, cuánto siento verte cubierto de ignominia!

»—Yo no he venido a que me insultes y si es así, me voy —le contestó Vicente y dándole la espalda ya se iba cuando Antonio corrió tras de él y abrazándolo lloraron estrechados largo rato.»

Los ejércitos desayunaron tras el encuentro. «A eso de las diez y media nuestro conocido general Monet se presentó de nuevo en la línea, espléndidamente uniformado. Y llamando al general Córdova le dijo:

»—General, vamos a dar la batalla.

»—Vamos —le contestó Córdova.

»Iniciadas las hostilidades, el general Córdova, de sólo veinticinco años de edad, iba a tener una actuación heroica cuando el jefe español Rubin de Celis se precipitó sobre la línea republicana desbaratándola. El general colombiano se apeó de su caballo y puesto delante de sus tropas, levantando su sombrero en una mano, gritó: "¡Adelante!, ¡a paso de vencedores!"» Sus fuerzas se abalanzaron sobre las de Rubin de Celis, que quedó tendido en el campo de batalla y sus tropas dispersadas.

Tras varias horas de lucha, los realistas fueron puestos en fuga. Dejaron 1 800 muertos, 700 heridos y 15 piezas de artillería, que significaban una cuarta parte de sus fuerzas. Los republicanos perdieron 310 hombres y sufrieron 600 heridos. Córdova y Lara fueron promovidos a generales de división. Días más tarde, Bolívar ascendió a Sucre a gran mariscal, y dio otros ascensos, además de confirmar los que había otorgado su lugarteniente.

El virrey Laserna había caído en manos de los patriotas en la última carga de la caballería con que intentó contener a los hombres de Córdova.

Los oficiales realistas, reunidos en junta de guerra, tuvieron muy claro que la dominación española se había perdido. Acordaron pedir la capitulación y el general Canterac se dirigió a la tienda de Sucre para arreglar los detalles. Éste se preocupó en darle términos honrosos, pero la totalidad de los jefes y oficiales y dos mil soldados quedaron prisioneros.

8

Sólo el 18 de diciembre se enteró Bolívar de la victoria de Ayacucho. Fue tal su excitación que tuvo una crisis histérica. Se quitó el dormán, lo tiró al suelo «como para significar que se despojaba de toda insignia militar y de mando, y se echó a bailar por la pieza en un exceso de emotividad, de ímpetu que necesitaba pronto y violento desahogo, gritando: "¡Victoria, victoria, victoria!" Hasta pasado un buen momento no llegó a serenarse y poder explicar a los circunstantes lo que decía el oficio que lo puso en tal estado», narra O'Leary.

En seguida redactó una proclama dirigida a los vencedores de Ayacucho y otra a los peruanos. Esta última terminaba diciendo: «El día que se reúna vuestro Congreso será el día de mi gloria; el día en que se cumplan los más vehementes deseos de mi ambición: ¡no mandar más!» El Libertador volvía a expresar sus deseos siempre ambivalentes y contradictorios que, en este caso, estaban dirigidos a responder a quienes lo calificaban de tirano. «Todo el mundo me está quemando con que soy ambicioso; lo dicen los franceses; lo dicen en Chile, en Buenos Aires, lo dicen aquí, sin mencionar el anónimo de Caracas. Con irme respondo a todos —le escribía en esos días a Santander—. No quiero más glorias; no quiero más poder; no quiero más fortuna y sí quiero mucho, mucho mi reposo. Me queda un tercio de vida y quiero vivir.» El Libertador estaba por esos días en dificultades económicas: se negaba a aceptar el sueldo de cincuenta mil pesos que le había asignado el Congreso del Perú y no le llegaban sus estipendios de Colombia.

La noticia de la victoria produjo oleadas de euforia en toda América hispánica. Por fin, el 31 de diciembre, Gran Bretaña reconoció oficialmente a Colombia, México y al gobierno de Buenos Aires. El poder de España en la América del Sur había llegado a su fin.

9

Tal como había prometido, Bolívar presentó su renuncia ante el Congreso que, tal como era previsible, éste rechazó. Bolívar despertaba delirantes manifestaciones de adhesión en aquellos días. La respuesta del Congreso peruano fue otorgar a Bolívar todavía más poderes dictatoriales. El Libertador se resistió como hacen las personas bien educadas, pero finalmente aceptó ante la insistencia de los diputados. Para completar la operación, el cuerpo colegiado votó una recompensa de un millón de pesos para el Libertador, que debían obtenerse de un préstamo que se solicitó, y puso a su disposición otro millón para repartir entre los vencedores de Ayacucho. Lo segundo fue aceptado, pero Bolívar rechazó el millón que le habían otorgado, demostrando una vez más que entre sus defectos no estaba el de la codicia de bienes terrenos.

La generosa capitulación de Ayacucho determinaba que todas las plazas fuertes en manos de los realistas serían entregadas al ejército vencedor. Pero el coronel Rodil, comandante de El Callao, se negó a entregar la plaza, a la que se le puso sitio.

Mientras tanto, Laserna y sus oficiales contrataron sus pasajes a España en distintos barcos surtos en Quilca y regresaron a la antigua metrópoli. Entre ellos fue el mulato cordobés Moyano, que había entregado El Callao a los realistas. A su llegada, Laserna se enteró de que su rey le había otorgado el título nobiliario de conde de Los Andes en las mismas fechas en que era derrotado en Ayacucho.

La resistencia realista persistía en el Alto Perú, donde Olañeta se había negado a entregarse. El presidente del Cuzco, Antonio María Álvarez, convocó a la Real Audiencia y organizó la resistencia.

Sucre mandó al general Gamarra al frente de una columna para que ocupara el Cuzco e hiciera cumplir la capitulación a los destacamentos realistas de Arequipa y Puno.

Álvarez se pensó mejor su situación y decidió cumplir los acuerdos. Detrás de Gamarra venía Sucre con once mil hombres que entraron el 30 de diciembre en la antigua capital de los incas. Días después, las otras ciudades se entregaron.

Las negociaciones con Olañeta se prolongaron durante muchas semanas, sin que se llegara a ninguna conclusión. Mientras tanto, era preciso definir si el Alto Perú liberado se incorporaría al Río de la Plata, tal como estaba durante el último tiempo de la dominación española, se anexaba al Perú o se declaraba independiente. A principios de febrero, Sucre convocó a un Congreso.

Mientras tanto llegó una decisión del gobierno de Buenos Aires que facilitaba las cosas. Enfrentados los argentinos a una guerra con el Imperio de Brasil, quisieron dejar sus espaldas cubiertas dando una solución ecuánime al problema del Alto Perú. Sabían que allí los «abajeños», como les llamaban los altoperuanos, eran detestados. De manera que el gobernador de Salta, provincia argentina vecina del Alto Perú, el general Antonio Álvarez de Arenales, recibió instrucciones de formar un ejército de ochocientos hombres y dirigirse a la frontera portando un pliego de instrucciones en el que se le ordenaba que hiciera lo necesario para disolver el ejército de Olañeta y que diera total libertad a los altoperuanos para que decidieran su destino.

Ante la indecisión de las negociaciones, Sucre marchó en febrero contra las fuerzas de Olañeta. En esos momentos a éste se le había sublevado un batallón al mando del coronel Medinaceli y en la batalla que se libró en el intento de someter a los rebeldes, Olañeta perdió la vida, herido de un balazo. El resto de las fuerzas del general rebelde se entregaron sin que Sucre tuviera que disparar ni un solo tiro.

XXVII

LA BORRACHERA DEL PODER

En los tres meses que sucedieron a la victoria de Ayacucho, Bolívar se entregó, sobre todo, al placer. Fiestas y saraos donde se dedicaba a una de sus aficiones favoritas, bailar, y tenía ocasión de practicar su deporte predilecto: seducir. «Mujeres de alta situación social y célebres por su belleza —narra Encina—, que en días normales jamás habrían incurrido en apariencias siquiera que pudieran provocar hablillas, tenían a altísima honra que se las supusiera favoritas del Libertador.»

Bolívar vivió rodeado de lameculos capaces de llegar a los repugnantes extremos de Manuel Lorenzo Vidaurre, ex oidor de la Audiencia del Cuzco que, al ver un día que el breve Bolívar no alcanzaba a meter el pie en el estribo de su cabalgadura, se puso a cuatro patas para que pisara su lomo el Dictador. No menos repugnante era la complacencia de Bolívar con estas obsecuencias y exhibiciones de servilismo: no sólo no las rechazaba ni condenaba sino que se complacía en ellas y las premiaba. Como ejemplo, Vidaurre, después de su metamorfosis en mueble del Libertador, fue nombrado por él presidente de la Corte Suprema de Justicia.

En abril, Bolívar tenía delante de sí sin resolver el problema de la identidad del Alto Perú y su organización política. Salió de Lima el 10 de ese mes por el camino de la costa y un mes después estaba en Quilca. Cuatro días más tarde hacía su entrada triunfal en Arequipa, donde lo esperaban con el regalo de un caballo enjaezado en oro y juerga corrida durante varios días con las relamidas zalemas de rigor. También se hizo tiempo para dictar numerosas medidas de gobierno, entre otras, la fundación de varias escuelas que confió a su antiguo maestro, Simón Rodríguez, que había vuelto a América.

Tras permanecer un mes en la ciudad, el 25 de junio llegó al Cuzco, donde se repitió la historia, incluso la del caballo enjaezado en oro.

Pero el objetivo principal de Bolívar era el Congreso, que finalmente se reunió en Chuquisaca el 10 de julio, con 49 diputados y presidido por José María Serrano. Se eligió el día 6 de agosto, aniversario de Junín, para declarar la independencia de lo que se llamó «República Bolívar» (una expresión más de la chabacana adulonería), con capital en Chuquisaca, bautizada por el decreto como Sucre —más de lo mismo—, del que Bolívar fue nombrado titular del supremo poder ejecutivo mientras residiera en la República y protector y presidente vitalicio cuando viviese fuera de ella. A esto se añadió una lista bastante larga de medallas de oro y diamantes costeados por pueblos paupérrimos y «una gran lámina de oro en cuyo centro se ve a una hermosa joven indígena (¡menudo esfuerzo de imaginación para el grabador!), símbolo de América, sentada sobre los despojos de un león y debajo de un pabellón formado de los estandartes de todos los estados del continente. Esta joven estará abrazando con la diestra al Libertador y con la siniestra al gran mariscal de Ayacucho y estos dos héroes se verán en actitud de decorarla con la gorra de la libertad y pisando grillos y cadenas despedazadas». Quienes idearon este *ménage à trois* y decretaron esto fueron los mismos que escribieron uno de los más divertidos monumentos a la cursilería en el preámbulo del mismo decreto: «Lanzándose furioso el león de Iberia desde la columna de Hércules hasta los imperios de Moctezuma y de Atahualpa...», comienza la pieza.

2

Bolívar no salía en esos días de su borrachera de poder y envanecimiento sin límites. Le escribe a Santander desde La Paz: «Viene una misión a felicitarme de Buenos Aires y, según dice un hermano del secretario de estado de aquella república, que se halla aquí, dicha misión viene a rogarme que pase al Río de la Plata a arreglar sus negocios. Todo el pueblo argentino, todos los buenos patriotas y hasta el gobierno mismo no esperan nada de bueno sino de mí.»

Y luego se justifica de su entrañable amor por las adulaciones y demostraciones de servilismo. «Amigo, todas estas cosas lo alimentan a uno para poder llegar al término de su carrera. Aunque yo no soy ambicioso, no puedo menos de ser sensible a tales demostraciones de bondad y de lisonja. Bastante me han injuriado, luego parece justo que algunos me alaben, habiendo hecho yo lo que he podido por el bien de los hombres y de los buenos principios.»

Cuando llegó a Potosí, el 5 de octubre de 1825, vivió su apoteosis. En la ciudad que en el siglo XVII fue más importante que Londres o Madrid, lo recibieron, como en todas partes, con arcos triunfales, tapices colgando de los balcones y banderas al viento, bandas de música, atronar de salvas de cañones y multitudes vivándolo.

Al acercarse a la ciudad salieron a su encuentro las autoridades ataviadas de gala. Pero Bolívar, ignorándolas, espoleó su caballo y salió a todo galope. Los de caballos más veloces de entre el público lo siguieron y flanquearon y así llegó a la ciudad. Cuando desmontó frente a la casa de gobierno, las seis jóvenes más bellas de la ciudad de la plata lo coronaron de laureles y le hicieron una alfombra de flores por donde iba a pisar.

Esas mismas damas lo convencieron de que mejorara su aspecto físico quitándose el bigote y las patillas, donde ya aparecían canas. De modo que el Bolívar que regresó al Perú era el de los más conocidos retratos, rejuvenecido por el cambio y por la buena vida que se daba y que se siguió dando en su quinta de La Magdalena, en las afueras de la Ciudad de los Virreyes.

3

El 1 de enero de 1826 se despidió Bolívar del pueblo boliviano y a comienzos de febrero llegó a Lima. Dejaba a Sucre como máxima autoridad en el Alto Perú y él llevaba el encargo del Congreso de hacer una Constitución para Bolivia.

Bolívar tenía buenas razones para sentirse un rey de América del Sur sin corona ni título. O'Leary, su edecán, dice que en aquellos meses ejercía «más influencia y aun poder más absoluto en una gran parte de la América del Sur y en todo el continente que el monarca más prestigioso de Europa en sus dominios».

También vivía como un rey, dedicado a los placeres gastronómicos y a los sexuales, con una Manuela Sáenz que iba y venía, domada a medias en sus celos mediante una pensión de dos mil pesos con cargo al Consulado de Lima que recibía por orden de su amante.

La Constitución para Bolivia, que él soñaba con aplicar en toda América, estaba ya lista en marzo de 1826. Lo más original de ella: el poder ejecutivo estaba en manos de un presidente vitalicio que elegía a su vice, quien debía ser su sucesor a su muerte: una forma de monarquía, sin sus atributos formales. Pero era un recurso que había sido ensayado en Haití con éxito y le permitía a Bolívar imitar al sistema británico sin las apariencias exteriores de la monarquía.

A finales de 1825 le escribía desde Bolivia a Santander contándole que «estoy haciendo una constitución muy fuerte y muy bien combinada para este país, sin violar ninguna de las tres unidades y revocando desde la esclavitud abajo, todos los privilegios. Diré en sustancia que hay un cuerpo electoral que nombra al cuerpo legislativo; pide cuanto quiere el pueblo y presenta tres candidatos para jueces, prefectos, gobernadores, corregidores, curas y vicarios... El cuerpo legislativo se divide en censores, senadores y tribunos. Los departamentos del gobierno están divididos entre cada Cámara para la iniciativa de las leyes. Pero con veto a las otras Cámaras». Los ciudadanos se dividían según sus calificaciones. «El que no sabe escribir, ni paga contribución, ni tiene oficio conocido no es ciudadano.»

La idea de instaurar un imperio rondó por la cabeza de Bolívar durante mucho tiempo. Pero la tentación napoleónica tenía muy malos antecedentes y no sólo en el Gran Corso. En México, Iturbide se había autoproclamado emperador y, antes de dos años, ya había sido defenestrado.

El monarquismo había reverdecido en Venezuela y Colombia. En aquellos años turbulentos, el recuerdo de la tranquila y ordenada vida que había asegurado la monarquía española hasta 1808-1809 alimentaba las fantasías de que un cambio de régimen, eliminando la república, bajo la cual tantos males se habían causado, se restablecería el orden y la paz.

A principios de 1826, Bolívar recibió una carta de Páez, el hombre fuerte de Venezuela, en la que le sugería que instaurara una monarquía de la que el Libertador sería fundador de la dinastía. La carta venía acompañada de otra de Mariño, que respaldaba a Páez, y de Briceño Méndez, del mismo tenor.

Su hermana María Antonia es más clara en una carta de la misma época: «Mandan ahora un comisionado a proponerte la corona. Recíbelo como merece la propuesta, que es infame... pero di siempre lo que dijiste en Cumaná el año 14: que serías Libertador o muerto. —Y concluía—: Acuérdate de Bonaparte, de Iturbide y de otros muchos que no ignoras.»

Bolívar desechó la idea y así se lo comunicó a Páez en carta del 6 de mayo y le envió su proyecto de Constitución para Bolivia pidiéndole que la promoviera en Venezuela.

«Yo no soy Napoleón ni quiero serlo —le decía—. Tampoco quiero imitar a César. Aún menos a Iturbide. Tales ejemplos me parecen indignos de mi gloria. El título de Libertador es superior a todos los que ha recibido el orgullo humano.»

El general venezolano forjó en aquellos días una idea aún más megalómana: el establecimiento de dos grandes federaciones en América del Sur de habla hispana: la República de Bolívar, que agrupara a todos los países desde Perú a Argentina y Chile, pasando obviamente por Bolivia, y la de Colombia, que integrara a Nueva Granada, Ecuador y Venezuela, como ya se había hecho.

Al mismo tiempo, tras enviar su proyecto de Constitución a Bolivia, procuró por todos los medios conseguir que Perú también adoptara ese cuerpo legal, que no se contradecía en nada con sus proyectos de unificación.

Bolivia no tardó en adoptar la Constitución de Bolívar a mediados de 1826. En agosto, el Congreso peruano también la adoptó como propia. «Todos recibirán esta Constitución como el arca de la alianza y como la transacción de la Europa con la América, del ejército con el pueblo, de la democracia con la aristocracia y del imperio con la república. Todos me dicen que mi Constitución va a ser el gran móvil de nuestra reforma social», le escribe a Sucre, ignorando que estaba rodeado de adulones.

En esa carta le dice que Perú ofrecerá a Bolivia un Pacto de Unión que también sería beneficioso para Colombia «donde yo lo haré adoptar». Se trata de una federación dirigida por un presidente, jefe supremo que cada año visitará los departamentos de cada Estado, y un vice, que efectivamente gobernará.

En esos meses Bolívar tuvo que soportar varios intentos de rebelión en su contra que lo convencieron de que su popularidad había bajado abruptamente en el Perú. Al mismo tiempo, en Venezuela, Páez se había convertido en dictador y creyó que era urgente volver a su país para poner el orden necesario a fin de conseguir que sus planes continentales se llevaran a cabo.

Anunció que se iba y sobre él cayeron todas las expresiones habidas y por haber rogándole que se quedara en el Perú. Pero resistió a todas. Por fin, sabedores de sus debilidades, los bolivarianos le enviaron un grupo de las más hermosas jóvenes que «lo rodearon y exigieron con súplicas las más urgentes que permaneciera en el Perú». Bolívar hizo como que cedía. Al día siguiente, el Congreso peruano adoptó su Constitución y lo nombró presidente vitalicio. Bolívar rechazó el cargo, pero meses más tarde, el 6 de diciembre, los peruanos jurarían la Constitución boliviana y nombrarían a Bolívar presidente vitalicio con el título de Padre y Salvador del Perú, que iba a tener efímera vida.

El 3 de setiembre, el Libertador abandonó Lima.

4

Delante de él había enviado al joven Antonio Leocadio Blanco como emisario suyo para que convenciera a las autoridades al norte del Perú de la conveniencia de adoptar la Constitución boliviana y lo nombraran a él presidente vitalicio.

Guzmán logró persuadir a los guayaquileños, quiteños y conquenses, que juraron la Constitución. El intendente de Panamá, Careño, proclamó a Bolívar dictador de Colombia. Con la sola excepción de Pasto, la Constitución boliviana fue remplazando, fuera de toda legalidad, a la de Cúcuta. «Los departamentos de Guayaquil, Ecuador y Azuay me han aclamado dictador, quizás harán otro tanto el Cauca y los demás», le escribía a Pedro Briceño Méndez.

Mientras tanto, el fervor por la declaración del régimen monárquico por un lado y del jacobinismo republicano por el otro iban incrementándose. Bolívar sufría las presiones correspondientes y crecientes de sus admiradores, que ya soñaban con convertirse en duques o condes del Imperio por venir. A todo ello respondía el Libertador haciéndoles llegar su texto constitucional y persuadiéndolos de que ésa era la mejor solución. «La dictadura está a la moda, promovida por Guzmán que mandé a Venezuela donde el general Páez —le decía en carta a Santander— a decirle que me pidiese para su tiempo la constitución boliviana que participa de la federación y de la monarquía que desean los dos partidos del país. En el sur están con las mismas ideas. Los militares quieren fuerza y el pueblo independencia provincial. En esta confusión la dictadura lo compone todo, porque tomaremos tiempo para preparar la opinión para la gran reforma de la convención del año 31 y en tanto calmamos a los partidos extremos. Con leyes constitucionales no podemos hacer más el negocio de Páez que castigar la rebelión: pero estando yo autorizado por la nación lo podré todo.»

El 14 de noviembre por la mañana entró en Bogotá después de una ausencia de casi seis años. Previamente, Santander se había adelantado hasta Tocaima para recibirlo, reconstruir el clima de diálogo y llegar a un acuerdo que le permitiera a él conservar su base de poder. Los pronunciamientos en favor de la dictadura de Bolívar que habían explotado a lo largo y ancho del territorio constituían una amenaza muy seria para él.

Santander se opuso a la vicepresidencia hereditaria que contenía la Constitución boliviana pero acabó aceptando el resto del documento, incluso la presidencia vitalicia que, obviamente, sería ocupada por Bolívar. También accedió el vice a trabajar en pro de una Confederación de Colombia con Perú y Bolivia con la Constitución boliviana como base.

Bolívar, por su parte, se comprometía a restablecer el orden constitucional, con lo cual rechazaba los pronunciamientos de Guayaquil, Quito y Venezuela reclamándolo como dictador y reimpondría en esta última provincia la vigencia de la Constitución y se ocuparía de la represión y castigo de los facciosos.

Por último se convino en anticipar la convocatoria de una convención constituyente que reformara la Carta Magna de Cúcuta.

El 23 de noviembre asumió sus plenos poderes como presidente de Colombia, de acuerdo con la constitución vigente, y delegó en Santander los poderes para cuando saliera de Cundinamarca.

Sólo once días estuvo Bolívar en Santa Fe de Bogotá antes de marchar a su tierra natal, donde lo esperaban las tirantes relaciones con Páez y los preparativos para la secesión de Venezuela de Colombia.

Pero el Libertador anduvo con pies de plomo. El

4 de enero de 1827 se unieron en un abrazo ambos caudillos. Bolívar pasó por alto todas las barbaridades cometidas por Páez y le hizo un regalo magnífico: la espada de oro y diamantes que Lima le había entregado después de la victoria de Ayacucho. Lo necesitaba vitalmente porque veía que Santander se le escapaba para el bando contrario.

Por esas semanas estuvo entusiasmado con el proyecto de enviar diez mil hombres y mil jinetes a Puerto Rico y Cuba para expulsar de allí a los españoles y, tras manumitir a todos los esclavos negros, formar con ellos un ejército que marchase a España a derrocar al absolutista Fernando VII y restablecer la monarquía.

Por delirante que parezca, Bolívar tomó muy entusiastamente el plan que requería el apoyo de Gran Bretaña. Alguien le informó equivocadamente que Madrid y Londres habían entrado en guerra y creyó que había llegado el momento de realizar otro de sus sueños megalomaníacos. Pero se enteró pronto de que no había tal guerra y decidió abortar la operación.

De todos modos tenía que ocuparse del frente interno. En cuanto se había marchado de Bogotá, Santander había comenzado una campaña de murmuraciones, descalificaciones, críticas y agresiones verbales contra Bolívar empleando para ello con destreza los diarios y pasquines bogotanos, en los que escribía con asiduidad. El vicepresidente se había convertido en el adalid del puritanismo legalista y del antimonarquismo, lo que lo enfrentaba decididamente a Bolívar.

A fines de enero, Santa Cruz, presidente del Perú, estuvo detrás de una conspiración protagonizada por los oficiales granadinos del ejército norteño que quedaban en Perú. Y él, a su vez, estaba compinchado con Santander.

Los oficiales se pronunciaron contra toda dictadura, es decir, contra Bolívar. Manuela Sáenz volvió a vestirse de húsar para aplastar la intentona a caballo y sable en mano, pero no tuvo éxito. Se reunió el cabildo, abrogó la Constitución boliviana y puso en vigencia la anterior, con lo que Bolívar quedaba destituido y sin cargo alguno en el Perú. Cuando la noticia llegó a Bogotá hubo manifestaciones populares de alegría y fiesta a las que se sumó Santander sin pudores.

A mediados de marzo Bolívar escribió al vicepresidente pidiéndole que interrumpiera la correspondencia con él porque no quería volver a llamarlo amigo. Todavía no se había enterado de su connivencia con Santa Cruz, ni de su pasiva complicidad con los que, meses más tarde, intentarían matarlo, pero las agresiones de su antiguo camarada eran ya demasiado escandalosas como para seguir disimulando.

5

Durante los seis meses que pasó Bolívar en Caracas, realizó una febril labor administrativa y política, calmando los enfrentamientos que habían terminado con el levantamiento de Páez. Además, convocó a una nueva Convención que debería reformar la Constitución de Cúcuta y que debía reunirse en Ocaña, Nueva Granada.

En esos días nuevamente Bolívar volvió a creer posible la unión de Colombia (Venezuela, Nueva Granada y Ecuador) con Perú y Bolivia en una especie de «confederación de seis Estados» como le decía a Santa Cruz.

También renunció de un modo «irrevocable» a la presidencia de Colombia en carta dirigida al Congreso en febrero de 1827. La nota tenía el dramatismo histeroide tan propio de Bolívar: «El Congreso y el pueblo colombiano son justos; no querrán inmolarme a la ignominia de la deserción. Pocos días me restan ya; más de dos tercios de mi vida han pasado: que se me permita, pues, esperar una muerte oscura en el silencio del hogar paterno.» Nada más lejos de las verdaderas intenciones de Bolívar que este final precipitado.

Consiguió lo que se había propuesto porque todo el mundo —incluso los representantes de Estados Unidos y Gran Bretaña— fue a rogarle que desistiera de su actitud y se quedara.

El Congreso, reunido en junio, confirmó en sus cargos al presidente y al vicepresidente, aunque al mismo tiempo abolió los poderes especiales que se le habían concedido al ejecutivo. En agosto se votó una ley convocando a la Convención constituyente que debía reunirse en Ocaña el 2 de marzo de 1828.

Bolívar creyó que ya era hora de volver a Bogotá a comienzos de junio de 1827 para prestar juramento como presidente y ocuparse de la convención constituyente. Viajó en una fragata de guerra inglesa hasta Cartagena y aquí se puso al mando de ochocientos veteranos para marchar a la capital. Era ésa una manera de hacer sentir su autoridad de militar y presionar a sus enemigos de Bogotá. Y lo consiguió.

El 10 de setiembre entraba a caballo en la capital y se dirigió directamente a la iglesia de Santo Domingo, donde se había reunido el Congreso en pleno. Allí prestó juramento como presidente.

Trabajó incansablemente para organizar la administración y pacificar el país. La campaña electoral previa a los comicios para elegir convencionales permitió que salieran a flote todas las pasiones. Bolívar se desentendió bastante de ellas y no empleó sus recursos gubernamentales para influir en los resultados. El cómputo de los sufragios no le fue favorable ya que sus partidarios quedaron en minoría, lo que alentó la depresión y la paranoia del Libertador: «Toda la Nueva Granada se ha confederado contra mí —le escribía a su amigo José Rafael Arboleda—. Santander es el ídolo del pueblo.» Pero otro tanto le había ocurrido a Santander, que tampoco tenía la mayoría.

La Convención no pudo reunirse en la fecha señalada por la demora en llegar de los convencionales más alejados de Ocaña. Sólo el 9 de abril inició sus sesiones. Un mes antes, Bolívar había salido de Bogotá y se había instalado en la bella ciudad de Bucaramanga, 150 kilómetros al sur de Ocaña, rodeado de sus oficiales, casi todos ellos extranjeros.

Una semana después de la inauguración se leyó en la Convención el primer mensaje de Bolívar, en el que denunciaba la debilidad del actual régimen y llamaba a establecer un gobierno fuerte «en que la ley sea obedecida, el magistrado respetado y el pueblo libre». La opinión de su oponente, Santander, era bien distinta: «Nuestra patria está regida, no constitucionalmente, sino caprichosamente por Bolívar, que del título puramente honroso de Libertador ha querido hacer su título de autoridad superior a las leyes —le escribía el 17 de marzo a Alejandro Vélez, encargado de negocios de Colombia en Washington—. ¿Y quiere usted que algún hombre de honor se reconcilie con un jefe supremo que nos trata de facciosos y traidores a cuantos hemos hecho frente a sus planes y descubierto sus arterías y que no ocupa en los puestos ni en sus consejos sino a declarados amigos de la dictadura o de la constitución boliviana?»

Pero esta vez las resoluciones no se orientaban hacia donde Bolívar quería. Ordenó a uno de sus diputados que, cuando la ocasión fuera propicia, presentara una moción para que lo llamaran a él a pronunciar un discurso en la Convención. Pero esa ocasión nunca se presentó ni él tampoco a la Asamblea.

A finales de mayo, los bolivarianos ya estaban convencidos de que no podrían imponer su proyecto constitucional redactado por José María Castillo, es decir, sus propios criterios. Los convencionales se aprestaban a aprobar un proyecto muy similar a la ya vigente Constitución de Cúcuta, lo que echaba por tierra los planes dictatoriales del Libertador. Idearon, entonces, otros medios para impedir la voluntad mayoritaria y Bolívar no era en absoluto ajeno a estos proyectos, y así lo dice explícitamente. «Es preciso vencer toda oposición sin parar en los medios, aunque sean de sangre», le escribía a Montilla el 13 de junio. Y dos semanas más tarde le decía a Arboleda: «La Gran Convención debe disolverse pronto y mal.» «Es preciso salvar la patria a todo trance, dice usted, aunque sea a costa de providencias extraordinarias. Es verdad, general —le escribía a Páez el 2 de junio—, debemos salvarla aunque tengamos que padecer mucho por los ingratos que nos han de calumniar por lo que van a hacer los amigos, bien a mi pesar, pues nos vamos a poner en una situación muy crítica... Mi deber es salvar a la República.» Bolívar inauguraba así un modelo que daría lugar a una larga serie de «salvadores de la patria» en Hispanoamérica, militares golpistas rodeados casi siempre de corifeos civiles, tan ineficaces como delirantemente omnipotentes que han constituido el azote de la región desde los comienzos de la independencia.

El 4 de junio, Bolívar se volvió a Bogotá y dejó hacer a los suyos.

El 9 de junio los diputados bolivaristas se retiraron. No obstante quedaron la mitad más uno que les permitía seguir sesionando con quórum. Los bolivarianos se ocuparon de retirar a un diputado más y la Convención de Ocaña murió de muerte natural.

6

La noticia del fracaso de la Convención llegó a Bogotá el 13 de junio. El intendente de Cundinamarca y fiel bolivarista, Pedro Herrán, lanzó ese mismo día una proclama convocando a una Asamblea popular en la Aduana. Allí propuso que se firmase un acta negando toda validez a las resoluciones de la Convención y dándole todo el poder a Bolívar. Hubo quienes se opusieron, pero el general Córdova, fusta en mano, interrumpió a los oradores y dio orden de no hablar más y concederle al Libertador plenos poderes. Herrán hizo firmar la petición. El consejo de ministros se apresuró a aprobar la decisión.

Al amparo e impulso de las guarniciones, la mayoría de las ciudades de Colombia repitieron la pueblada de la Aduana. Bolívar llegó a Bogotá el 14 de junio y asumió el poder como dictador.

XXVIII

EL PRINCIPIO DEL FIN

Bolívar había cerrado el paso a toda oposición. A sus enemigos políticos les quedaba el recurso del magnicidio, que ya habían intentado sin éxito anteriormente en varias ocasiones. En la segunda mitad de 1828, una conspiración dirigida por el coronel Ramón Guerra, jefe del Estado Mayor e íntimo de Santander, y el comandante Pedro Carujo, ayudante del anterior, resolvió acabar con la vida de Bolívar por los medios que fuera. Dos jóvenes jacobinos, Florentino González y Pedro Celestino Azuero estaban en la trama civil que involucraba a unos cuantos más. Santander conocía estas actividades, pero evitó comprometerse directamente tanto como hacer algo para abortar sus planes.

Por su parte, Bolívar había tenido muchos avisos de las distintas tramas existentes para matarlo, pero nunca les hizo mucho caso.

Tras algunos conatos frustrados, los conspiradores resolvieron reunirse el 25 de setiembre de 1828 y, poco antes de medianoche, el comandante Carujo se presentó en el cuartel de Artillería y dispuso, invocando órdenes superiores, que un centenar de hombres, divididos en dos columnas, salieran en misión especial, mientras otro tercio quedaba a cargo de la unidad. El capitán Rudecindo Silva se dirigió al batallón de Vargas, fiel al Libertador, para coparlo; otra columna mandada por Carujo marchó sobre el palacio de Gobierno, donde estaba Bolívar. En el camino se les incorporaron varios civiles que estaban en la conspiración.

Al llegar a palacio consiguieron matar a los centinelas y penetrar en el edificio. Cerca del dormitorio del Libertador, tropezaron con el teniente Ibarra, al que hirieron malamente confundiéndolo con Bolívar.

El dictador tenía junto a él esa noche a Manuelita Sáenz, que luego escribió un relato de lo acaecido.

«Cuando entré estaba en un baño tibio. Me dijo que iba a haber una revolución. Le dije:

»—Puede haber enhorabuena hasta diez porque usted da muy buena acogida a los asesinos.

»—No tengas cuidado —me dijo—, ya no habrá nada.

»Me hizo que le leyera durante el baño. Desde que se acostó se durmió profundamente sin más precaución que su espada y sus pistolas; sin más guardia que la de costumbre, sin prevenir al oficial de guardia ni a nadie, contento con que el jefe del Estado Mayor, o no sé lo que era, le había dicho que no tuviese cuidado que él respondía...»

De pronto sintió que los perros de Bolívar ladraban mucho y algún ruido inusual.

«Desperté al Libertador y lo primero que hizo fue tomar la espada y una pistola y tratar de abrir la puerta. Lo contuve y lo hice vestir, lo que verificó con mucha serenidad y prontitud. Me dijo:

»—Bravo. Vaya, pues, estoy vestido. ¿Y ahora qué hacemos?, ¿hacernos fuertes?

»Volvió a querer abrir la puerta y lo detuve. Entonces se me ocurrió lo que le había oído decir al mismo general un día:

»—¿Usted no dijo a don Pepe París que esta ventana era muy buena para un lance de éstos?

»—Dices bien —me dijo, y fue a la ventana. Yo impedí que saltase porque pasaba gente, pero lo verificó cuando no hubo gente y porque ya estaban forzando la puerta.»

Pronto los asesinos se dieron cuenta de que la presa se les había escapado. No obstante salieron gritando que el tirano había muerto. El tirano, en realidad, se había tropezado en la calle con el repostero de su palacio y juntos se habían guarecido bajo el puente del Carmen, tendido sobre el riachuelo San Agustín. Allí permaneció el Libertador tres horas metido en el barro, en una posición no muy digna, hasta que se atrevió a mandar a su compañero a que averiguara quiénes eran los que daban voces vivando a Bolívar. Temía que quisieran tenderle una celada. Pero eran amigos que le cedieron un caballo al Libertador con el que recuperó su compostura. Los conspiradores ya habían sido tomados presos.

El 30 de setiembre fueron condenados a muerte y muy pocos de ellos salvaron la vida: Carujo porque se convirtió en delator de sus compañeros y Florentino González, novio de una ex amante del Libertador, Bernardina Ibáñez, que pidió por su vida y consiguió que le conmutaran la pena de muerte por la de destierro.

Santander fue también condenado a muerte en noviembre de 1818. Pero el consejo de ministros, es decir, Bolívar, se inclinó por indultarlo. El dictador le conmutó la pena por el destierro y la pérdida del empleo. Aunque sólo en agosto de 1829 se le permitió salir para Hamburgo, de donde pasó a Francia.

2

Bolívar había eliminado transitoriamente a sus enemigos exteriores. Pero no podía con los que llevaba dentro. En 1828, a los 45 años, el Libertador era un hombre prematuramente envejecido. Los abusos de su propio físico en las campañas, las pestes —como la fiebre de Pativilca— que había soportado, más una tuberculosis que, aunque momentáneamente detenida, llevaba en estado latente desde hacía muchos años habían contribuido a deteriorar seriamente su físico.

Ateniéndonos al epistolario de Bolívar dice el doctor Guevara, autor de una *Historia clínica del Libertador,* que «puede fijarse con exactitud que a partir de 1829, su estado sicológico muéstrase resentido por la enfermedad pulmonar. Esta fecha no pretende indicar que por aquellos días contrajera Bolívar la tuberculosis, cuya infección primaria quizá datara de su juventud. Atañe más bien al período de recrudescencia o de reinfección, surtiendo entonces acentuado efecto el mal, puesto que en muchas de sus cartas de la época suena como una letanía el testimonio personal de cuánto padecía la salud del Libertador; otras veces se queja de fatiga física y mental; otras, de envejecimiento precoz; en varias insiste sobre los trastornos hepáticos que sufre; o declara que una especie de nirvana se ha apoderado de su espíritu». A fines de 1829, una de las pocas personas que no creía que su muerte era cuestión de meses o semanas era el mismo Bolívar.

Con todo, deben de haber sido mucho más importantes los deterioros síquicos. A los cuarenta y cinco años había visto cómo una a una todas sus ilusiones y sueños se habían quemado, excepto el de la independencia. La Constitución boliviana con la presidencia vitalicia no había encontrado espacio en Colombia, y Perú la había rechazado. La iniciativa de la Confederación de los Andes no duró más que la llama de una cerilla. Las ideas de unidad continental habían quedado en ridículo. La guerra entre Perú y Colombia se avecinaba y parecía, a fines de 1828, inevitable. Su propio país estaba sumido en la bancarrota.

Era un hombre al que le costaba mucho volver a creer en algo. Y es a partir de esta época en que se advierte que su obstinado voluntarismo y su creencia en la misión mesiánica que había venido a cumplir a este mundo empiezan a desmayarse.

Está solo y rodeado de gente que, en cualquier momento, parece dispuesta a traicionarlo o él lo cree así, merced a una larga y desdichada experiencia. Prefiere rodearse de oficiales extranjeros porque éstos son menos infieles o sufren menos tentaciones políticas en un país extranjero.

No ha podido fijar su amor en ninguna mujer. No formó una familia y carece de descendencia en la que proyectar sus propias frustraciones y alimentar sus esperanzas. Sabe que el fervor de las masas es tan casquivano y mudable como el de cualquier *cocotte* de las que él frecuentaba en París y, de todos modos, las masas no pertenecen a su desolado mundo íntimo. En su cansancio y en sus amenazas nunca cumplidas de abandonarlo todo e irse a algún aparte campesino hay mucho de actitud histeroide para excitar las adhesiones hacia él, pero también hay algo de sueño irrealizable y caro a su imaginación y a su deseo.

Hasta el atentado del 25 de setiembre tenía sobrados motivos para suponer que estaba protegido por los dioses. Pese a las numerosas batallas y combates que libró, jamás sufrió un rasguño: las balas y los sables parecían respetarlo. Nunca lograron capturarlo. Tampoco los numerosos atentados —desde aquel del negro Pío en Jamaica— habían conseguido herirlo siquiera.

Pero el del 25 de setiembre le clavó un puñal en su moral. Lo primero que hizo el día 26 fue intentar indultar a sus asesinos (un caso patológico de identificación con el agresor), decretar una amnistía general, dimitir y marcharse del país. No lo dejaron. Pero él se fue a vivir a una quinta en las afueras de Bogotá porque seguía temiendo que lo mataran por la espalda. Lo cuenta el diplomático francés Le Moyne, que fue a visitarlo y se encontró con un Bolívar de aspecto cadavérico que le dijo: «Ay, no son las leyes de la naturaleza las que me han puesto en este estado, sino las penas que roen el corazón. Mis conciudadanos que no pudieron matarme a puñaladas tratan ahora de asesinarme moralmente con sus ingratitudes y calumnias. Cuando yo deje de existir, esos demagogos se devorarán entre sí como hacen los lobos *(sic)* y el edificio construido con esfuerzos sobrehumanos se desmoronará entre el fango de las revoluciones.»

Bolívar era, efectivamente, un hombre extremadamente sensible a lo que los demás opinaran de él, como buena personalidad marcadamente histeroide y, además, con un ego desmesurado.

Todavía le faltaba atravesar por otra estación más de su «vía crucis»: una guerra absurda contra sus vecinos del Perú que, por todos los medios, trató de evitar, pero sin éxito.

Nada podía dolerle más. Su ejército había cosechado en el Perú la mayor de sus glorias en Ayacucho; él había sido nombrado padre de la patria, protector, dictador y presidente del Perú. El Perú se encontraba entre las naciones que él quería unir, federar, para hacer una sola gran nación, por él presidida. Luchar contra Perú era enzarzarse en una guerra civil que Bolívar no quería por nada del mundo.

Pero los hechos lo fueron llevando, una vez más, al abismo de la sangre fraterna.

3

La anexión de Guayaquil a Colombia y la segregación del Alto Perú, sumado a la presencia de tropas colombianas en territorio del Perú, habían volcado la opinión en ese país en contra de Bolívar y despertado un nacionalismo con fantasías incaicas.

En 1827 fue elegido presidente el general Lamar, un hombre de escaso carácter que obedecía al grupo liderado por Luna Pizarro, que cultivaba con afán un vitriólico antibolivarismo.

Los generales Santa Cruz y Gamarra encarnaban este renacimiento nacionalista. Lamar temía que en cualquier momento Bolívar podía realizar un movimiento de pinzas sobre Perú atacando él desde el norte y ordenando a Sucre, presidente vitalicio de Bolivia, que hiciera lo mismo desde el sureste. Huelga decir que esta sospecha no era más que un delirio paranoico. Pero ese delirio hizo que se prepararan dos ejércitos a toda velocidad: uno en Piura, junto a la frontera con la Colombia de entonces, y otro en el Cuzco, cerca de los límites con Bolivia.

Gamarra, al frente de los cinco mil hombres acantonados en el Cuzco, hizo saber a Sucre que Perú no establecería relaciones diplomáticas con Bolivia «mientras esta república no estuviese libre de toda intervención extranjera y con un gobierno nacional propio». El objetivo era, obviamente, Sucre, nacido en Venezuela, y las fuerzas auxiliares colombianas con base en Bolivia.

Las intrigas y regalos de Gamarra contribuyeron a

propiciar el levantamiento de los sargentos del batallón Voltigeros, una parte de los del Bogotá y otros del escuadrón de Granaderos de Colombia que, en enero de 1828, reprimidos, fueron aplastados por otras fuerzas colombianas.

Sucre conferenció con Gamarra en marzo de ese año para hacerle saber que las tropas colombianas estaban listas para marchar de regreso a su país y que él abandonaría la presidencia, tal como lo había prometido, dos años después de haberla asumido, en agosto de 1828. Pero para los peruanos éstos no eran los verdaderos motivos de la querella, sino sólo una cortina de humo para ocultar sus verdaderas intenciones: la invasión de Bolivia y su anexión al Perú, primer paso para más tarde intentar apoderarse del norte de Argentina y Chile y de Guayaquil a fin de refundar el Imperio incaico.

El 18 de abril, gracias a las imparables intrigas de Gamarra, se sublevaron cincuenta granaderos en Chuquisaca. Sucre se presentó en el cuartel y allí le dispararon un tiro que le hirió gravemente el brazo derecho. Apresaron a los miembros del gobierno y encerraron a Sucre.

Con la aviesa excusa de proteger a Sucre, Gamarra invadió Bolivia con sus cinco mil hombres y ocupó el país. El presidente no tenía fuerzas militares para hacerle frente. El 6 de julio se firmó el Tratado de Pizquiza por el que el gobierno de Sucre se comprometía a enviar a Colombia los quinientos soldados de ese país que aún estaban en Bolivia, convocar un Congreso constituyente y constituir un gobierno provisional que remplazara a Sucre, que había dimitido.

El gran mariscal de Ayacucho decidió retirarse a la vida privada y emprendió camino a Quito. Allí lo esperaba su mujer, Mariana Carcelén y Larrea, marquesa de Solanda, con la que había celebrado matrimonio por poder el 20 de abril de 1828.

Bolívar reaccionó con una declaración de guerra el 20 de julio. «El gobierno de Colombia —decía el manifiesto— emprende contra su voluntad esta guerra: no quiere una victoria bañada en la sangre americana;

evitará el combate mientras le fuere posible; y estará siempre dispuesto a oír proposiciones de paz, conciliables con el honor y el decoro de la nación que preside.»

Bolívar tenía otros motivos para no desear la guerra: la situación económica y financiera era catastrófica y el conflicto implicaba nuevos gastos inútiles. El Consejo de Gobierno colombiano también creía que la guerra iba a alimentar aún más el militarismo. Y, por si fuera poco, en aquellas semanas corrían rumores de que estaba a punto de llegar una expedición española de reconquista con 12 000 hombres que encontraría a los americanos luchando entre ellos y debilitándose mutuamente. Era, en realidad, una guerra que casi nadie quería en Colombia.

Bolívar, de acuerdo con el Consejo, mandó a O'Leary en misión de paz. Pero cuando éste llegaba a Quito, camino de Lima, las acciones ya habían empezado el 31 de agosto. O'Leary no podía más que fracasar.

4

El mando supremo de las fuerzas colombiano le fue confiado a Sucre. Bolívar dejó el gobierno en manos del consejo de ministros que presidía José María Castillo Rada y tenía al general Rafael Urdaneta como ministro de Guerra, y marchó hacia el sur al frente de un ejército para auxiliar a Sucre.

Después de varias acciones previas que se llevaron a cabo, el gran mariscal de Ayacucho destrozó el ejército peruano el 27 de febrero de 1829 en el Portete de Tarqui, cerca de Cuenca, al sur de Guayaquil.

Sucre pudo haber liquidado a los dispersos de Tarqui. Pero él, lo mismo que Bolívar deseaban, más que nada, la reconciliación con el Perú. De modo que Sucre envió al general peruano Lamar una capitulación generosa.

Los oficiales peruanos, en junta de guerra, decidieron capitular. En el documento que se acordó en Girón, ambas partes se comprometieron a respetar la independencia de Bolivia y de los otros estados, a reducir ambas fuerzas a tres mil hombres. El Perú cumpliría con los acuerdos celebrados en años anteriores y entregaría la plaza de Guayaquil que habían ocupado.

Pero cuando llegó el momento de cumplir con esta última cláusula, «donde dije digo, digo Diego»: Lamar se negó a entregarlas aduciendo cualquier excusa. Mientras esto ocurría, los restos del ejército se concentraban en Piura, Perú, para tratar de formar allí una nueva fuerza invasora.

Bolívar llegó a Quito el 17 de marzo y Sucre le entregó allí el mando. El Libertador estaba dispuesto a recuperar Guayaquil por la fuerza y para ello nombró como jefe de la campaña al general Flores. Éste avanzó hacia Samborondón, pero la llegada de la estación de las lluvias lo obligó a detener las operaciones. En junio se reanudaron las hostilidades y los colombianos llegaron a las puertas de Guayaquil.

En esos días, el gobierno de Lamar y Luna Pizarro fue defenestrado por el golpe del general Antonio Gutiérrez de la Fuente, que, tras hacerse con el poder, se dispuso a hacer la paz con Colombia. En julio se firmó un armisticio y Guayaquil fue devuelto. El 22 de setiembre se firmaría el tratado de paz.

4

Bolívar entró en Guayaquil el 21 de julio. A poco de estar allí sufrió una nueva y más profunda crisis moral. Su dictadura y las ejecuciones sumarias de los responsables del atentado del 25 de setiembre más la guerra con su vecino contribuyeron a deteriorar su imagen en el exterior y a hacerlo aparecer como un tirano sangriento.

Sus enemigos políticos se ocuparon de forjar y de difundir esta imagen en el extranjero. Las críticas que recibió de los liberales de Francia, Gran Bretaña y Estados Unidos lo mortificaron especialmente, sobre todo las opiniones que sobre él vertió uno de sus autores favoritos, Benjamin Constant, quien afirmaba —según Bolívar mismo— «que soy un usurpador y que mantengo mi autoridad a fuerza de ejecuciones y de asesinatos. Wilson (su ex edecán) me escribe que en todos los Estados Unidos no había encontrado a nadie que hablara en mi favor».

«El hecho es que estoy desesperado con tanto charlatán —le escribía a Wilson el 3 de agosto—. Estoy resuelto a volver a la vida privada. Demasiado tiempo he perdido sirviendo a los hombres que, como decía Voltaire, no merecen que los manden.» Ese mismo día caía en cama con un ataque convulsivo de nervios y de «bilis negra». O como él decía «bilis nerviosa». Lo desahuciaron por lo que parece haber sido un ataque de cólera. Desde la cama se enteró de que los ataques contra él arreciaban, acusándolo de déspota y tirano. Reaccionó enviando a todas las poblaciones de Colombia una circular en la que invitaba a todo el mundo a que emitiera libremente sus opiniones sobre la libertad de imprenta, la forma de gobierno y la Constitución y cómo debía ser el jefe del gobierno. Estaba harto de oír que lo llamaran tirano y usurpador y repetía que quería retirarse a la vida privada. Pero con esa decisión encendió el fuego de la anarquía, que se extendió rápidamente por todo el país.

El 31 de agosto se trasladó a la isla de Santay, con un clima mejor que el de Guayaquil, para terminar de convalecer de su enfermedad. Un mes y medio más tarde llegaba a Quito ya repuesto y el 15 de enero de 1830 entraba de regreso en Bogotá, capital de una Colombia considerablemente menguada: Venezuela se había segregado cuando el año 1829 moría, hacía apenas dos semanas.

5

Probablemente, Bolívar siempre supo que la unificación de Nueva Granada era una unión contra natura, pero que le vino bien en su momento para unir fuerzas en la guerra de la Independencia y para tentar la formación de una unidad mayor a la medida de sus sueños de grandeza.

Pero el tiempo fue convenciéndolo de la inviabilidad de la unión de ambos territorios y pueblos. Curiosamente en Venezuela la campaña separatista tomó a Bolívar de cabeza de turco e hizo de él el gran adalid de la unión por la fuerza, al tiempo que se le adjudicaban planes monárquicos, afanes de dictador vitalicio y gran usurpador.

Páez se había subido a la grupa de los enemigos de Bolívar en Venezuela porque convenía a sus planes. Fue el primero en proponerle a Bolívar que se coronara rey. Y, cuando vio que el Libertador dudaba o, al menos, no rechazaba tajantemente la idea, empezó a difundir que tenía absurdas pretensiones de convertirse en monarca para descalificarlo y sacudirse su autoridad en Venezuela.

La circular de Bolívar había desencadenado una serie de puebladas y deliberaciones populares en las que quedó claro que la idea que contaba con mayor oposición era la de la monarquía, mientras que el separatismo tenía sus amantes y sus detractores. Páez trabajó empeñosamente para volcar la opinión en contra de Colombia y de Bolívar de manera que, cuando a fines de diciembre de 1829 declaró la secesión, la mayor parte de la población estaba con él.

También, de alguna manera, Bolívar. Cuando el consejo de ministros de Bogotá le consultó a su llegada a la capital, Bolívar dijo que había que dejarlos, que la segregación era un hecho inevitable. No opinaban lo mismo el Consejo ni el Congreso constituyente que, finalmente, se reunió en Bogotá el 20 de enero. Aunque pocos estaban por la guerra contra Venezuela para volverla al redil, sí había muchos diputados y hombres de gobierno que creían que era necesario hacer un esfuerzo para restablecer la unidad.

Tales esfuerzos diplomáticos resultaron vanos a la corta y a la larga.

A su llegada a Bogotá, Bolívar soñaba, sobre todo, con retirarse. Se sentía viejo, enfermo, sin fuerzas, desanimado, escéptico y desilusionado de todo. Eso rezuma permanentemente su copiosa correspondencia.

«Haga Venezuela la suya: que se separe, federación

o lo que quiera. Yo no me opongo a nada, nada pues no deseo más que mi licencia o la libertad, como los soldados y los esclavos», escribía en diciembre, apenas enterado de la actitud secesionista de Páez.

Cuando el Congreso constituyente que él había convocado se reunió, sólo esperó que se eligiera al presidente del cuerpo colegiado —resultó escogido Sucre— y al vicepresidente —el obispo de Santa Marta, José María Estévez— y se retiró dejando un mensaje escrito. Les decía que su más ardiente deseo era «el de descargarme del peso insoportable de mi autoridad y que la República volviese a constituirse por medio de sus representantes.

»Liberadme, os ruego, del baldón que me espera si continúo desempeñando un destino que nunca podrá alejar el vituperio de la ambición: creedme: un nuevo magistrado es necesario para la República. El pueblo quiere saber si dejaré alguna vez de mandarlo —añadía más adelante.

»La República será feliz si, al admitir la renuncia, nombráis de presidente a un ciudadano querido de la nación; ella sucumbiría si os obstináis en que yo la mandara».

Pero el Congreso hizo oídos sordos a estas súplicas y le pidió que se mantuviera ejerciendo la presidencia hasta que, después de promulgada la nueva Constitución, eligieran presidente y vice de acuerdo con sus dictados.

Resignado, Bolívar delegó el mando en su ministro de Relaciones Exteriores, el general Domingo Caicedo, y se retiró a su quinta de Fucha, a veinte kilómetros de Bogotá.

El 1 de marzo, sin embargo, resolvió que su retiro fuera definitivo y resignó su cargo. «Mi situación se está haciendo cada día más crítica, sin tener esperanzas de poder vivir fuera de mi país de otro modo que de mendigo. Pues, no vendiendo las minas puedo sufrir alguna confiscación de parte del gobierno de Venezuela, porque tal es el encono que hay contra mí de parte de aquellos jefes», le dice a José Fernández Madrid el 6 de marzo.

Efectivamente: el Libertador estaba sin dinero y su única esperanza de poder vivir retirado con una renta eran las minas de Aroa que había recibido en herencia de su tío Félix Aristeguieta, las que amenazaban con quitárselas por el odio que se había difundido en su tierra contra él.

«No volveré a tomar más el mando porque ya me es insoportable bajo todos los aspectos», le confesaba al mismo corresponsal. Y el 8 le decía a Joaquín Mosquera: «Yo estoy resuelto a irme de Colombia, a morir de tristeza y de miseria en los países extranjeros. ¡Ay!, amigo, mi aflicción tiene medida porque la calumnia me ahoga como aquellas serpientes de Laocoonte.»

En esos días lo visitó Posada Gutiérrez en la quinta y juntos salieron a caminar por la campiña. «Su andar era lento y fatigoso —narra—, su voz casi apagada le obligaba a hacer esfuerzo para hacerla inteligible; prefería las orillas del riachuelo que serpentea silencioso por la pintoresca campiña, y los brazos cruzados, se detenía a contemplar su corriente, imagen de la vida.

»—¿Cuánto tiempo —me dijo— tardará esta agua en confundirse con la del inmenso océano, como se confunde el hombre en la podredumbre del sepulcro con la tierra de donde salió? Una gran parte se evapora y se sutiliza como la gloria humana, como la fama. ¿No es verdad, coronel?

»—Sí, mi general —contesté yo sin saber lo que decía, conmovido con el anonadamiento en que veía caer a aquel hombre eminente, tan mal comprendido. De repente, apretándose las sienes con las manos, exclamó con voz trémula:

»—¡Mi gloria! ¡Mi gloria! ¿Por qué me la arrebatan? Bermúdez me ha ultrajado indignamente en una proclama, pero Bermúdez fue, como Mariño, siempre mi enemigo y además estaba ofendido; fui injusto con él en 1826. Santander se hizo mi rival para suplantarme, quiso asesinarme, después de haberme hecho una guerra cruel de difamación calumniosa.»

6

Mientras tanto en el Congreso constituyente hubo intentos para evitar que se sancionara una Carta Magna en momentos de inestabilidad política que el cambio podía incrementar. Pero los convencionales hicieron caso omiso a las presiones y dieron a luz una nueva Constitución que sería ofrecida a Venezuela. Si no quería aceptarla no habría ninguna guerra: se convocaría una nueva convención neogranadina.

Pero la polémica se desplazó poco después al problema de la elección del próximo presidente. La mayoría estaba en favor de convencer a Bolívar para que aceptara la presidencia, aunque fuera nominalmente, porque su vice podría ser quien gobernara realmente. Pero el Libertador sería un símbolo de continuidad y de garantía de paz. Otros, entre los que estaba Mosquera, Urdaneta, Castillo Rada, Caicedo, Posada Gutiérrez y Vergara, creían que eso era sólo postergar la solución: el Libertador no viviría mucho tiempo más y, tarde o temprano, habría que enfrentar la elección de un nuevo presidente.

Los partidarios de la continuidad de Bolívar y los enemigos acérrimos de éste empezaron a alterar el orden en Bogotá. La elevación del tono emocional y el temor a la anarquía, que siempre aparecía asomándose a la puerta, hizo que los miembros del consejo de ministros más un grupo selecto de sus amigos le comunicaran que habían llegado a la conclusión de que su reelección —que, pese a todo, él había aceptado en privado— era inconveniente para la paz y la tranquilidad de Colombia.

El Libertador preguntó cómo quedaba él «siendo el ludibrio de mis enemigos y apareciendo en el mundo como un proscrito. ¿Por qué el Congreso no admitió mi renuncia desde los primeros días de su instalación y así habría dejado yo el puesto y el país con lucimiento?».

Sus amigos lo tranquilizaron y él aceptó la decisión y consejo de sus amigos. Bolívar envió un mensaje al

Congreso para convencer a sus amigos de la bondad de su decisión. Tres días más tarde, el 30 de abril, el cuerpo colegiado respondió tomando nota de los argumentos de Bolívar, que quedó virtualmente eliminado como candidato.

La nueva Constitución fue jurada el 3 de mayo, y el 4 se eligió a Mosquera como presidente provisional y a Caicedo como vice.

Bolívar fue despedido con los mayores honores por el Congreso, que le asignó una pensión vitalicia de treinta mil pesos anuales pagaderos donde quiera que viviese.

Despojado del poder que lo había acompañado gran parte de su vida, el general, sin saberlo, se puso a preparar su viaje hacia la muerte.

XXIX

PEREGRINO DE LA MUERTE

Los halagos a Bolívar no eran puramente líricos. Mosquera y los miembros del Congreso sabían que el general conservaba intacto su carisma sobre soldados y oficiales y sobre una parte considerable de la opinión pública. Y sabían también que hubiera bastado un gesto, una palabra de él para que salieran a las calles y arrasaran con todo lo que había resuelto y construido trabajosamente el Congreso. Con los homenajes, más que nada, querían aplacar a la fiera.

Pero el general no quería más batallas. Se sentía acabado y hasta en la miseria. Sin fondos para poder viajar, recurrió a la venta de su platería, que le reportó sólo dos mil quinientos pesos y con la de sus caballos y alhajas consiguió otros quince mil pesos más. En total su capital equivalía a sólo seis meses de sueldo como pensionado del gobierno colombiano, una suma que le duraría apenas unos días: el pródigo y generoso general terminó repartiéndolo entre los hombres que lo acompañaban.

Tenía prisa Bolívar en alejarse de Colombia. La inestabilidad del régimen de transición vaticinaba que se iban a producir complots, levantamientos y sublevaciones y él no quería estar presente para evitar que sus enemigos lo señalaran como instigador y sus amigos lo obligaran a asumir mandos.

Pero un día antes de su partida, el 7 de mayo, se levantaron dos unidades en Bogotá: sus propósitos eran irse a Venezuela, cansados como estaban de ser insultados por la gente y temerosos de que, con la partida del Libertador «no se tendrá ninguna consideración con nosotros, seremos echados como perros».

Como era de esperarse se echó la culpa de la sublevación a Bolívar, ante lo cual, la población se armó para atacar a los alzados al grito de «¡Muera el tirano!».

Bolívar no podía darle la espalda a la situación. Pidió autorización al gobierno para hablar con los sublevados y apagar el incendio. Pero no se la concedieron.

El gobierno al final tuvo que ceder y autorizar el regreso de los sublevados a Venezuela. Seiscientos granaderos y ciento ochenta húsares desfilaron en silencio por la ciudad camino de la frontera dejando la capital indefensa. Un centenar de los primeros accedió a quedarse para escoltar a Bolívar en su camino al exilio.

Los enemigos de Bolívar, jóvenes jacobinos exaltados, hicieron circular toda clase de rumores sobre las supuestas «verdaderas» intenciones del general. No conseguían creer que Bolívar había envainado la espada para siempre. Y los partidarios del general tuvieron que ir a hacer guardia a la casa donde se hospedaba antes de marcharse por miedo a que intentaran asesinarlo otra vez.

Un centenar de civiles acompañaron al Libertador en su última salida de Bogotá. En las afueras, Bolívar abrazó uno por uno a sus amigos y se despidió de todos ellos para seguir camino a Honda, acompañado sólo de un puñado de seguidores que habían resuelto acompañarlo en el exilio.

J. B. Boussingault, un joven naturalista francés que servía en Colombia como coronel, se acercó a saludar militarmente a su general. Pero Bolívar le echó los brazos al cuello y le dijo: «Lo veré pronto.» Piadosa mentira. «Yo sabía —escribió Boussingault— que no nos veríamos más. Su rostro llevaba impreso el sello de la muerte.»

2

Su preocupación principal de cara al futuro era, en esos días, de qué iba a sobrevivir en el exilio. «No necesito nada, acostumbrado como estoy a la vida militar», le escribe a uno de sus amigos, Gabriel Camacho. Pero «después de haber sido primer magistrado de tres repúblicas parecerá indecente que vaya a existir como un miserable... El honor de mi país y el de mi carácter me obligan imperiosamente a presentarme con decoro delante de los demás hombres, mucho más cuando se sabe que yo he nacido con algunos bienes de fortuna y que tengo pendiente todavía la venta de las minas heredadas de mis padres y cuyos títulos son los más auténticos y solemnes». La noticia de que el Congreso le había asignado una pensión de treinta mil pesos anuales calmó sus ansiedades, pero siguió creyendo que sus propiedades eran mayor garantía que unos sueldos que bien podían no pagarse.

En Honda, a orillas del Magdalena, tuvo una cálida recepción popular. Se quedó algunos días allí esperando que aprestaran las embarcaciones que debían llevarlo a él y a sus numerosos acompañantes al norte, hacia el mar.

El 25 de mayo llegó a Turbaco, a las puertas de Cartagena de Indias, en pésimas condiciones físicas, al punto que pidió quedarse allí unos días para reponerse, días que acabaron transformándose en un mes.

Entonces viajó a Cartagena con la intención de embarcarse en un paquete inglés «que está fondeado aquí, pero ya la cámara estaba ocupada por una porción de señoras. Además, el tiempo era demasiado angustiado para arreglar todo y no me pareció decente marchar en medio de una emigración de mujeres: sólo huyendo pudiera parecer esto natural», le escribió al presidente Mosquera.

La realidad era que tenía unos pocos pesos en el bolsillo y las comodidades del paquete dejaban mucho que desear para un hombre enfermo como Bolívar. Según Posada Gutiérrez, el general Montilla le dijo:

«—¿Adónde vais señor con unos seis u ocho mil pesos que os quedan? ¿Vais a presentaros como indigente en un país extranjero?

»—Si no muero en el viaje, los ingleses no me dejarán morir de hambre —respondió Bolívar.

»—Ésa es una afrenta para Colombia —dijo Montilla.

»—Ella lo quiere así. Pero no es Colombia la que lo quiere: ¡es Venezuela...! ¡es Venezuela! —exclamó Bolívar paseándose con despecho. Y añadió—: Mi resolución es inalterable. —Y mandó embarcar su equipaje y que se preparase una lancha para embarcarse él.»

Pero el barco, mientras maniobraba, encalló. Le recomendaron que embarcara en la fragata de guerra británica *Shanon*. El capitán de esta nave accedió gustoso a llevar a Bolívar y le ofreció su propio camarote. Pero le advirtió que antes de ir a Jamaica tenía que hacer un viaje a la costa venezolana, tras lo cual volvería a Cartagena. Bolívar podía acompañarlo en su periplo hacia el este o esperar a que regresara para marchar a Jamaica. En este último caso, el comandante inglés podría traerle los auxilios económicos que el general mandaría a pedir a su patria. Sus amigos lo convencieron de que era preferible que esperara en Turbaco.

3

En esos días, el general Flores decidía la separación de las provincias de Guayaquil, Quito y Asuay de Colombia, con lo cual ésta quedaba reducida a lo que había sido el reino de Nueva Granada. El proyecto bolivariano de la Gran Colombia quedaba definitivamente liquidado.

En la noche del 1 de julio, mientras Bolívar esperaba el regreso de la fragata inglesa, recibió lo que debe de haber sido uno de los más dolorosos disgustos de su vida. El general Mariano Montilla y otras personalidades de Cartagena irrumpieron en la casa de Bolívar visiblemente agitados.

«—¿Qué novedad hay? —preguntó Bolívar, preocupado.

»—General, el gran mariscal de Ayacucho ha sido alevosamente asesinado en la montaña de Berruecos.»

Bolívar se dio una palmada en la frente y quedó en silencio durante largo rato. Se fue, luego, al último patio de la casa y se paseó cabizbajo hasta la medianoche sin preocuparse de la lluvia que caía sin parar, ni del viento húmedo que soplaba del mar. Pasadas las doce se encerró en su habitación, donde se paseó incansablemente hasta el amanecer.

Dictó una carta para el general Flores en la que decía: «Es imposible vivir en un país donde se asesina cruel y bárbaramente a los más ilustres generales y cuyo mérito ha producido la libertad de América... El inmaculado Sucre no ha podido escaparse de las acechanzas de estos monstruos. Yo no sé qué causa ha dado este general para que atentasen contra su vida cuando ha sido más liberal y más generoso que cuantos héroes han figurado en los anales de la fortuna y cuando era demasiado severo hasta con los amigos que no participaban enteramente de sus sentimientos.»

Sucre es el personaje de las guerras de la Independencia americana más puro, más impecable, en suma, más admirable. Uno de esos hombres que, a menudo, no se halla ni uno igual en una generación entera, adornado de tantas virtudes que resultan hasta difícilmente creíbles.

Para Bolívar era su delfín, su sucesor, el hombre que hubiera podido poner orden en el torturado y volcánico panorama de Colombia.

Muchos han creído ver en el paseo a la intemperie de Bolívar la noche del 1 de julio el origen de la crisis pulmonar que acabaría con su vida meses más tarde. Es probable que el impacto sicológico de la noticia que le dieron fuera aún más letal que la lluvia y el viento. La muerte de Sucre era su propia muerte, porque era también la muerte de toda esperanza de reparar el mundo que se le derrumbaba a su alrededor.

Cuatro meses más tarde le escribía al general Flores una síntesis de su desilusión: «Usted sabe que yo he mandado veinte años y de ellos no he sacado más que pocos resultados ciertos: 1.º la América es ingobernable para nosotros; 2.º el que sirve una revolución ara en el mar; 3.º la única cosa que se puede hacer en América es emigrar; 4.º este país caerá, infaliblemente, en manos de la multitud desenfrenada para después pasar a tiranuelos casi imperceptibles de todos colores y razas; 5.º devorados por todos los crímenes y extinguidos por la ferocidad, los europeos no se dignarán conquistarnos; 6.º si fuera posible que una parte del mundo volviera al caos primitivo, éste sería el último período de América.»

4

La fragata volvió pero sin el dinero que había pedido. Por esos días, Bolívar había empezado a vivir como un general mendicante de los préstamos que le hacían sus amigos, lo cual no dejaba de afligirle. Decidió no marcharse. Acaso ya sabía que no le quedaba mucho tiempo de vida y quiso morir en su tierra.

Sus actitudes eran más oscilantes y ambivalentes que nunca. Tras conocer el asesinato de Sucre, Bolívar se enteró de que en su país, Venezuela, el Congreso de Valencia había resuelto rechazar toda negociación con Colombia referida al conflicto aún pendiente de la secesión, «mientras éste (Bolívar) permanezca en el territorio de Colombia». Un nuevo agravio y un nuevo disgusto se sumó a los muchos que ya arrastraba su alma.

Es probable que Bolívar haya estado de alguna manera comprometido en el *putsch* militar que sus partidarios llevaron a cabo entre agosto y setiembre en Bogotá y que terminó con el gobierno de Mosquera y Caicedo. Urdaneta se hizo cargo del gobierno e inmediatamente envió un mensajero a Cartagena a ofrecerle el poder a Bolívar. Tiene que haber sido, al menos, una compensación moral para este hombre tan ávido de poder y gloria que se veía maltratado por la naturaleza, que lo condenaba a la decrepitud a los cuarenta y siete años, y por sus conciudadanos, que lo convertían en un maldito.

Respondió el Libertador que sólo serviría al país como ciudadano y como soldado. Se negaba a asumir el mando político. Las insistencias de amigos y oficiales encontraron la misma negativa firme. «Mi gloria se compromete si acepto el mando, haciéndome cómplice de una revolución que no puede dar buenos resultados. Yo he sido calumniado por simples sospechas, ¿cuánto más no lo seré recogiendo por unos días el fruto de una transformación que no durará; pues someter por la fuerza a los departamentos del Ecuador y de Venezuela es imposible? Pensar que vuelvan atrás en su plan de independencia es un delirio, cuando en esa independencia se interesan tantas ambiciones, que no cederán ante ninguna consideración de gloria nacional, de bien público. ¿Para qué pues he de sacrificar mi reposo y mi reputación, cuando no tengo esperanza de que mi sacrificio sea provechoso?», respondió, según los registros que hizo Juan de Dios Amador.

Pese a su negativa, Urdaneta consiguió mantenerse en el poder gracias a la ilusión de que detrás de él estaba Bolívar y su prestigio. «Su nombre hizo el prodigio de acallar por algunos meses los rencores y las exaltadas pasiones tanto de sus amigos como de sus más decididos enemigos», dice el historiador Restrepo.

5

Durante octubre y noviembre, Bolívar, con la salud más desmejorada, se trasladó a Soledad y Barranquilla acompañado por su sobrino, el coronel Beldford Wilson, y muy pocos amigos más, con la esperanza de apaciguar un levantamiento que se había producido en Riohacha. Pero el clima era terrible y a fines de octubre el médico Gasterbond le comunicó que no respondía por su vida si no se mudaba de donde estaba a un lugar con clima más favorable.

Wilson fue a Santa Marta a averiguar las condiciones que hallaría allí el Libertador. De regreso a Soledad le escribió a O'Leary que se había encontrado con un espectáculo lamentable: «He tenido la más profunda pena y sentido el más acerbo dolor al ver el cambio que ha habido en S. E. Está tan débil que apenas puede atravesar el cuarto: no hay duda de que su mal proviene del gran sufrimiento mental que ha hecho aumentar de manera alarmante su habitual enfermedad biliosa y la ha convertido en una verdadera hipocondría; mucho, mucho me alarma su estado.» En realidad, en esos días, era la tuberculosis y no la «bilis» la que había avanzado a pasos agigantados.

Bolívar solicitó a Montilla una embarcación para irse a Santa Marta y el 1 de diciembre llegó a esta ciudad. Lo bajaron en una silla de manos porque el general no podía andar ni tenerse en pie mucho tiempo.

Montilla le mandó a Santa Marta al médico francés Alexandre Réverénd. El 2 de diciembre lo vio el doctor Night, médico de la corbeta norteamericana *Grampus*, que le diagnosticó «catarro crónico».

El enfermo empeoraba día a día. Réverénd aconsejó llevarlo al campo. Don Joaquín de Mier, un acaudalado español, había ofrecido su quinta de San Pedro Alejandrino, cerca de Santa Marta, y allí trasladaron al Libertador el 6 de diciembre.

Sufrió en los días siguientes la euforia típica de los tuberculosos, que atraviesan momentos en que se sienten estupendamente bien. Por momentos alejaba los presentimientos de la muerte próxima y creía que sus problemas de «bilis» y «atrabilis» que lo ponían de mal humor se iban a resolver con un cambio de clima (y creía esto pese a sus dificultades respiratorias y a la tos que lo torturaba día y noche). Aseguraba que se iba a Jamaica un día y al siguiente afirmaba que se quedaría en Colombia.

Réverénd, que tenía mejores intenciones que ciencia médica en su haber, resolvió darle cantáridas el 9, lo cual empeoró notablemente al enfermo, provocándole altísima fiebre y delirios.

De todo modos, sólo le causó mayores padecimientos pero no le cambió la suerte final.

Al día siguiente todos esperaban el desenlace. El obispo de Santa Marta vino a visitarlo y a invitarlo a que arreglara las cuentas con Dios. En esas idas y venidas de su humor y de sus esperanzas, Bolívar se sorprendió y llamó a sus amigos para preguntarles si ellos estaban de acuerdo con el obispo porque él no se sentía mal. Tuvieron que decirle que sí. Pidió tiempo para reflexionar. El Libertador era un agnóstico que había hecho un manejo político de sus buenas relaciones con la Iglesia, pero en lo íntimo no parecía dispuesto a ceder. Montilla y otros trataron de persuadirlo de que muriese en el seno de la Iglesia por la influencia moral que podría tener sobre el pueblo. Esa misma noche, un indio, el cura de Mamatoco, el pueblo más cercano, le dio la extremaunción, tras lo cual, entre los sollozos de los presentes, Bolívar dictó su último mensaje a los colombianos. El notario Catalino Noguera lo leyó delante de él y de sus amigos.

«Habéis presenciado mis esfuerzos para plantar la libertad donde reinaba antes la tiranía. He trabajado con desinterés, abandonando mi fortuna y aun mi tranquilidad. Me separé del mando cuando me persuadí de que desconfiabais de mi desprendimiento. Mis enemigos abusaron de vuestra credulidad y hollaron lo que me es más sagrado, mi reputación y mi amor a la libertad. He sido víctima de mis perseguidores, que me han conducido a las puertas del sepulcro. Yo los perdono.»

Noguera no pudo seguir porque la emoción le impedía la palabra. El abogado Manuel Recuero tuvo que continuar con la lectura.

«Al desaparecer del medio de vosotros, mi cariño me dice que debo hacer la manifestación de mis últimos deseos. No aspiro a otra gloria que a la consolidación de Colombia. Todos debéis trabajar por el bien inestimable de la unión: los pueblos obedeciendo al actual gobierno para libertarse de la anarquía; los ministros del santuario dirigiendo sus oraciones al Cielo; y los militares empleando su espada en defender las garantías sociales. Colombianos, mis últimos votos son por la felicidad de la patria. Si mi muerte contribuye para que cesen los partidos y se consolide la unión, yo bajaré tranquilo al sepulcro.»

—Sí, al sepulcro... —confirmó el moribundo—. Es lo que me han proporcionado mis conciudadanos... pero los perdono.

Índice onomástico